어느 날 문득
경제공부를
해야겠다면

개정2판

**어느 날 문득
경제공부를
해야겠다면**
개정 2판

2019년 8월 21일 초판 1쇄 발행
2020년 6월 17일 개정1판 1쇄 발행
2025년 6월 4일 개정2판 1쇄 발행

지은이 박혁진, 김회권, 김경민
펴낸이 이종춘
펴낸곳 (주)첨단

주소 서울시 마포구 양화로 127(서교동) 첨단빌딩 3층
전화 02-338-9151
팩스 02-338-9155
홈페이지 www.goldenowl.co.kr
출판등록 2000년 2월 15일 제2000-000035호

본부장 홍종훈
편집 조연곤, 한슬기
교정 강현주, 주경숙
초판 original design 섬세한 곰 www.bookdesign.xyz
전략마케팅 구본철, 차정욱, 오영일, 나진호, 강호묵
제작 김유석
경영지원 이금선, 최미숙

ISBN 978-89-6030-646-2 13320

BM 황금부엉이는 (주)첨단의 단행본 출판 브랜드입니다.

- 책값은 뒤표지에 있습니다.
- 잘못된 책은 구입하신 서점에서 바꾸어 드립니다.
- 이 책에 나오는 표현, 수식, 법령, 세법, 행정 절차, 예측 등은 오류가 있을 수 있습니다. 저자와 출판사는 책의 내용에 대한 민/형사상 책임을 지지 않습니다.
- 이 책은 저작권법에 의거해 한국 내에서 보호를 받는 저작물이므로 무단 전재 및 복제를 금합니다.

황금부엉이에서 출간하고 싶은 원고가 있으신가요? 생각해보신 책의 제목(가제), 내용에 대한 소개, 간단한 자기소개, 연락처를 book@goldenowl.co.kr 메일로 보내주세요. 집필하신 원고가 있다면 원고의 일부 또는 전체를 함께 보내주시면 더욱 좋습니다.
책의 집필이 아닌 기획안을 제안해주셔도 좋습니다. 보내주신 분이 저 자신이라는 마음으로 정성을 다해 검토하겠습니다.

박혁진
김희권
김경민
지음

개정2판

어느 날 문득 경제공부를 해야겠다면

생존을 위한
최소한의
경제상식 67

BM 황금부엉이

개정판 서문

저희가 ≪어느 날 문득 경제공부를 해야겠다면≫을 처음 쓴 건 코로나19 이전이었고, 개정판을 쓸 때는 코로나19가 한참 전 세계로 확산하던 시기였습니다. 코로나19가 끝나면 모든 것이 제자리로 돌아오고, 어려웠던 경제도 회복할 것이라는 기대감이 컸었죠.

하지만 개정2판을 쓰고 있는 2025년 3월 현재 우리나라는 코로나 시국보다 더 힘든 국내외적 어려움에 직면해 있습니다. 국내에서는 12·3 비상계엄으로 시작한 탄핵 정국이 이어지고 있으며, 국외적으로는 도널드 트럼프 미국 대통령이 복귀해 더 강력해진 미국 우선주의를 기치로 내걸고 세계 여러 국가를 압박하고 있습니다. 무엇보다 트럼프 2.0으로 불리는 미국의 경제정책이 어떻게 흘러갈지 모르는 상황입니다.

미국은 국경을 맞대고 있는 가장 가까운 이웃인 캐나다와 멕시코에 가장 먼저 관세를 올리겠다고 으름장을 놓았으며, 전쟁 중인 우크라이나에 원조의 대가로 광물을 요구하고 있습니다. 전쟁의 폐허가 된 이스라엘 가자지구에 휴양지를 건설하겠다는 계획도 발표했습니다. 덴마크 자치령인 그린란드와 파나마 운하의 소유권도 주장하고 있습니다.

이러한 트럼프 대통령의 좌충우돌식 경제, 외교 정책은 향후 몇 년간 엄청난 파문을 불러올 가능성이 큽니다. 미국처럼 자국의 경제와 안보를 보호하기 위해, 각국이 빗장을 걸어 잠그는 분위기라 기존의 안보 및 경제동맹이 재편될 수 있습니다.

우리나라처럼 대외무역 의존도가 높은 나라는 트럼프 2.0 시대에서 살아남기가 만만치 않은 상황입니다. 트럼프 2.0이라는 변수 외에도, 코로나19 이후 시작된 전 세계적 산업 구조의 재편 역시 우리에게는 큰 변수입니다. 이른바 AI 혁명이 시작됐고, 여기에 필요한 반도체 산업에 전 세계가 총성 없는 전쟁을 벌이는 중입니다.

삼성전자와 하이닉스라는 국내 기업의 존재로 인해 반도체 전쟁에서는 걱정 없을 것 같았던 우리는, 비메모리 반도체 부문에 투자가 늦어지는 바람에 어느새 한 발 뒤처진 분위기입니다. 삼성전자를 떠나는 연구원이 늘고, 주가는 좀처럼 나아지지 않고 있다는 것이 이 분위기를 나타내는 방증입니다.

이런 경제적 위기는 주가에 그대로 반영되고 있습니다. '주가 상승세가 전쟁 중인 러시아보다 낮다', '국내 주식시장을 떠나 미국 시장으로 가는 것은 지능 순' 등의 말들이 한국 주식시장을 바라보는 투자자들의 심리를 반영합니다. 이 책의 개정판이 나왔을 때는 '동학개미운동'이란 말이 유행했었습니다. 우리나라 주식시장이 버틸 수 있는 요인이 '동학개미운동'이라고 불리는 개인 투자자들의 '묻지마' 식 투자 덕분이라는 분석이 많았죠.

하지만 몇 년 만에 달라진 경제상황은 우리의 투자 포트폴리오도 바꿔놓았습니다. 국내주식 대신 해외주식으로 투자자들이 몰려갔습니다. 이에 더해 가상화폐가 어엿한 하나의 투자처로 자리 잡았습니다. 특히 우리나라의 MZ세대들은 주식보다 가상화폐 가격 등락에 더 민감할 정도로 우리의 유동자산이 가상화폐 시장에 많이 몰려 있습니다.

경제를 둘러싼 대내외의 어려움, 산업 구조의 변화, 가상자산의 등장 등으로 요약할 수 있는 지금의 상황은 다음과 같은 명제를 고민하게 만듭니다.

'내 지갑의 돈을 지키려면 공부가 필요하다!'

우리는 이런 시기일수록 신중하게 투자해야 합니다. '삼성이 망하면 대한민국이 망한다', '트럼프 시대에 가상화폐 가격이 오를 것이다' 같은 막연한 전망으로 투자했다가는 낭패를 볼 수 있습니다. 주식시장에는 이런 말이 있습니다. '내가 있는 곳이 지하인 줄 알았는데, 알고 보니 지하가 10층까지 있더라.' 바닥을 쳤다고 생각

미국은 국경을 맞대고 있는 가장 가까운 이웃인 캐나다와 멕시코에 가장 먼저 관세를 올리겠다고 으름장을 놓았으며, 전쟁 중인 우크라이나에 원조의 대가로 광물을 요구하고 있습니다. 전쟁의 폐허가 된 이스라엘 가자지구에 휴양지를 건설하겠다는 계획도 발표했습니다. 덴마크 자치령인 그린란드와 파나마 운하의 소유권도 주장하고 있습니다.

이러한 트럼프 대통령의 좌충우돌식 경제, 외교 정책은 향후 몇 년간 엄청난 파문을 불러올 가능성이 큽니다. 미국처럼 자국의 경제와 안보를 보호하기 위해, 각국이 빗장을 걸어 잠그는 분위기라 기존의 안보 및 경제동맹이 재편될 수 있습니다.

우리나라처럼 대외무역 의존도가 높은 나라는 트럼프 2.0 시대에서 살아남기가 만만치 않은 상황입니다. 트럼프 2.0이라는 변수 외에도, 코로나19 이후 시작된 전 세계적 산업 구조의 재편 역시 우리에게는 큰 변수입니다. 이른바 AI 혁명이 시작됐고, 여기에 필요한 반도체 산업에 전 세계가 총성 없는 전쟁을 벌이는 중입니다.

삼성전자와 하이닉스라는 국내 기업의 존재로 인해 반도체 전쟁에서는 걱정 없을 것 같았던 우리는, 비메모리 반도체 부문에 투자가 늦어지는 바람에 어느새 한 발 뒤처진 분위기입니다. 삼성전자를 떠나는 연구원이 늘고, 주가는 좀처럼 나아지지 않고 있다는 것이 이 분위기를 나타내는 방증입니다.

이런 경제적 위기는 주가에 그대로 반영되고 있습니다. '주가 상승세가 전쟁 중인 러시아보다 낮다', '국내 주식시장을 떠나 미국 시장으로 가는 것은 지능 순' 등의 말들이 한국 주식시장을 바라보는 투자자들의 심리를 반영합니다. 이 책의 개정판이 나왔을 때는 '동학개미운동'이란 말이 유행했었습니다. 우리나라 주식시장이 버틸 수 있는 요인이 '동학개미운동'이라고 불리는 개인 투자자들의 '묻지마' 식 투자 덕분이라는 분석이 많았었죠.

하지만 몇 년 만에 달라진 경제상황은 우리의 투자 포트폴리오도 바꿔놓았습니다. 국내주식 대신 해외주식으로 투자자들이 몰려갔습니다. 이에 더해 가상화폐가 어엿한 하나의 투자처로 자리 잡았습니다. 특히 우리나라의 MZ세대들은 주식보다 가상화폐 가격 등락에 더 민감할 정도로 우리의 유동자산이 가상화폐 시장에 많이 몰려 있습니다.

경제를 둘러싼 대내외의 어려움, 산업 구조의 변화, 가상자산의 등장 등으로 요약할 수 있는 지금의 상황은 다음과 같은 명제를 고민하게 만듭니다.

'내 지갑의 돈을 지키려면 공부가 필요하다!'

우리는 이런 시기일수록 신중하게 투자해야 합니다. '삼성이 망하면 대한민국이 망한다', '트럼프 시대에 가상화폐 가격이 오를 것이다' 같은 막연한 전망으로 투자했다가는 낭패를 볼 수 있습니다. 주식시장에는 이런 말이 있습니다. '내가 있는 곳이 지하인 줄 알았는데, 알고 보니 지하가 10층까지 있더라.' 바닥을 쳤다고 생각할 때 한 번 더 가격이 떨어지는 것이 주식시장이란 것을 빗댄 말입니다. 한 달 만에 몇백 포인트가 내렸다가 오르는 우리나라 주식시장의 특성을 보면 언제 다시 주가가 급락할지 모를 일입니다. 가상화폐의 변동성은 더 심합니다.

≪어느 날 문득 경제공부를 해야겠다면≫의 두 번째 개정판은 첫 번째 판과 마찬가지로 '생존을 위한 최소한의 경제상식'을 독자 여러분에게 알려야겠다는 생각으로 써나갔습니다. 트럼프 2.0 시대를 살아가는 우리가 무엇을 알아야 하는지를 보충하는 데 많은 공을 들였습니다. 그래서 최근 이슈인 '코인과세, 슈링크플레이션, 양자컴퓨터, AI 에이전트' 같은 주제들을 새로 추가했고, 기존의 원고들에도 가급적 최신 데이터를 반영했습니다. 다만 과거의 데이터로도 현재의 경제현상을 설명할 수 있는 부분에 대해서는 따로 수정하지 않았습니다.

이런 지식이 차곡차곡 쌓여 독자 여러분이 보다 현명한 경제생활을 할 수 있길 바랍니다. 100년에 한 번 있을까 말까 하는 시대를 살아가는 우리들이 결코 잊어서는 안 되는 말을 되뇌며 글을 마칩니다. '아는 것이 힘이다.'

저자의 말

 기자라는 직업의 최대 장점은 명함 한 장만 있으면 누구에게나 질문할 수 있는 권한이 주어진다는 것입니다. 자기 분야에서 '성공한' 사람들에게 질문을 던지고 그들의 이야기를 직접 들을 수 있다는 것은 다른 직업군에서는 볼 수 없는 특권이죠.

 필자도 기자생활을 하면서 유명인사들과 대면할 기회가 많이 있었습니다. 그랜드 하얏트 호텔에 앉아 있는 이재용 삼성전자 부회장에게 불쑥 다가가 질문을 하기도 했고, 권오준 포스코 회장과는 해외까지 함께 출장을 다녀올 기회도 있었습니다. 한때 젊은 사람들에게 가장 존경받는 기업인이었던 안철수 전 안랩 이사회 의장도 수차례 만났습니다. 언론 보도를 통해서나 접하던 이들을 실제로 만나면 '이 사람도 결국 사람이구나' 싶은 순간이 있습니다.

앞에서 언급한 사람들에게서도 그런 '사람 냄새'가 났습니다.

그들에게는 특별한 공통점이 있었습니다. 자신이 아는 분야가 아니라 모르는 분야에 대한 이야기가 나올 때면 나타나는 특성입니다. 웬만한 사람들은 자신이 잘 모르는 얘기가 나오면 그냥 화제를 바꾸거나 아는 척 얼버무리며 적당히 넘어갑니다. 그런데 제가 기자로서 만난 유명인사들, 즉 성공한 사람들은 절대로 적당히 넘어가지 않았습니다. 즉각 반문을 하면서 새로운 지식을 얻으려고 노력했습니다. 특히 경제, 사업 분야와 관련해서는 더욱 그랬습니다. 새로운 지식은, 그들이 의사결정을 할 때 중요한 밑거름이 되는 것 같았습니다.

우리도 다르지 않습니다. 살면서 매순간 경제적인 의사결정을 해야 할 때가 많습니다. 주식투자를 할지 말지, 어떤 주식을 살지, 집을 언제 사야 할지, 대출은 어떻게 받아야 할지부터 4,100원짜리 스타벅스 커피와 3,000원짜리 이디야 커피 중 어떤 것을 선택할 것인지까지 경제적 의사결정과 무관치 않습니다. 우리의 삶은 선택의 연속입니다. 그 선택에는 거의 예외 없이 경제적인 요소가 개입됩니다. 이런 일들 중 상당 부분은 경제와 관련된 지식의 수준이 그리 높지 않아도 별 문제 없이 진행할 수 있습니다. 하지만 어느 정도의 경제 지식이 있다면 더욱 수월하게, 자신 있게, 그리고 결과적으로 만족스러운 결정을 내릴 수 있습니다. 그래서 많은 사람들이 경제 문제에 좀 더 밝았으면 하고 생각하는 거겠죠.

문제는 '경제'가 생각만 해도 골치 아플 정도로 난해하다는 인상을 주는 분야라는 겁니다. 그래서 대부분의 사람들은 조금 시도하다가, 아니면 아예 시도하기도 전에 포기를 합니다. 하지만 젊은 시절의 빌 게이츠를 생각해보면 그렇게 쉽사리 물러날 일도 아닌 것 같습니다. 빌 게이츠는 소년시절에 경제지 《포춘Fortune》을 읽으며 비즈니스 세계에 대해 처음으로 눈을 떴다고 합니다. 제대로 된 가이드를 찾은 거죠. 미국에서 가장 오래 발행된 정평 있는 경제잡지이니까요. 《포춘》 같은 책을 재미있게 읽으며 돈의 움직임을 배울 수 있다면, 당연히 해봄직한 일이죠. 다만 좀 더 우리 현실에 맞고, 좀 더 짧은 시간에 효율적으로 경제에 대해 알려주는 가이드가 필요하겠죠. 어렵다고 느끼던 영역인 만큼, 첫 만남으로 이끌어주는 가이드는 더더욱 중요할 겁니다.

그런데 '경제'가 그리 어려운 일일까요? 이 세상 모든 일의 기본이 되는 이치가 아주 난해할 리는 없습니다. 우리가 경제를, 경제용어를 어렵다고 느끼는 건 초(超)발달한 경제학의 개념 용어로 무장되어 있어서입니다. 경제학 서적에 나오는 그 어려운 용어들, '수요공급의 법칙', '한계효용체감의 법칙' … 풀어서 생각하면 누구에게나 와 닿을 수 있는 세상의 이치를 이야기하는 겁니다. 그렇다면 필요한 건, 그 딱딱한 껍질을 넘어 경제 이치에 쉽게 다가갈 수 있게 해주는 가이드일 것입니다.

언제나 '처음'이 어렵습니다. 초행길에 좋은 가이드가 필요한 이유죠. 이 책은 그런 가이드가 될 것입니다. 일선에서 복잡한 세상일을 접하며 경험을 쌓아왔고, 그것을 대중적으로 쉽게 푸는 일을 해온 기자 3인이 경제 본영에 집중했습니다. 난삽한 경제학 전통의 경제용어를 쉽게 풀어냈습니다. 책을 쭉 읽어 내려가면 자연스럽게 경제의 이치를 이해할 수 있을 것입니다. 이 책은 당신이 일상의 크고 작은 선택을 하는 데 어려움을 느끼지 않도록, 경제학과 친구가 될 수 있도록 도와줄 것입니다.

차례

개정판 서문　4
저자의 말　8

01. 일자리　일자리 이동의 사다리를 걷어찬 사회 · 18

　　기자의 Pick　'긱 이코노미'라는 환상

02. 워킹 푸어　아무리 일해도 가난을 벗어날 수 없는 이유 · 24

03. 노동 유연성　노동 유연성의 부정적 의미 다시 생각해보기 · 28

04. 국민연금　내 돈이지만 내 돈 같지 않은 국민연금의 쟁점 · 33

05. 실업률　정부가 노력해도 취업자는 쉽게 늘지 않는다 · 39

06. 기본소득　이윤 독식 구조를 기본소득으로 완화하라고? · 44

07. 실업률과 물가　실업률과 물가상승률은 상관있다 · 49

08. 유가　저유가로 치닫는 오일 부국 · 54

09. 연말정산　정산하기 귀찮은 '13월의 보너스'의 탄생 · 59

10. 통화량　시중에는 돈이 얼마나 있을까 · 64

11. 경기지수 몇 개월 뒤 경제가 어떻게 될지 알 수 있다면 · 69
12. 주식 내가 산 주식이 떨어지는 이유 · 73
13. 주식과 부동산 시장 주식이 떨어지면 부동산도 떨어진다? · 77
14. VIX지수 공포지수를 아시나요? · 81
15. 코스피 하락과 세계 경제 한국 경제의 체력을 살필 수 있는 척도 · 86
16. 네 마녀의 날 마녀들이 만나면 주식이 폭락하는 이유 · 91
17. 출산율과 국가 경제 아기 울음소리가 사라질수록 경제는 위험하다 · 95
18. 인구와 부동산 집값이 오를지 알고 싶다면 인구를 살펴보라 · 100

　　기자의 Pick 돈을 주면서 집을 파는 일도 있습니다

19. 인구 변화와 부동산 노인 많은 세상 오면 집값도 내려갈까 · 106
20. 세금과 국가 재정 경제가 안 좋다는데 더 많이 걷힌 세금 · 112
21. 퍼펙트 스톰 크고 작은 악재들이 만들어낸 경제위기 · 117
22. 외환 보유고 많아도 걱정이고 적어도 걱정인 외환 보유고 · 121
23. 경제 의존도 세계 경제와 커플을 맺는 '커플링' · 126
24. 리디노미네이션 원화의 0을 없애는 작업이 갖는 의미 · 130
25. 무역전쟁 제2차 미·중 무역전쟁의 막이 오르다 · 135
26. 금리 기준금리는 내렸는데, 대출금리는 올랐다? · 139

　　기자의 Pick 슬프지만 믿지 못할 IMF 시절 금리

27. 부채 '빚'에도 좋은 빚과 나쁜 빚이 있다 · 144
28. 국가부채 매번 위기인데 부채는 왜 안 줄어드나 · 148

　　기자의 Pick 중국과 가계부채의 상관관계

29. 인플레이션과 스태그플레이션 베네수엘라에서 살아남기 · 153
30. 토핑 경제 기성제품에 '개성' 한 스푼! · 158

31.	요소소득 수도권은 앞으로도 블랙홀일까 · 164
32.	주택 점유 양극화 집은 많은데 내 집은 없다 · 169
33.	대출금리 달라진 코픽스를 알고 대출받으세요 · 173
34.	DSR 깐깐한 DSR 시대에 대출받기 · 178
35.	신용등급 정말로 중요한 '신용등급'의 모든 것 · 183
36.	증여 부동산 대책이 강화될수록 활발해지는 부동산 증여 · 188
37.	공시가격 공시가격 높인 정부의 근심 · 193
38.	사재기의 경제학 밴드왜건 효과로 생긴 대세 따르기 · 198
39.	젠트리피케이션 젠트리피케이션의 역습 · 202
40.	글로컬리제이션 세계화와 현지화의 짝짜꿍 · 207
41.	탄소배출권 기업들은 이산화탄소를 산다 · 211
42.	기업집단 혜택보다 규제가 많은 대기업 지정 · 215
43.	지주회사 유행처럼 번지는 지주회사 만들기 · 219
44.	리테일테크 '소매점+기술'이 대체하는 새로운 유통업 · 223
45.	메세나 문화예술 활동 지원의 경제학 · 228
46.	블랙 프라이데이 블랙 프라이데이를 해도 기업은 남는다 · 233
47.	원플러스원 상품 1+1 상품을 파는 건 남는 장사? · 239
48.	PB상품 소비자는 가성비를, 기업은 경쟁력을 얻는다 · 244
49.	환율 외환시장의 수요와 공급에 따라 결정되는 화폐 가치 · 249
50.	상품권 제작단가는 낮고 만족도는 높다 · 253
51.	슈링크플레이션 가격은 그대로인데 크기가 줄었네? · 258
52.	백화점 상품권 신용카드로 백화점 상품권을 살 수 없는 이유 · 264

53. 쿠폰 쿠폰 사용은 정말 똑똑한 소비일까 · 268
54. 1코노미 점점 커지는 1코노미의 위력 · 272
55. 체감 물가와 공식 물가 정부가 느끼는 물가 vs 내가 느끼는 물가 · 277
56. 스타트업 벤처기업과 스타트업은 뭐가 다를까 · 282
57. 6G 실시간 데이터가 오가는 세상이 온다 · 287
58. 4차 산업혁명 3차 산업혁명의 연장 혹은 변혁의 물결 · 292
59. OTT 국경을 넘는 스트리밍 전쟁 · 297
60. 구독경제 소유의 종말을 구독이 대신할까 · 302
61. 양자컴퓨터 양자컴퓨터가 왜 난리일까 · 306
62. AI 에이전트 인공지능 비서들이 몰려온다 · 313
63. 자율주행 자율주행이 가져올 커다란 변혁들 · 318
64. 암호화폐 비트코인은 기축통화가 될 수 있을까? · 322

  기자의 Pick 베일 속에 가려진 사토시

65. 코인 과세 소득이 있는 곳에 세금도 있는 법, 가상자산에도 과세를! · 328
66. 자이낸스 Z세대가 이끌어가는 새로운 금융 · 334
67. 그린컴퓨팅 '기술'과 '친환경'은 조화를 이룰 수 있을까 · 340

자본주의 시대
품격 있는 삶을 위한
경제공부

Economic
study

01.
일자리

**일자리 이동의 사다리를
걷어찬 사회**

술자리에서 한 친구가 회사를 그만두고 싶다고 말했다. 친구의 고민을 들은 대기업 인사팀 차장인 다른 친구는 요즘 대기업의 분위기를 전했다. 고용 자체가 줄어들고 있다는 걸 모두가 아는 상황이라 나갈 만한 사람도 눌러앉는다고 한다.

사석에서 들은 이야기를 수치로 증명해준 곳은 한국은행이었다. 한국은행이 펴낸 보고서에는 이직에 대한 통계가 들어 있었다. 요즘은 중소기업에서 대기업으로 이직하는 게 상당히 어려워졌다. 중소기업 노동자가 1년 뒤 대규모 사업체로 이동하는 비율이 2004~2005년에 3.6%였는데 2015~2016년에는 2.0%로 줄었다. 이직은 아니지만 직업의 질을 좌우하는 비정규직에서 정규직으로의 이동도 같은 기간 15.6%에서 4.9%로 급락했다. 이건 꽤 심각한 문제다. 이런 경향이 가속화되면 직업 이동의 사다리가 막히게 된다. 취업준비생들은 사회생활을 대기업에서 시작해야 한다는 강박을 더 심하게 느낄 것이다. 중소기업에서 좋은 성과를 내도 더 큰 회사로 이직하는 것이 어렵기 때문이다.

왜 이런 현상이 나타날까? 이미 고용절벽 시대가 온 건지도 모른다. 대기업이 직원을 채용하는 일이 줄었다. 고도성장기가 지났으니 많은 인력이 필요한 경우도 줄었다. 게다가 기존 인력을 해고하는 것도 어렵다. 해고가 어려우니 빈자리가 생기지 않는다. 충원 계획도 당연히 없다. 수평적인 직장 이동도 쉽지 않아 다니던 대기업에서 다른 대기업으로의 이동도 어렵다. 회사를 그만두게 되면 비슷한 일자리를 찾지 못한다는 말이다.

일자리의 이동이 어려워지면 빈부격차의 고착화가 심화될 수도 있다. 더 심각한 문제는 가난한 사람이 돈을 더 벌지 못하는 사회가 될지도 모른다는 우려다. 경제적 불평등은 보통 '가진 것'의 차이, '버는 것'의 차이로 구분할 수 있다. '가진 것'의 차이는 재산의 불평등이고, '버는 것'의 차이는 소득의 불평등이다. 수저 논란에서 볼 수 있듯이 최근의 빈부격차는 '가진 것'의 차이에 맞춰져 있다. 이런 상황에서 '버는 것'의 차이는 묻힌다. 중소기업과 대기업의 수익성은 차이가 있고, 거기에서 비롯되는 대기업과 중소기업 직원 간의 소득 차이는 시간이 지날수록 커지고 있다. 직원 300인 이상의 대규모 사업체와 그보다 작은 중소 사업체의 임금 격차[1]는 1980년에 1.1배 이하로 미미했지만 2014년에는 1.7배까지 커졌다. 이런 임금 격차는 일자리의 사다리가 막힌 현재 '버는 것'의 차이로 굳어졌다.

일자리 이동이 불러온 빈부격차의 고착화

이건 비단 우리만의 일이 아니다. 2017년 미국 시카고에서 열린 경제학계의 최대 학술대회인 '2017 전미경제학회ASSA'에서는 한 토론회가 주목을 받았다. '기업 간 또는 기업 내 소득 불평등 Income Inequality Within and Across Firms'이라는 주제를 다룬 토론회에서 '미국 조거대기업 내부의 불평등Inequality Inside United States Mega Firms'에 관해서 제이 송 미연방사회보장국SSA 이코노미스트, 파티흐 구베넌Fatih Guvenen 미네소타주립대 교수, 니콜라스 블룸 Nicholas Bloom 스탠퍼드대 교수 등이 발표한 논문이 화제가 됐다. 논문은 1978~2013년에 미국 기업들이 사회보장연금에 제출한 개별 근로자들의 임금 자료를 바탕으로 소득 불평등을 분석한 것이다.

여기서도 화두가 된 것은 임금 격차다. '초거대기업Mega firm'으로 분류되는 임직원 1만 명 이상의 대기업 임금은 가파르게 증가했다. 그 덕분에 중소기업 노동자와의 임금 격차는 크게 벌어졌다. 임금소득의 불평등 원인을 따져보면 3분의 2는 기업 간 불평등이 확대됐기 때문이고, 3분의 1은 기업 내에서 직급[2]이나 직종 때문에 생긴 결과였다.

그들은 대기업과 중소기업의 격차가 벌어지게 된 원인을 어떻게 진단했을까? 초거대기업은 기술 변화를 발 빠르게 받아들여 사업 구조를 고도화했거나, IT기술로 혁신을 일으켜 성장했다. 중소기업들이 십수 년 전과 크게 다르지 않은 임금으로 적당한 능력의 사람들을 고용할 때 대기업들은 고학력, 고기능의 전문 인력에게 수십만 달러의 연봉과 복지 혜택을 제공하여 이들의 임금 격차는 더 커지게 됐다.

우리나라 상황도 크게 다르지 않다. 한국은행의 분석을 살펴보자. 중소기업에서는 하청업체가 적지 않은 비중을 차지한다. 창의성보다는 성실함을 기대하는 곳이 많다. 문제는 '성실함'이라는 역량은 대체 가능하기에 높은 소득을 거두기 어려운 자질이다. 물론 대기업이라고 창의적인 일을 하는 것은 아니다. 하지만 적어도 독점력과 확산력을 갖춘 곳에서 만든 제품과 서비스는 가격을 주도할 수 있고 이윤도 키울 수 있다. 이처럼 수익 구조와 생산성이 다르니 자연스레 임금 격차가 커지게 된다.

노동시장의 상층으로만 경제적 성과가 집중되면 경제·사회적 불평등이 심화된다. 또 복지나 사회 안전망에 공공 자원이 더 투자되게 하는 요인이 된다. 원활한 노동 이동은 이런 문제를 보완할 수 있지만 그 길이 바늘구멍처럼 좁아졌다는 점은 우리 사회에서 걸림돌이 될 수 있다.

1 임금 격차 자본주의 사회에서 임금 격차는 활력을 일으키는 동인이다. 문제는 이런 격차가 제도나 구조적인 요인 때문에 굳어지는 것이다. 격차를 줄일 수 없는 자본주의 사회는 효율성을 잃게 된다.

2 직급 직급과 직종을 헷갈리는 경우가 더러 있다. 직급은 일의 종류와 난이도에 따라 직위를 구분하는 포지션을 말한다. 반면 직종은 하는 일, 즉 직무를 분류하는 구분법 중 하나다.

기자의 Pick

'긱 이코노미'라는 환상

정년 보장에 정규직이 기본이던 세상은 사라졌다. 지금의 청년 세대는 부모와 완전히 다른 세상에서 산다. 빠른 시대 변화에 대응하기 위해 비정규 프리랜서 근로 형태가 확산되는 경제 현상을 뜻하는 '긱 이코노미Gig Economy'가 이제는 낯설지 않다.

인력 수요가 발생하거나 본인이 희망할 때 선택해서 일한다는 게 트렌디해 보일 수 있다. 다양한 경력과 직업을 경험할 수 있다는 장점도 있다. 반면 월급은 정체되고, 정규직 일자리는 희소하며, 소득이 안정적으로 꾸준히 늘어날 거라고 기대하긴 어렵다. 자율성과 워라밸뿐만 아니라 낮은 보수와 일자리의 불안정함도 함께 받아들여야 한다.

긱 이코노미를 일자리 문제의 대안으로 평가하는 시선도 있지만 오히려 질 낮은, 사회 안전망 밖의 일자리를 생산한다는 비판이 더 많다. 앞으로 긱 이코노미로 재편되는 것 아니냐는 우려도 있다. 처음엔 규모와 성장 속도에 놀라 2020년까지 약 40%의 노동력이 긱 이코노미를 살게 될 것이라는 전망이 나왔다. 하지만 코넬대 노동관계연구소와 아스펜 연구소가 함께하는 '긱 이코노미 데이터 허브 The Gig Economy Data Hub'에 따르면 그 전망치는 30%대 정도다.

02.
워킹 푸어

**아무리 일해도 가난을
벗어날 수 없는 이유**

푸어poor란 영단어는 '가난한' '가난한 사람들'을 뜻한다. 몇 년 전부터 '푸어'라는 말이 붙은 신조어들이 늘어나기 시작했다. 가난하면 가난한 것이지 여기에 또 무슨 말이 붙는단 말인가? 하지만 이런 신조어들이 생긴 이유를 따라가 보면 우리 사회의 슬픈 자화상과 마주하게 된다.

가장 대표적으로 쓰이는 말이 '워킹 푸어working poor'다. 일하지만 가난한 사람들이란 의미로 해석된다. 워킹 푸어란 말이 처음 쓰이기 시작한 것은 1980년대 미국이다. 당시 미국에서는 노숙자처럼 일하지 않는 사람들은 정부의 지원을 받는 반면 일하는 중산층들은 복지 사각지대에서 아무리 일해도 가난에서 벗어나지 못하는 사례가 급격하게 늘어났다. 미국 언론에서는 이들을 '워킹 푸어'라고 지칭했고, 우리나라에서도 당시 이런 미국의 사회 문제를 보도하면서 '일하는 가난뱅이들이 늘고 있다'고 표현했다. 다음은 1988년 1월 13일 경향신문 보도의 일부분이다.

"세계 제일의 경제대국, 일한 만큼 대가를 받는 기회 균등의 나라 미국에 열심히 일하면서도 가난에서 벗어나지 못하는 '일하는 가난뱅이'들이 늘고 있어 심각한 사회 문제로 등장하고 있다. 최근 사회조사나 통계에 따르면 '게으른 가난뱅이'보다는 '일하는 가난뱅이'들이 훨씬 많고 그 증가 추세도 급격하다는 것이 드러났다. 확실한 것은 80년대 초의 불황에 따른 생산력 감퇴로 상당수의 중산층이 빈민으로 전락했다는 점이다."

30년 전 미국에서 시작된 문제가 2000년대 중반 접어들면서 우리나라에서도 사회 문제가 됐다. 저임금을 받는 비정규직이 증가하고 이에 따른 소득 양극화로 아무리 일해도 가난을 벗어날 수 없는 사람들이 점차 늘어나고 있는 것이다. 특히 대학을 갓 졸업하고 취업한 20대에게서 워킹 푸어가 늘어났다. 비슷한 맥락의 88만 원 세대[1]란 단어가 생긴 것도 이즈음이다.

가난의 고착화는 세계적 문제

워킹 푸어란 단어가 내포하고 있는 가장 큰 문제는 아무리 일해도 가난을 벗어날 수 없는 사회 구조가 고착화됐다는 것이다. 앞서 언급한 것처럼 이들은 복지의 사각지대에 놓여 있다. 주거지에 대한 정부 지원도 미미하고, 여러 사회 복지 시스템에서도 소외되어 있다. 일자리마저 잃을까 항상 불안한 상태다. 워킹 푸어는 월급을 주는 일자리라도 가지고 있어서 얼핏 중산층처럼 보이지만, 고용 유지가 불안하고 저축이 없어 갑작스런 병이나 실직 등으로 한순간에 절대 빈곤층으로 전락할 위험이 높다.

문재인 정부가 추진한 최저임금 인상도 어떤 의미에서는 워킹 푸어를 제도적으로 줄여보자는 의도가 포함되어 있다고 할 수 있다. 정책적으로 최저임금을 끌어올리다 보면 최소한 일하면서도 빈곤한 상황이 줄어들지 않겠냐는 것이다. 하지만 보수 언론이나 기업 측에서는 이런 강제적 임금 상승이 그나마 일자리마저 빼앗는 것이라며 강력하게 반발한다.

최저임금을 올리는 것이 워킹 푸어를 해결할 수 있는 미시적 해법은 될 수 있을지 모르나, 제대로 문제를 해결하기 위해서는 사회 전체가 머리를 맞대고 고민해야 한다. 최근에는 워킹 푸어를 해결하기 위한 또 다른 방안으로 근로장려금[2] 제도를 확대하는 것이 논의되고 있다. 근로장려금 제도는 정부가 저소득 가구에 소득세를 돌려주는 형태로 지원하는 제도다. 저소득층의 노동 의욕을 높여 스스로 빈곤을 탈출할 수 있도록 돕는 것이 목표다. 즉 빈곤 완화와 경제활동 참가 촉진이라는 두 마리 토끼를 잡을 수 있다는 것이 이 제도의 최대 강점이다. 최하위 소득층은 일해서 소득이 늘면 지원금도 많아져 도덕적 해이에 대한 우려가 적다는 장점도 있다.

특히 문재인 정부 들어서 저소득층 소득 보전과 재분배 개선 효과가 더 강조되면서 소득주도성장의 중요한 축으로도 부각되고 있다.

워킹 푸어 외에도 학자금 대출을 갚기 위해 빈곤한 삶을 사는 사회 초년생은 '스튜던트 푸어student poor', 전 재산을 쏟아 붓고 대출까지 받아서 겨우 집 한 칸 마련한 '하우스 푸어house poor', 자녀의 풍요로운 미래만 바라보고 사교육비를 대느라 소비 여력이 없는 '에듀 푸어education poor' 등 우리 사회에서 푸어족들이 점차 늘어가고 있다.

---

1 88만 원 세대 경제학자 우석훈과 기자 출신 블로거 박권일의 공저 《88만 원 세대》에 등장한 말이다. 당시 비정규직 평균 임금인 119만 원에 20대의 평균 소득 비율 74%를 곱해서 산출한 금액이 88만 원이다. 대학 졸업 이후에도 비정규직으로 일하며 미래에 대한 불안에 떨고 있는 20대를 표현한 말이다.

2 근로장려세제 Earned Income Tax Credit 일정액 이하의 저소득 근로자 또는 사업자(전문직 제외) 가구에 대하여 가구원 구성과 총급여액 등에 따라 산정된 근로장려금을 지급함으로써 근로를 장려하고 실질소득을 지원하는 근로 연계형 소득지원 제도.

03.
노동 유연성

노동 유연성의 부정적 의미 다시 생각해보기

노동 유연성[1]은 나쁜 이미지가 가득한 단어다. 노동자 입장에서는 고용이 불안정하다는 뜻과 동일하니 일터에 대한 불안감을 떠올리게 된다. 인간이 부속품으로 취급되는 느낌도 준다. 사용자가 노동 투입량을 얼마나 쉽게 증가하거나 감소시킬 수 있냐를 정의내리는 단어라서 더욱 그렇다.

기업은 노동 유연성이 높은 환경을 바란다. 반대로 안정적인 직업을 원하는 노동자들은 노동 유연성이 낮은, 노동시장이 경직된 환경을 바란다. 노동시장의 경직성은 임금 노동자의 불안정한 상황을 해소하는 데 기여하기 때문이다. 물질적 안정은 저축의 필요성을 약화시키고, 소비를 진작시키는 데 기여한다는 게 그동안의 상식이었다.

보통 노동 유연성을 지지하는 입장에서는 미국을 대표 사례로 든다. 유럽의 높은 실업률의 원인을 '노동시장의 경직성'에서 찾으며 "미국을 보라"고 말한다. 해고 또는 임금 수준에 관한 규정을 완화하거나 완전히 자율에 맡기는 게 답이라고 강조한다. 실제로 노동시장이 유연한 나라를 꼽을 때 대표적인 곳이 미국이다.

미국은 노동시장이 시장 원리에 따라 굴러가고, 유럽이나 일본 등에 비해 고용 보호가 약하기 때문에 상대적으로 해고가 쉽게 이루어진다. "You are Fired"(당신 해고야!)라는 말 한마디에 종이 상자에 짐을 넣고 회사를 떠나는 사람들을 우리는 영화에서 숱하게 봐왔다. 해고당한 입장에서는 이런 일이 그다지 유쾌하진 않지만 그렇다고 엄청나게 심각한 일도 아니다. 내가 쉽게 해고된다는 것은 반대로 채용도 쉽게 된다는 의미이기 때문이다. 미국의 노동 이동률은 매우 높고 기업도 채용을 쉽게 할 수 있다. 노동자 입장에서는 고용의 사다리에 발을 내딛기가 쉬운 편이다. 다만 고용의 양극화는 유연성을 취하는 입장에서 해결하지 못하는 숙제다.

반면 유럽은 상대적으로 미국보다 노동시장이 경직돼 있다. 유럽에서 실업으로 가장 골머리를 앓고 있는 나라는 스페인이다. 2024년 2분기 스페인의 실업률은 11.2%였다. 굉장히 높은 수치 같지만, 이마저도 점점 떨어지는 수치다. 같은 해 미국의 실업률은 4.0%에 불과했다.

물론 두 나라의 경제상황이 다르고 성장률도 차이가 난다. 여러 가지 상황을 고려해야 하지만 노동 유연성만 놓고 본다면 스페인은 매우 경직된 곳이다. 퇴직연금 비중이 높고 정규직에 대한 보호가 확실해 오랫동안 일한 직원을 해고하는 게 어려운 편이다. 그러다 보니 기업은 신규 직원 채용에 매우 신중하다. 정규직과 비정규직 사이의 이동도 자유롭지 못하다. 노동시장이 경직되어 있다는 건 질 높은 직업이 있는 사람에겐 좋은 일이지만 비정규직에겐 그다지 긍정적이지 않다. 경제 불황이 닥친다면 고용 충격을 고스란히 흡수하는 쪽은 해고하기 쉬운 비정규직이나 계약직 노동자가 될 것이다.

노동 유연성과 무형자산 투자의 함수관계

취업 장벽이 높은 구조에서 노동자는 다소 일자리가 불만족스럽더라도 최대한 직장에 붙어 있으려는 경향을 보인다. 더 좋은 직장을 얻을 자신이 없기 때문이다. 예비 취업자들에게 이런 닫힌 구조는 장애물이 되고 있다. 2024년 스페인의 청년 실업률[2]은 28.6%였다. 물론 경기가 나아지면서 청년 실업률이 떨어지고 있으니 경직된 노동 유연성이 모든 문제의 원인일 순 없지만, 스페인 내부에서도 정규직에 대한 보호 수준을 떨어트려야 한다는 주장이 강하게 나오고 있다. 게다가 경직성은 경제구조가 변화에 적응해가는 것을 방해할 수 있다. 과거라면 경직된 환경이 괜찮았지만 지금의 경제환경은 너무 빠르게 변하고 있다. 기술, 수요, 자원, 시장의 지배자는 끊임없이 바뀐다. 그런데 경직성은 때로 비효율성의 원인으로 언급될 수 있다.

실제로 오늘날의 자본은 유형자산보다 무형자산[3]을 위해 쓰이고 있다. 유형자산은 토지, 건물, 기계 같이 형체가 있는 것들이다. 반면 무형자산은 아이디어나 지적재산권, 문화적 자산 등 형체가 없는 것들이다. 경제학자 조나단 하스켈Jonathan Haskel과 스티언 웨스트레이크Stian Westlake가 쓴 《자본 없는 자본주의》는 무형자산이 증가하는 사회에서 어떤 경제·사회적 변화가 생기는지에 대해 설명하고 있다.

저자는 "미국에서는 1990년대 중반이 되자 무형자산 투자가 유형자산 투자를 넘어섰다"고 분석했다. 실제로 GDP에서 무형자산에 대한 투자 비중을 보면 유럽과 미국은 2000대 후반부터 격차가 벌어지고 있다. 앞서 나가는 쪽은 미국이다. 반대로 최근까지 무형자산 투자가 부진한 곳이 있는데 앞서 얘기한 스페인 등이 대표적이다. 왜 이런 일이 발생할까?

저자들은 이렇게 분석하고 있다. 고용과 해고의 규제가 더 심한 곳일수록 유형자산에 많이 투자하고 무형자산에 덜 투자한다. 직원 관리가 문제라면, 그 부분을 해결하기 위해 기계에 투자한다. 기계 자동화 등의 방법으로 골칫거리를 해결할 수 있기 때문이다.

스페인의 상황이 낯설지 않은 건 우리나라와 비슷해서다. 한국의 노동시장도 정규직과 비정규직의 단절이 심하고 고용 충격을 그대로 흡수할 일자리들이 점점 늘어나고 있다. 이런 구조 속에서 청년 실업률이 점점 늘어나고 있는 것도 닮았다. 기업들이 유형자산에는 투자하면서 무형자산 투자에는 지지부진한 것도 닮았다. 과거 제조업 위주의 시대와 달라졌다고는 하지만 경제 환경의 변화에 얼마나 빠르게 대응하고 있는지는 따져봐야 할 문제다. '노동 유연성'이라는 단어가 갖는 부정적인 의미를 다시 생각해볼 이유다.

---

1 노동 유연성 보통 노동 유연성을 해고의 용이성과 비슷하게 생각하는 경우가 많다. 하지만 임금의 결정 방식과 신축적 소정 가능성, 유연한 근로시간, 노동시장의 인프라 등 노동 유연성을 평가하는 항목은 다양하다.

2 청년 실업률 한국의 경우 15~29세의 경제활동 인구 중 실업자의 비율로 청년 실업률을 측정한다. 2024년의 청년 실업률은 5.9%였다.

3 무형자산 영업권, 산업재산권, 저작권, 특허권, 개발비 등이 대표적인 무형자산이다. 무형자산 투자는 사업이 실패할 경우 투자비용을 회수하기가 어려운 '매몰성'을 가지고 있다. 건물은 되팔 수 있지만, 개발이 완료되지 않은 사안이나 신약 제조법 같은 것은 팔 수 없기 때문이다.

04.
국민연금

내 돈이지만 내 돈 같지 않은 국민연금의 쟁점

"엉겁결에 40이요, 자고 나면 또 50이다. 노인 문제는 지금 노인들의 문제로 그치지 않는, 지금의 젊은 세대 자신들의 문제이자 이 땅에 태어나는 모든 국민들의 문제다. 빠른 속도로 진행되는 노령화 사회에 대비한 범사회, 범국가적 차원의 대책을 서둘러야 하는 이유는 그것이 우리 모두의, 그리고 우리 사회의 피할 수 없는 과제가 될 것이기 때문이다."

놀랍게도 1988년 8월 31일자 동아일보 사설의 내용과 37년 뒤인 2025년의 문제의식은 크게 다르지 않다. 다만 37년 전에 예측한 것보다 인구 구조의 변화 속도가 더 빨라졌다. 한국은 지구상 어떤 곳보다 고령사회 진입 속도가 빠르다. 그러다 보니 노인 빈곤 문제도 심각하다.

2023년 OECD 자료에 따르면 한국의 66세 이상 <u>노인 빈곤율</u>[1]은 40.4%였다. OECD 회원국 평균 14.2%보다 3배 가까이 높았으며, 회원으로 가입한 38개국 가운데 1위였다.

    노인의 소득 수준이 낮은 이유는? 연금이 적어서다. 프랑스는 노인 소득 중 77.3%가 국민연금 등을 비롯한 공적연금에서 나온다. 일하는 노인이 많기로 유명한 일본의 노인 연금 소득은 51.3%다. 우리는 고작 30.2%에 불과하다. 그래서 노후에도 일을 하고, 노인의 근로 소득 비중이 50.8%에 이른다.

    이쯤 되면 국민연금이 필요한 이유는 분명해진다. 노인층의 빈곤을 막으려는 게 일차적인 목표다. 부유한 사람이라면 스스로 노후 준비를 하겠지만 대다수는 그러지 못하다. 예전에는 자식에게 기대기라도 했지만 이제는 자녀 수도 줄어들어 그런 기대를 하기도 힘들다. 30년 전의 사설이 지적하듯이 우리도 언젠가 노인이 될 수밖에 없다. 그래서 국민연금은 모두에게 절박한 문제다.

    '유리 지갑'인 직장인은 의무적으로 국민연금을 내야 한다. 입사와 동시에 4대 보험(고용·산재·건강·국민연금)에 적용받으면서 국민연금과 인연을 맺게 된다. 국민연금법에서는 1명 이상의 노동자가 있는 사업장의 18살 이상 60살 미만의 노동자와 사용자가 '당연히' 가입자가 된다고 규정하고 있다.

    그럼 회사에 다니지 않으면 가입하지 않아도 될까? 그것도 쉽지 않다. 법에서는 "사업장 가입자가 아닌 자로 18살 이상 60살 미만인 자는 '당연히' 지역 가입자가 된다"고 규정하고 있다. 소득이 있는 사람을 잠재적인 가입자로 삼고 있는데, 국민연금은 사회보험이라서 이런 강제성을 띨 수 있다. 소득이 있을 때 보험료를 납부해 은퇴 이후의 삶을 대비하게 만들어 사회적 부담을 미리 덜어내는 걸 국가적 목표로 삼은 셈이다.

이런 강제성은 여러 채널을 통해 나타난다. 직장을 그만두고 개인사업자가 된 한 지인은 국민연금에 지역 가입자로 가입할 수밖에 없었다. "한 푼이 아쉬운 사업 초기에 굳이 왜 들었냐"고 물으니 "가입을 안 하면 곤란한 구조를 만들어놨더라"는 대답이 돌아왔다. 국민연금에 가입돼 있지 않으니 정부나 지자체가 벌이는 사업에 응모하기도 어려웠다. 은행에서 대출을 받을 때도 국민연금 가입에 따라 우대받는다. 이처럼 연금의 그물망에 많은 국민이 걸려들도록 제도적 보조 장치를 마련해두고 있다. 강제 가입의 효과는 건강보험에서 참고하면 된다. 1963년 의료보험법이 만들어지고 임의 가입이던 시절, 의료보험에 가입한 사람은 거의 없었다. 하지만 1989년 7월 1일 전 국민을 대상으로 의료보험 가입이 실시되었고 지금의 건강보험으로 자리 잡게 되었다.

다들 강제로 내는데 고갈된다는 건 함정

국민들이 매달 꼬박꼬박 낸 돈으로 만들어진 국민연금기금 적립금은 667조 4,000억 원(2019년 2월 기준)으로 세계 연기금[2] 빅3 규모를 자랑한다. 2019년 1분기 운용수익률은 4.83%이며 1988년 기금이 설치된 뒤 연평균 수익률은 5.19%를 기록하고 있다. 그런데 이런 엄청난 자본에 자주 등장하는 단어가 '고갈'이다. 원래 국민연금은 사회보험이기 때문에 일하는 동안 내는 돈보다 은퇴 뒤 받아가는 돈이 더 많게 설계돼 있다. 그러다 보니 모아둔 기금을 열심히 굴려 수익을 내더라도 어느 시점이 되면 고갈될 수밖에 없는 구조다. 처음부터 설계가 잘못된 걸까? 그건 아니다. 1988년 국민연금을 설계했던 서상목 전 보건복지부 장관은 "처음에 제도 설계를 할 때 장기적으로 보험료를 15%(현재 9%)까지 인상하고 적립금이 올라갔다가 내려가는 것으로 구상했다"고 말했다. 국민연금을 만들 때부터 기금 고갈을 어느 정도 예상했고 매달 내는 보험료를 올리는 걸 염두에 뒀다는 얘기다.

현재 국민연금 보험료는 소득의 9%다. 2025년 1월 현재 정부는, 현행 제도를 유지했을 때 하루 쌓이는 국민연금 부채는 885억 원, 1년이면 32조 원에 달할 것으로 보고 있다. 연금 기금 역시 2041년쯤 적자 전환한 후 2056년이면 고갈할 것으로 추산한다.

고갈 시점이 앞당겨진 이유는 최대 적립금 규모가 감소하기 때문이다. 일단 경제 성장률이 완만해지면서 임금 상승률이 낮아졌다. 연기금을 굴려서 불려야 하는데 수익률이 좋지 않다. 게다가 세계 최악의 출산율과 기대수명의 상승 등이 연금 소진에 부정적 영향을 줬다. 국민연금은 경제상황과 출산율에 따라 예민하게 반응한다.

그래서 국민연금을 주제로 논쟁을 벌일 때 가장 첨예한 전투는 '소득대체율[3]'에서 벌어진다. 소득대체율은 국민연금에 40년 동안 가입했을 경우 평균 소득 대비 연금을 얼마나 받는지를 보여주는 지표다. 국민연금은 소득의 9%를 보험료로 납입할 경우 소득의 50(2008년 기준)~40%(2028년 기준)를 지급 받도록 돼 있다. 비율은 2008년부터 매년 0.5%포인트씩 감소하고 있다. 월 평균 수입이 100만 원인 직장인이 40년간 꾸준히 보험료를 냈다면 그는 65살 이후 40만~50만 원의 연금을 받는다.

소득대체율은 시기에 따라 변해왔다. 1988년 국민연금을 처음 설계했을 때는 70%였는데 1998년에는 60%로 낮춰졌다. 2007년 기초노령연금이 도입되면서 40%로 대폭 줄었다가 지금은 50%에서 0.5%씩 매년 감소하는 형태로 바뀌었다. 문제는 50%도 되지 않는 소득대체율이 갖는 의미다. 일단 50% 미만의 소득대체율로는 노후를 담보할 만한 금액이 되지 않는다. 게다가 대부분의 가입자는 국민연금을 40년씩 내지 못한다.

현재 국민연금은 월 소득의 9%를 내고, 노후에 40%(2028년)를 받도록 설계돼 있다. 2025년 1월 시점에서 소득대체율 40%로 단순하게 계산한다면, 월평균 소득이 100만 원인 가입자가 40년을 가입했을 경우 노후에 월 40만 원을 받게 된다는 말이다.

그런다고 소득대체율을 올린다? 결코 간단한 문제가 아니다. 연금으로 나가는 돈이 많아지려면 고갈 시기가 더 빨라지는 걸 감수하거나, 연금으로 적립할 돈을 늘려야 한다. 앞 세대가 적립한 기금을 빨리 써버릴수록 뒤 세대는 과중한 부담을 져야 하는 구조다. 전문가들은 대체적으로 "어차피 한 번은 보험료를 현행 9%보다 올려야 한다"고 지적하고 있다. 뒤 세대들이 더 많은 보험료를 낼 수밖에 없는데, 그들의 부담을 미리 덜어줄 것이냐 말 것이냐의 문제만 남은 게 지금의 국민연금이다.

---

1 노인 빈곤율 노인 빈곤율은 전체 인구가 아닌 전체 노인(만 65세 이상) 인구 중 빈곤한 노인의 비율이다. 여기서 '빈곤'이란, 우리나라 국민의 균등화 개인 소득을 소득순으로 줄을 세웠을 때 중간에 해당하는 '중위소득'의 절반 미만 소득을 가진 경우를 뜻한다.

2 세계 연기금 세계 연기금 1위는 일본 공적연금펀드GPIF로 자산 규모가 1,585조 원에 달한다. 2위는 노르웨이 국부 펀드GPFG로 1,120조 원 규모다. 한국의 국민연금NPS은 세 번째로 자리 잡고 있다.

3 소득대체율 소득대체율이 첨예한 이유는 가입자와 사용자의 입장 차이도 한몫한다. 국민연금 직장 가입자의 경우 가입자와 사용자가 절반씩 보험료를 낸다. 소득대체율을 높이기 위해 보험료를 인상하게 될 경우 기업의 부담이 커지기 때문에 사용자 측은 보험료율 인상에 반대한다. 소득대체율이 정치 쟁점으로 번지는 이유다.

05.
실업률

**정부가 노력해도
취업자는 쉽게 늘지 않는다**

어느 순간부터 우리는 실업자 100만 명 시대에 익숙해졌다. 통계청이 발표한 '2024년 12월 및 연간 고용 동향'에 따르면, 2024년 12월 실업자는 111만 5,000명으로 전년 동월 대비 17만 1,000명(18.1%) 증가했다. 이는 1999년 6월 통계 기준 변경 이후 가장 높은 수치다. 또한, 2024년 연간 실업자는 82만 3,000명으로 전년 대비 3만 6,000명(4.6%) 증가했으며, 실업률[1]은 2.8%로 전년 대비 0.1%포인트 상승했다.

경제가 얼마나 잘 돌아가고 있는지를 알려면 일자리가 얼마나 잘 생기고 있는지를 보면 된다. 경제지표 중 가장 중요한 하나를 꼽으라면 실업률이 대표적이다. 실업률이 낮으면 그만큼 고용이 많다는 것을 뜻하기 때문이다.

일자리는 정치권에서는 늘 뜨거운 감자다. 문재인 정부가 최저임금을 인상하자 그 정책의 부작용이 일자리 감소로 나타나는 게 아니냐는 의견이 야권에서 제기되었다. 게다가 젊은 생산가능 인구가 줄어들면서 일자리와 관련한 통계에서 의미를 읽어내는 게 과거보다 더 예민해졌다.

요즘 우리나라의 일자리 환경은 상당히 좋지 않다. 통계청이 발표한 '2024년 12월 및 연간 고용동향'에 따르면, 2024년 한 해 동안 취업자 수는 전년 대비 9만 7,000명 증가했다. 이는 글로벌 금융위기 여파로 취업자 수가 감소했던 2009년 이후 가장 적은 증가폭이다. 2017년의 31만 6,000명 증가와 비교하면 크게 감소한 수치다. 이러한 통계는 2024년의 일자리 환경이 척박했음을 보여준다. 결과만 놓고 보면 뚜렷한 경제위기가 발생하지 않은 상황에서 이례적으로 증가세가 둔화한 꼴이다.

이런 결과를 두고 '고용절벽[2]'에 대한 우려의 목소리가 높아지고 있다. 정부는 이런 집계가 나올 때마다 "인구 구조의 변화가 한몫하고 있다"라고 설명한다. 저출산, 고령화에 따른 생산가능 인구의 감소가 고용 참사의 주요 원인 중 하나라는 것이다. 변화한 인구 요인이 제조업과 서비스업의 경기 부진과 합쳐져 이런 고용 상황을 낳았다고 보고 있다. 인구 증가 둔화, 산업 구조의 변화, 온라인 쇼핑 등 소비문화의 변화 등이 복합적으로 작용한 결과다.

주목할 건 생산가능 인구의 감소다. 실제로 이들이 줄어들면 그만큼 신규 취업자 수가 늘어나지 않는 것이 당연하다. 2022년과

2023년을 비교했을 때, 한국의 생산가능 인구(15~64세)는 전반적으로 감소하는 추세를 보였다.

특히 20대는 7만 명(-1.19%) 감소, 30대는 10만 명(-1.51%) 감소, 40대는 10만 명(-1.30%) 감소, 50대는 10만 명(-1.15%)이 감소하여 핵심 노동 연령층에서 감소가 두드러졌다. 반면, 60대(60~69세) 인구는 9만 9,992명(1.28%) 증가하여 고령화가 지속되고 있음을 보여준다. 10대(10~19세) 인구는 소폭 증가하여 2만 9,751명(0.64%)이 늘었다.

이러한 변화는 한국의 고용시장에 상당한 영향을 미칠 수 있으며, 특히 30~50대 핵심 경제 활동 연령층의 감소는 노동력 부족과 경제 성장 둔화로 이어질 가능성이 크다. 고용에서 중요한 몫을 담당하는 나이대의 인구가 줄었으니, 취업자 수가 감소하는 데 어느 정도 영향을 미쳤을 거란 분석이 나온다.

불안정한 노동자가 더 피해를 보는 구조

인구 증가 요인만으로 이 모든 걸 설명할 수는 없다. 인구가 줄어도 고용률[3]은 증가할 수 없다. 고용률은 당해 취업자 수를 15세 이상 인구수로 나누어 구하기 때문에, 전년과 비교해 인구수가 늘거나 줄어도 상관없기 때문이다. 문제는 양질의 일자리다. 예컨대 15세 이상 고용률은 62.6%로 전년 대비 0.5%포인트 상승했으며,

15~64세 고용률은 69.2%로 0.7%포인트 상승해 역대 최고치를 기록했다.

하지만 이러한 상승은 주로 보건업 및 사회복지서비스업, 숙박 및 음식점업 등 대면 서비스업 중심의 취업자 증가에 기인한 것이다. 제조업과 도매 및 소매업 등에서는 취업자 수가 감소하는 등 산업별로 다른 변화를 보인다.

한국의 핵심 기반 산업인 제조업 취업자 수가 감소하는 것은 자동화 등을 이유로 인력이 필요 없어진 구조적 요인도 있고, 최저임금 인상 등도 일시적으로 일자리 삭제의 원인이 되었다. 주당 평균 노동시간은 제조업, 도소매업, 숙박·음식점업 모두 1시간 이상 줄었지만, 노동시간 감소가 일자리에 끼친 영향은 없었다. 원래 정부는 노동시간을 줄이면 그만큼 신규 일자리가 생길 거라 기대했는데 일자리 나누기는 전혀 이뤄지지 않았고, 그 기대감은 배신당했다.

또 하나 짚어야 할 문제는 누가 일자리를 잃느냐다. 업종에서 볼 수 있듯이 일자리가 감소해 고통을 감당하는 쪽 중 상당수가 임시·일용직 등 불안정한 노동자다. 이들의 고용이 줄어드는 건 정부입장에서도 고민스럽다. 정부의 노동정책과 일자리 정책은 저임금 노동자의 임금 인

상 등 노동의 질 향상에 초점을 맞췄다. 일자리 문제는 풀기 어려운 고차 방정식과 같다.

---

1 실업률 경제활동 인구 중에서 실업자가 차지하는 비율이다. 실업은 개인적으로도 큰 고통이지만 경제적으로도 큰 손실이므로 실업률은 국가 정책적으로 매우 중요한 고용지표에 해당한다.

2 고용절벽 기업의 고용 여력이 급감하는 현상을 뜻한다. 고용절벽을 만드는 요인은 다양하다. 경기 침체, 임금 인상, 산업 구조 변화 등 여러 가지 내외부적 요인이 작동한다.

3 고용률 15세 이상의 생산가능 인구 중 취업자가 차지하는 비율이다. 실업률만 보아서는 정확한 고용 동향을 파악하는 데 한계가 있으므로 고용률이란 지표를 동시에 볼 필요가 있다.

06. 기본소득

이윤 독식 구조를
기본소득으로 완화하라고?

대통령 선거 후보자들은 물론 '4차 산업혁명'을 말하는 학자들도 '기본소득'이라는 말을 꺼내곤 했다. 실제로 '기본소득'을 실험하는 곳도 나오고 있다. 경기도는 2019년부터 도내에서 3년 이상 거주한 만 24세 경기도민에게, 소득과 상관없이 연간 100만 원을 지역화폐로 지급하는 '청년배당[1]'을 실시했다. 전남 해남군도 2019년 6월부터 모든 농가에 매년 60만 원을 지급하는 '농민수당' 제도를 시행했다.

　기본소득basic income이란 매달 벌어들이는 수입과 재산에 관계없이 국가나 지방자치단체가 개개인에게 주는 수당을 말한다. 4인 가족이 기본소득 50만 원의 혜택을 받게 된다면 매달 200만 원을 받는 셈이다. 이것은 아무 조건 없이 받는 돈이기에 '기본'이란 말이 들어간다. 경기도 같이 큰 광역자치단체가 이런 제도를 시행한다고 하니 정치권에서는 기본소득을 둘러싼 논쟁이 벌어졌다. 저성장 시대에 기본소득 도입이 반드시 필요하다는 입장과 막대한 예산이 드는 데 비해 효과가 떨어진다는 입장이 맞섰다.

찬성하는 입장부터 살펴보자. 우선 기본소득 찬성론자는 불평등에 주목한다. 자본주의와 기술의 진보가 가져오는 불평등 문제에 기본소득이 해법이 될 수 있다고 보고 있다. 4차 산업혁명이 도래하면서 기술적 진보가 인간의 일자리를 줄어들게 하고, 질 좋은 정규직 일자리는 줄어들고 시간제 일자리가 늘어나는 현상은 심화되고 있으니 해결책을 찾아야 한다.

실제로 자본주의가 한계에 봉착했다고 생각하고 기본소득 실험을 투표에 부치거나 실험하는 나라들이 많다. 2016년 6월 스위스는 18세 이상 국민에게 월 2,500프랑(약 280만 원)의 기본소득을 지급하는 안에 대해 국민투표를 실시했지만 부결됐다. 기본소득이 높아 재원 마련 방안이 불확실하다는 이유 때문이었다.

핀란드는 부분적이나마 정부 차원에서 기본소득 실험을 하고 있다. 실업자 2,000명을 무작위로 선정해 2년간 실업수당 대신 월 560유로(68만 원)를 지급한다. 핀란드의 실험은 기본소득이 '복지국가 함정[2]'의 문제를 해결해줄 수 있는지를 알아보는 작업이다. 보수파들은 사회보장비 등의 안전망이 노동을 포기하게 만들고 정부 재정에도 부담을 주기 때문에 경제 성장 동력을 갉아먹는다고 비판해왔다. 핀란드는 이런 비판을 등에 업고 기본소득이 해법이 될 수 있는지를 살펴보는 중이다. 실업수당은 직업을 얻으면 사라지지만 기본소득은 직업을 얻어도 사라지지 않는 플러스 수입이다. 그래서 기본소득이 노동 의욕을 저하시키지 않는다고 기본소득 찬성론자들은 주장한다.

소비력의 근간인 소득을 정부 재정으로 충당하라?

기본소득 반대론자들은 "기본소득이 비용 대비 효과가 떨어진다"고 주장한다. 일단 재원을 마련하는 데 들어가는 세금이 막대하다. 우리나라 국민들에게 월 50만 원의 기본소득을 지급하려면 연간 305조 원의 예산이 필요하다는 연구 결과도 있었다. 근로소득이 있는 사람들이 기본소득을 받게 될 경우 오히려 기존 복지 수혜자들이 수급액 감소로 피해를 볼 수 있다는 연구도 있다. 반대론자들이 가장 자주 언급하는 것이 노동 의욕 상실이다. 그들은 기본소득제(특히 완전 기본소득의 경우)가 복지국가의 함정과 같은 역할을 하게 돼 사람들의 노동 의욕을 떨어뜨리고 사회 전체의 소득 분배를 악화시킬 가능성이 크다며 반대한다.

　기본소득이 하나의 화두로 떠오른 것은 산업구조가 변화했기 때문이다. 기본소득을 강하게 주장하는 곳 중 하나가 실리콘밸리라는 건 그래서 흥미롭다. 예를 들어 크리스 휴즈Chris Hughes 페이스북 공동 창업자나 일론 머스크Elon Musk 테슬라 CEO 등은 기본소득을 적극적으로 찬성한다. 실리콘밸리의 찬성론자들은 기술의 진보가 부의 집중을 낳았고, 다음 세대가 우리보다 부유하지 못할 것이라는 불안감 등을 근거로 들고 있다.

　이처럼 기업가들이 기본소득을 주장하는 건 위기감 때문이다. 실리콘밸리는 '4차 산업혁명'을 선두에서 이끄는 곳이다. 그들이 내놓는 인공지능과 로봇, 3D 프린터 등은 사람들의 일자리를 빠르게 대체하고 있다. 20세기 기술의 진보와 달리 21세기 기술의 진보는 새로운 일자리를 만들어내기보다 없애는 쪽에 힘을 더 발휘하고 있는 중이다.

　노동자들이 받는 월급보다 대주주나 투자자들이 이윤을 더 많이 가져가는 환경이 강화될수록 시장 환경은 나빠지게 된다. 물건을 사는 사람이 적어지고 서비스를 누리는 사용자가 줄어드니 기업의 위기가 커지는 건 당연하다. 기업의 이윤을 집중시키기 위한 빈부격차의 충격을 정부 재정으로 해결하려는 아이디어라니, 좀 얄밉긴 하다.

---

1 청년배당 경기도에서 시행하는 기본소득은 일부 계층이나 세대에만 한정해서 돈을 나눠준다는 의미에서 본질적인 의미에서의 완전한 기본소득과는 다르다. 기본소득은 국민 모두에게 같은 금액의 생활비를 주는 '완전 기본소득'과 특정 세대나 계층, 지역에 지급하는 '부분 기본소득'으로 나누어지는데 경기도의 경우는 후자에 가깝다.

2 복지국가 함정 경제학자들이 주로 주장하는 '복지국가 함정'은 복지가 성장 동력을 가로막는다는 딜레마를 뜻하는 단어다. 주로 사람들이 일을 기피하는 현상을 뜻하는데 '탈근로 유인의 함정'과 비슷하게 사용된다.

07. 실업률과 물가

실업률과 물가상승률은 상관있다

실업률과 물가상승률은 국가가 최우선적으로 관리해야 할 경제 분야의 두 마리 토끼다. 모든 정책 집행자들은 이 두 가지 사이에서 균형점을 찾기 위해 고민한다. 물가와 실업률의 상관관계를 처음 정립한 사람은 런던 정경대의 올번 윌리엄 필립스 Alban William Phillips 교수다. 필립스 교수는 1958년 영국의 경제학술지 『이코노미카 Economica』에 실은 논문을 통해 이와 같은 주장을 펼쳤다. 그는 '1861~1957년 영국의 실업률과 명목임금[1] 변화율'을 분석해 명목임금 상승률과 실업률 사이에 다음의 상관관계가 있다는 것을 밝혔다.

"실업률이 떨어지면 물가는 오르고, 실업률이 올라가면 물가는 떨어진다."

물론 필립스 교수가 연구한 것은 실업률과 물가의 관계가 아닌 실업률과 임금의 관계다. 기업 입장에서는 직원을 많이 고용해 명목임금이 인상된다면 이를 제품 가격에 반영하게 된다. 명목임금 상승률이 높아질수록 물가상승률도 높아질 수밖에 없다는 것이 필립스의 분석이었다. 이러한 논리로 필립스가 당초 발견한 실업률과 명목임금 상승률 간의 상관관계는 자연스럽게 실업률과 물가상승률 간 상관관계를 나타내는 것으로 바꾸어 해석할 수 있다. 이를 평면에서 그래프로 표현하면 반비례 곡선이 그려진다. 이를 '필립스 커브(곡선)[2]'라고 부른다.

필립스의 논문이 의미가 있었던 것은 실업률과 물가상승률 사이에 있는 분명히면서도 일정한 방향을 찾아냈다는 것이다. 이런

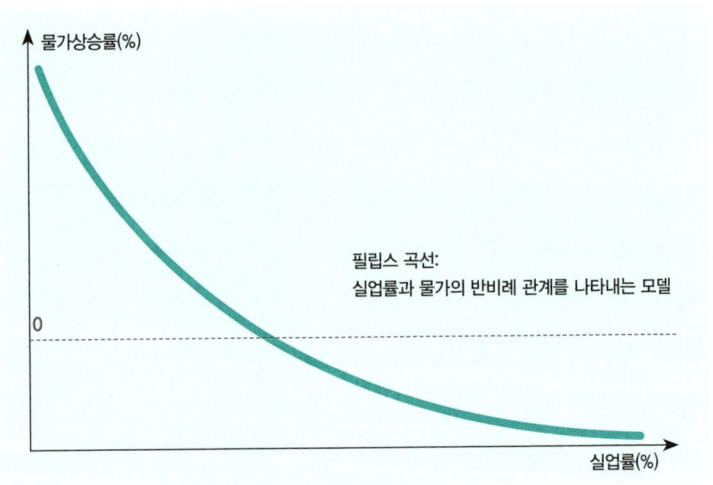

필립스 곡선

방향이 일정하다면 정책을 결정하는 사람들 입장에서는 불확실성을 덜 수 있다. 또한 물가상승률이 높은 것은 실업률을 낮추기 위해 선택한 정책의 기회비용이라고 생각한다면 다른 경제 주체도 이를 받아들일 수 있다. 이런 필립스의 주장은 오랜 기간 경제학의 정설로 받아들여졌고, 다른 국가에서도 이를 경제정책에 대입해왔다.

실업률이 떨어졌는데 물가도 떨어지다

최근 필립스 이론이 들어맞지 않는 상황이 미국에서 발생했다. 2018년 10월 3일 제롬 파월Jerome Powell 미 중앙은행 의장은 보스턴에서 열린 미국기업경제협회NABE 연설에서 "1950년대 이후 미국이 이렇게 오랜 기간 실업률이 낮으면서 물가상승률도 낮은 상황을 경험한 적이 없다"고 말했다. 그러면서 "경기 과열은 아니며 낮은 실업률과 낮은 인플레이션(화폐 가치가 낮아지며 물가가 오르는 상황)이 유지될 전망"이라고 강조했다. 파월 의장은 필립스 이론을 근거로 한 인플레이션 우려에 대해 "최근 실업률과 물가상승률의 상관관계는 크게 줄어들었다"며 "(미국의 경제상황은) 현대 경제지표를 분석하기 시작한 이후 희귀한 국면"이라고 설명했다. 파월 의장의 발언은 필립스 이론이 더 이상 무의미하다는 의미로 해석될 수 있었다. 경제학계에서도 필립스 이론의 유효성에 대한 논란에 불이 붙었다. 사실 이런 논란이 시작된 것은 1990년대 말 미국의 닷컴 버블 당시 물가 수준이 높아지지 않는데도 실업률이 낮게 유지되면서부터다. 글로벌 금융위기 이후에도 양적완화 정책의 영향으로 실업률이 2009년 10%에서 2018년 4%대로 떨어지는 동안 물가상승률은 연 1~2%에 그쳐 논란은 더 커졌다. 필립스 곡선 무용론을 주장하는 측에선 제조업의 글로벌 분업과 자동화 등으로 임금 상승이 곧바로 인플레이션으로 이어지지 않는다고 주장하고 있다. 유로존 국가들의 경우 2012~2014년 실업률이 높았음에도 물가상승률 역시 높은 상태였고, 반대로 2014~2017년에는 노동시장이 활기차 실업률이 낮아졌는데도 인플레이션 압력이 낮았기 때문이다.

반면 보수적 학계에선 필립스 곡선이 유효하다고 주장하며 '필립스 곡선의 복수' 시나리오를 걱정하는 목소리도 나오고 있다. 미국의 경제 성장률은 예상보다 높고 증시도 호황을 이어가는데 경기까지 과열돼 인플레이션 우려가 있다는 얘기다. 유럽연합EU도 필립스 곡선을 유효하게 본다. 국제통화기금IMF은 2018년 8월 '유로 지역 인플레이션에 대한 이해'라는 제목의 보고서에서 유로존[3] 내에서 인플레이션과 실업률이 서로 역관계로 얽혀 있다고 밝혔다.

필립스 이론이 여전히 유효한지는 논란이 있지만 미국 경제에서 발생한 저물가, 저임금의 공존을 우리나라도 눈여겨볼 필요가 있다. 왜냐하면 경제학자들은 저물가·저임금의 주된 원인 중 하나로 고령화를 꼽기 때문이다. 미국 시장의 고용률이 늘어난 이유 중 하나가 고연령 노동자들이 일자리를 많이 얻었기 때문인데, 이들의 임금 상승률은 주 노동인구층의 상승률보다 현저히 낮다. 인구절벽으로 치닫고 있는 우리나라에서도 조만간 벌어질 수 있는 일이다.

---

1 명목임금 노동의 대가로 받는 화폐액을 뜻한다. 물가상승률을 고려하지 않고 받는 돈을 기준으로 임금을 표시한 것으로, 물가상승률을 고려한 임금의 가치를 나타낸 '실질임금'과 대비되는 개념이다.

2 필립스 커브(곡선) 실업률과 화폐임금 상승률 사이에는 매우 안정적인 함수관계가 있음을 나타내는 모델로, 영국의 경제학자 필립스가 발표했다. 그는 영국의 경제 통계에서 화폐임금 상승률과 실업률 사이에는 역의 함수관계가 있다는 것을 발견했다.

3 유로존 유럽연합의 단일 화폐인 '유로'를 국가통화로 도입해 사용하는 국가들. 현재 20개 국이 유로존에 포함돼 있다.

08.
유가

저유가로 치닫는
오일 부국

2020년 4월 1일, 미국 서부 텍사스산 원유 가격이 3개월 만에 3분의 1이 토막 났다. 2020년 1월 2일(현지 시간) 61.18달러였던 배럴당 가격이 3개월 만에 20.31달러로 뚝 떨어진 것이다. 저유가 행진은 4월 이후에도 계속 이어졌다.

원유 가격 하락의 배경엔 크게 두 가지 원인이 있다. 코로나19 확산에 따른 세계 경기 부진과 사우디아라비아와 러시아가 벌이는 '유가 전쟁'이 그 주범이다.

사우디아라비아와 러시아는 각각 국제 원유 생산량에 있어 세계 2위와 3위를 차지하는 오일 부국이다. 두 국가는 2016년 이후 OPEC[1]플러스(OPEC+)를 결성하며 연합했는데, 공동의 경쟁자이자 원유 생산량 1위 미국을 견제하기 위해서였다. 2016년 초 미국이 셰일오일[2]을 증산하며 유가가 배럴당 20달러대 초반으로 떨어지자 기존의 산유국들이 유가 경쟁력에 위기의식을 느낀 것이다. 그러니까 OPEC플러스의 목표는 감산을 통한 유가 회복이었다. 실제로 지난 3년간 OPEC플러스는 원유 수출량을 하루 700만 배럴 초반까지 낮추며 감산 합의를 성공적으로 유지해왔다.

문제가 터진 건 2020년 3월 31일, 협의했던 감산 기한이 끝나면서다. 사우디가 감산 기한 이후 추가 감산을 제안했는데, 이를 러시아가 거부한 게 그 시작이었다. OPEC 회원국의 대표 격인 사우디는 코로나바이러스면역증(코로나19) 사태에 따른 원유 수요 감소가 예상된다며 원유 생산량을 줄이자고 제안했다. 하지만 비(非)OPEC 산유국인 러시아가 추가 감산안에 반대하면서 산유국들의 감산 협의는 실패로 돌아갔고 유가는 20달러대로 뚝 떨어졌다. 유가 전쟁은 이렇게 시작됐다.

감산안 거절로 산유국 자존심에 흠집이 난 사우디는 외려 유가 생산량을 늘리겠다고 선언했다. 평균 970만~1,000만 배럴 수준이던 일일 생산량을 4월부터 1,200만 배럴로 늘리겠다는 것이다. 이는 누가 저유가 상황을 오래 버티는지 두고 보자는 의도가 담긴 치킨게임의 선포로, 결국 살아남는 국가가 석유 시장의 패권을 가져간다는 것을 예측할 수 있다.

3월 31일, 산유국 간의 감산 협정은 결국 종료됐다. 사우디는 4월 1일부터 바로 "산유량을 하루 평균 1,200만 배럴 수준으로 끌어올렸다"고 밝히는 등 공격적 태세를 취하기 시작했다. 일부 외신에 따르면, 사우디는 판매처가 정해지지도 않은 원유를 일부 유조선에 선적하는 등 적극적인 공세를 취한 것으로 알려졌다.

사우디-러시아의 자존심 전쟁에 등이 터진 건 뜻밖에도 오일 강국 미국이다. 저유가가 지속되자 원유와 경쟁관계였던 셰일 업체들이 타격을 입었기 때문이다. 셰일은 미국이 주도권을 쥐고 있는 분야이기 때문에 미국 정부는 산유국들의 감산을 유도하기 위한 협의에 적극 개입해왔다. 실제로 최대 7,700만 배럴의 전략 비축유를 구매해 유가를 끌어올리려 시도하기도 했다.(트럼프 대통령이 야심차게 추진했던 이 구매 예산이 2조 2,000억 달러(약 2,700조 원) 규모의 경기부양책에서 빠지면서 국제 유가는 또다시 폭락했다.)

미국은 여전히 사우디와 러시아에 저유가 전쟁을 자제하라는 압박을 이어가고 있다. 트럼프 대통령은 "두 나라와 유가에 대해 논의하고 있고, 필요하면 적절한 시기에 미국도 참여할 것"이라고 말했다. 트럼프 대통령이 4월 중 엑손모빌과 셰브런 등 주요 석유 기업 대표들을 만나 저유가 상황 대책 등을 논의할 예정이라는 보도도 뒤따랐다. 하지만 사우디와 러시아 간 갈등에 대한 해법이 나오지 않는다면 제아무리 미국이라도 별 수 없을 것이다. OPEC플러스 협상 테이블이 열리고, 러시아의 푸틴 대통령도 어느 정도 감산 의지를 보였다는 소식도 들려오지만 원유 생산국들의 자존심 싸움은 여전히 협상과 갈등을 반복하고 있다.

저유가 전쟁이 이어지면 당분간 유가가 더 떨어질 수밖에 없을 것이라는 게 원유 시장 전문가들의 대체적 전망이다. 라이스타드

에너지의 브조에나 톤하구엔 연구원은 "4월은 역사상 가장 어려운 원유 시장이 될 것"이라면서 "4월에 하루 평균 2,500만 배럴의 초과 공급이 예상되며, 이런 쓰나미로부터 숨을 곳은 없다"는 부정적 전망을 내놨다.

소비자 입장에선 유가 전쟁을 긍정적으로 봐야 할까, 부정적으로 봐야 할까. 그간 저유가는 호재(好材)였다. 기업과 가계의 비용을 줄일 수 있기 때문이다. 일단 자동차 기름값이 떨어지니 가계에 도움이 된다. 기업 입장에서는 원자재 값과 물류비용을 줄이게 되니 물가가 떨어지고, 이는 소비자들의 소비로 이어져 기업은 원가 절감 비용을 신규 투자로 돌릴 수 있다. 궁극적으로 경기 상승으로 이어지는 선순환이 발생하는 움직임이다.

문제는 이런 상황이 경제가 어느 정도 돌아갈 때의 얘기란 점이다. 코로나19 발병으로 세계의 공장들이 멈춰섰을 때, 전 세계의 소비 활동도 멈췄다. 물건을 만들어도 팔 데가 없고, 기름값이 싸도 사람들이 차를 굴리지 않는다. 국내 경제만 살펴봐도 유가 하락의 혜택보다 저물가 장기화에 따른 디플레이션[3]을 더 걱정해야 할 처지다. 유가가 떨어져도 소용이 없는 것이다.

---

1 OPEC 석유수출국기구. 1960년 9월 사우디아라비아, 이라크, 쿠웨이트, 이란, 베네

수엘라 등 5개 산유국이 결성한 '자원 카르텔'이다.

2 셰일오일 셰일 암석층에서 채취한 원유. 통상적으로 원유가 쥐라기와 백악기 때 형성된 지층에 분포하고, 셰일오일은 그 지층보다 더 아래쪽 지층에 분포한다. 퇴적암의 한 종류인 셰일층에는 많은 양의 가스와 셰일오일이 형성되어 있는 것으로 조사되었지만, 원유에 비해 더 깊게 작업해야 하고 심부까지 시추하기 위해서는 많은 기술이 필요하여 개발 단가가 비싸다.

3 디플레이션 물가가 떨어지고 경제활동이 침체되는 현상.

09.
연말정산

**정산하기 귀찮은
'13월의 보너스'의 탄생**

매년 1월이 되면 근로소득이 있는 사람은 연말정산[1]을 고민한다. 연말정산은 직장인이 지난 1년간 낸 세금을 정산하는 것으로, 최종 정산 금액보다 세금을 더 많이 냈다면 차액을 돌려받고, 더 적게 냈다면 부족분을 더 내게 된다. 연말정산은 '13월의 보너스' 혹은 '13월의 폭탄'이라고 불린다. 정산 결과에 따라 세금 징수분을 '토해내'거나 세금을 돌려받기 때문에 붙은 별명이다.

연말정산 시즌에 각종 증빙 서류를 떼고 제출하는 과정을 겪다 보면 의문점이 생긴다. '그냥 처음부터 세금을 정확하게 뗄 순 없나?' '그냥 세금 징수 기간을 정해서 한 번에 걷으면 편하지 않을까?'

'세금은 내가 버는 총소득을 기준으로 징수되는 것'이라 생각하는 사람들이 많다. 사실 세금은 총급여에서 각종 비용을 공제하고 남은 소득금액에 대해 부과되는 것이다. 조금 어려운 단어를 쓰자면 과세표준에 따라 정해진다. 과세표준이란 과세물건의 가격, 수량, 중량, 용적 등을 수치화한 것으로 각 세목 세액 계산의 기준이 된다. 소득세에서는 소득액에 각종 소득공제를 뺀 수치가 과세표준이 된다. 근로자에게 중요한 항목은 <u>근로소득</u>[2] 공제 항목으로, 내가 번 돈에서 돈을 벌기 위해 필요한 돈을 제외한 금액이다. 교통비, 식비, 생활비, 의료비, 보험료, 기부금처럼 생활에 필수적인 비용들이 여기에 들어간다.

과세표준에 따라 세율이 일괄적으로 산출되면, 직장인은 일단 세금을 낸다. 국세청이 개개인의 세목까지 사전적으로 미리 알긴 힘들기 때문이다. 이런 이유로 세금을 평균치에 맞춰 부과하고 마지막에 정산하는 시스템인 연말정산이 도입된 것이다. 급여가 같더라도 개개인이 처한 상황에 따라, 그리고 한 해의 소비지출 규모에 따라 최종적으로 내는 근로소득세는 사람마다 달라질 수밖에 없다. <u>한마디로 말해 연말정산은 평균치로 징수한 세금을 개개인에 맞춰 조정하는 과정이다.</u> 연말정산 시 총소득에서 각종 소득공제 및 세액공제를 하여 산출한 소득세와 그동안 원천 징수된 소득을 비교하여 산출된 소득세가 더 많으면 추가로 세금을 내고, 이미 원천 징수된 소득세가 더 많으면 세금을 환급받는다.

그렇다면 세금을 한 번에 징수하지 않고 직장인에게 근로소득세를 지속적으로 부과하여 징수하는 이유는 뭘까? 가장 큰 이유는 국가 예산 확보의 안정성 때문이다. 직장인의 근로소득세는 국가 재정의 중요 원천이다. 1년에 한 번 세금을 걷는다면 국가는 만성적인 재정 부족에 시달릴 위험이 클 것이다. 매달 근로소득세의 일부를 미리 걷으면 예산 확보의 불확실성을 어느 정도 해소하고 재정 수입의 안정성을 기할 수 있다. 개인 차원에서 봐도 조금씩 지속적으로 세금을 내는 것이 안정적이다. 만약 1년 치 근로소득세를 일괄 납부해야 한다면, 개인의 소득 안정성 역시 떨어질 수밖에 없다. 일괄 납부할 소득세를 대비해 매월 일정 금액을 비축하면 안 되냐고 물을 수도 있지만, 이것 역시 생각처럼 쉬운 일이 아니다. 그래서 국가는 개인의 납세 안정성을 확보하는 차원에서 미리 일정 금액의 세금을 떼어놓는 방식을 택한 것이다.

원래 줄일 수 있는 세금을 줄이는 작업

연말정산으로 납부해야 할 세금을 줄일 수 있을까? 결론부터 말하면, 연말정산을 통해 원래 줄일 수 있었던 세금 그 이상을 줄이는 효과는 없다. 그러니까 어차피 낼 만큼 내야 한다는 말이다. 1월에 연말정산을 실시하면, 직전 해에 있었던 소득과 각종 지출 등에 대해 총급여가 확정되고 공제받을 항목들을 확인하여 공제받을 수 있다. 국가가 내세운 원칙대로 한다면 누가 하더라도 같은 결과가 나올 수밖에 없다. 애초에 소비 단계에서부터 공제받을 수 있는 항목을 미리 잘 챙겨서 최대한 세금을 덜 낼 수는 있다. '연말정산을 해서 세금을 줄일 수 있다'는 말은 이런 경우를 가리키는 것이다. 그러니까 연말정산에서 '승리'하기 위해선 소비를 잘 해야 한다. 가계 구성에서 인적공제에 추가할 수 있는 사람을 추가하거나 소득액이 높다면 신용카드와 체크카드, 현금영수증 비율을 최대치로 사용하는 것이다. 개인연금, 기부금 등을 통해 세액 공제를 늘리는 것도 방법이다.

2025년 연말정산부터는 지난해 혼인신고를 한 신혼부부라면 최대 100만 원까지 결혼 세액공제를 받을 수 있다. 배우자와 각각 50만 원씩이다. 이 혜택은 2026년 혼인신고를 한 부부까지 적용되며 생애 1회만 받을 수 있다.

결혼 준비를 하다 보면 예식장 비용이나 가구 등 살림을 마련하기 위한 지출이 많다. 지출이 평소보다 많아 신용카드 등 소득공제 한도를 채울 것으로 예상된다면 총급여가 더 높은 배우자의 명의로 지출해야 혜택이 커진다. 다만 신용카드 등 사용 금액이 총급여의 25%를 초과해야 하므로, 지출 규모에 따라 연봉이 낮은 배우자의 명의로 지출하는 편이 유리할 수도 있다. 부모 등 부양가족이 쓴 신용카드 지출액을 함께 공제받으려면 사전에 PC나 모바일을 통해 자료 제공 동의를 받아야 한다. 부양가족의 공인인증서 같은 본인 인증수단을 가지고 있지 않다면 신청서와 함께 부양가족의 신분증과 가족관계증명서 등을 첨부해 온라인으로 제출해야 한다.

국세청에선 인터넷 서비스 '홈택스'를 통해 간편하게 연말정산을 할 수 있도록 돕고 있다. 직장인은 이 서비스를 통해 신용카드 사용금액, 의료비 등 연말정산을 위한 각종 증빙 내역을 확인할 수 있다. 연말정산 간소화 서비스에서 소득공제를 위한 기초 자료를 제공하지만, 이 자료들이 정확한 소득·세액공제 요건을 충족하는지는 스스로 확인해야 한다. 한 해의 똑똑한 소비가 내년에 '13월의 보너스'로 돌아올 수 있다는 점을 기억하자.

---

1 연말정산 국세청이 매달 월급에서 미리 뗀(원천 징수) 세금을 1년 동안 결산해서 각종 공제 등을 뺀 실제 세금(결정세액)의 차액을 이듬해 2월에 환급해주거나 추가 납부하도록 하는 제도. 직장에서 받는 급여 외에 다른 소득이 없는 경우 연말정산으로 소득세와 관련한 절차는 모두 끝나며, 별도로 5월에 종합소득세 확정 신고를 할 필요가 없다.

2 근로소득 고용관계에 의해 노동을 제공하고 그 대가로 받는 봉급, 급료, 보수 등을 말한다.

10.
통화량

**시중에는 돈이
얼마나 있을까**

시중에는 얼마나 많은 양의 돈이 돌아다니고 있을까? 내가 쓴 돈은 어디로 움직이고, 정부가 경기 부양을 위해 풀었다는 돈은 어디로 흘러갈까?

일반적으로 뉴스에서 말하는 '통화량'은 '광의통화M2'다. 넓은 의미의 통화[1]로 동전, 지폐 등 현금뿐만 아니라 요구불 예금, 수시입출식 예금, 머니마켓펀드MMF, 양도성 예금증서CD, 종합자산관리계좌CMA, 환매조건부채권RP, 6개월 미만 정기예금, 증권사 투자자 예탁금 등을 합한 통화지표다.

통화량은 경기의 흐름을 조절할 수 있는 핵심 지표다. 한국은행은 이자율과 더불어 통화량으로 총 수요를 조정하여 경기 안정을 도모한다. 경기가 침체되면 국·공채 매입, 지급준비율[2] 인하,

재할인율 인하 등으로 통화량을 증가시킨다. 통화량 증가는 이자율 인하와 같이 경기를 회복시키는 효과를 가져온다. 경기 과열 시엔 이자율 인상, 통화량 감소로 물가를 안정시킨다.

사실 화폐는 각국의 중앙은행에서 무제한 찍어낼 수 있기 때문에, 경제가 발전하면 통화량은 자연스레 증가한다. 우리나라의 경우 2010년대 중반 민간신용 둔화 등으로 시중 통화량 하락세가 잠시 발생했지만, 2017년을 기준으로 반등해 우상향하고 있다. 한국은행이 2025년 2월 13일 발표한 '2024년 12월 통화 및 유동성' 보고서에 따르면 지난해 12월 시중 통화량을 나타내는 광의통화는 전월 대비 40조 5,000억 원 늘어난 4,183조 5,000억 원을 기록했다. 2022년 3,722조를 기록한 후 매해 늘고 있다.

시중 통화량에 영향을 미치는 요인은 여러 가지다. 가장 큰 영향을 미치는 것은 부동자금[3]이다. 경기 침체로 미래에 대한 불확실성이 커지면 시중의 부동자금이 얼어붙는다. 민간신용 원금을 못 받을 위험이 크기 때문에 돈을 잘 빌려주지도 않고 소비와 투자가 적어져 돈을 빌리려는 사람 자체도 줄어들게 된다. 통화량은 예금·대출을 반복하는 신용창조[4] 과정을 통해 늘어나는데 대출이 급감하면 통화량은 거의 증가하지 않는 것이다.

시중 통화의 유동성은 부동산과 밀접

정부의 경기부양책으로 경기가 회복세를 보이면 부동자금이 증가한다. 2018년부터 시중 통화량이 꾸준히 증가한 것은 기업을 중심으로 민간신용이 꾸준히 확대된 영향으로 분석된다. 부동산 매매 수요 증가로 줄어들었던 가계의 통화량이 문재인 정부 시절이던 2018년 9·13 대책 발표 이후 다시 증가세로 돌아선 것이 그 예다. 직전 분기 대비 MMF는 줄었지만 현금 통화, 요구불 예금, 수시 입출식 예금 등은 모두 증가했다고 알려졌다. 수년간 저금리가 장기화하자 시중 유동성이 높아졌고, 마침 주식시장까지 부진하면서 투자처를 찾지 못한 돈들이 넘쳐났다.

시중 통화량은 경제 성장이나 부동산 가격과 직접석인 영향을 주고받는다. 통화량은 금리와 정부 정책으로 전망할 수 있다. 부동산 시장에 관심이 있다면 특히 시중 통화의 유동성을 주의 깊게 살펴야 한다. 시중 통화량에서 부동산 가격의 상승 혹은 하락에 대한 시그널을 읽어낼 수 있다면, 불확실한 부동산 시장에서 조금이라도 우위를 점할 수 있지 않을까? 광의통화가 아파트 매매 가격 지수와 비례한다는 것은 이미 많은 연구·분석을 통해 밝혀지기도 했다. 정부가 부동산 정책과 함께 통화량 조절에 신경을 쓰는 것은 이 때문이다.

가령 부동산 가격이 급등했던 2018년의 경우, 정부는 9월 13일 부동산 안정화 대책을 발표했다. 9·13 부동산 대책의 핵심은 고가 주택에 대한 종부세율 인상, 다주택자 금융 규제와 임대사업자 혜택 축소 등으로 정부는 강도 높은 부동산 정책을 통해 다주택자 등에 의한 투기 수요를 차단하고, 선의의 실수요자를 보호하려 한다고 밝혔다.

9·13 대책의 효과 때문인지는 몰라도 2018년 11월을 기점으로 서울 아파트의 상승세가 멈췄다. 서울 아파트값이 해가 바뀌어도 내림세를 이어가자, 이번엔 '거래절벽'에 대한 우려가 고개를 들었다. 시중에 풀린 유동성 자금이 부동산 시장에 어떤 영향을 미칠지 우려하는 목소리가 솔솔 나오고 있다. 정부가 조금이라도 부동산 규제의 고삐를 풀면 풍부한 유동성 자금이 부동산 시장으로 몰려와 시장 혼란을 일으킬 수 있다는 주장이다.

윤석열 정부에서도 마찬가지다. 계속된 경기침체 등으로 부동산 가격이 하락할 조짐을 보이자, 정부는 수도권 인근 그린벨트를 대거 해제하는 방식으로 부동산 경기 활성화를 꾀하고 있다. 여기에 더해 분당, 일산, 중동 등 1기 신도시도 대대적인 재개발을 앞두고 있다. 오세훈 시장은 최근 서울시 강남 3구의 토지거래허가 제한을 모두 해제했다. 모두 토지 보상금을 증가시켜 시중의 유동성 자금을 활성화하는 요인이다.

1 통화 산업국가에서 교환수단으로 사용되는 은행권과 정부 발행 지폐 및 주화로, 현재 흘러 다니고 있는 돈이란 뜻으로 봐도 무방하다. 현금뿐만 아니라 예금, 수표, 어음 등 지불수단이 될 수 있는 모든 것이 포함된 의미다. 통화량은 시중에서 유통되는 통화의 양을 말한다.

2 지급준비율 은행이 고객에게 받은 예금 중에서 중앙은행에 의무적으로 적립해야 하는 비율을 말한다. 고객에게 지급할 돈을 준비해 은행의 지급 불능 사태를 막는다는 고객 보호 차원에서 도입됐지만 중앙은행이 지급준비율을 조절해 시중 유동성을 조절하는 장치로 활용하는 경우가 많다.

3 부동자금 일정한 자산으로 투기적 이익을 얻기 위하여 시장에 유동하고 있는 대기성(待機性) 자금으로, 현금이나 입출금이 자유로운 금융상품 등을 뜻한다. 시중 유동성이 얼마나 풀렸는지를 보여준다.

4 신용창조 은행이 처음 받은 예금의 몇 배를 다시 예금으로 만들어내는 것으로, '예금창조'라고도 한다. 은행에 흘러 들어간 본원통화는 예금이란 시스템을 통해 신용창조 과정을 거쳐 예금통화를 창조해낸다.

11. 경기지수

**몇 개월 뒤 경제가
어떻게 될지 알 수 있다면**

몇 개월 뒤 경제상황이 좋아질 것인지 나빠질 것인지 누구도 알 수 없다. 오늘의 삶도 퍽퍽한데 몇 개월 뒤의 경제상황이 나와 무슨 상관이란 말인가. 하지만 발상을 바꿔보자. 몇 개월 뒤 경제가 어떻게 될 것인지를 고민하여 내 자산, 즉 가계를 꾸린다면 훨씬 효율적일 것이다. 그렇다면 몇 개월 뒤 경제상황을 어떻게 예측할 수 있을까? 다행스럽게도 똑똑한 통계학자들이 경기를 어느 정도 예측할 수 있게끔 몇 가지 지표를 만들어놓았다.

가장 일반적으로 사용하는 것이 경기선행지수[1]로, '선행종합지수'라고도 한다. 통상 100을 기준으로 놓고 그 이상이면 경기 팽창, 그 이하면 하강을 의미한다. 선행지수가 5~6개월 연속으로 하락하면 경기가 꺾일 가능성이 큰 것으로 해석한다. 예를 들어 통계청이 2025년 2월 3일 발표한 '2024년 12월 및 연간 산업활동동향'에 따르면 향후 경기를 예측하는 선행종합지수 순환변동치는 전월 대비 0.2포인트(p) 하락한 100.6을 기록했다. 이 경우 수치가 지난달 대비 하락했으니, 경기가 나빠질 것이라는 의미로 받아들인다.

경기선행지수를 통해 경기를 전망해볼 수 있는 것은 경기순환에 앞서 나타나는 8개 지표로 구성되어 있기 때문이다. 여기에는 △재고순환 지표 △소비자 기대지수 △기계류 내수 출하지수 △건설 수주액 △수출입 물가 비율 △구인구직 비율 △코스피 지수 △장단기 금리차 등이 포함된다.

이 지표들은 6개월 뒤의 경기를 어떻게 예측할 수 있게 해줄까? 일단 재고순환 지표를 살펴보자. 재고순환 지표란 재고가 얼마나 빨리 순환하는지를 보여주는 지표다. 이 지표는 제조품의 '출하 증가율(전년 동월비)−재고 증가율(전년 동월비)'로 계산한다. 만약 경제가 활성화되어 소비가 증가한다면 바로 생산량을 늘리긴 어려워 재고량부터 빠르게 감소한다. 즉, 출하량은 증가하고 재고량은 감소해 재고순환 지표가 높아진다. 반대로 경기가 악화되어 소비가 감소한다면 출하량은 감소하고 재고량은 증가하여 재고순환 지표가 낮아진다.

다만 요즘은 기업의 생산유통 시스템이 발달해 생산량을 발 빠르게 조절할 수 있다. 그래서 재고순환 지표가 장기적인 경기 변화를 포착하는 데 적절하지 않다는 지적도 많다. 이처럼 지표마다 단점이 있기 때문에 통계청은 이를 보완할 수 있는 다른 지표까지 종합해서 보다 객관적이고 정확하게 경기를 전망할 수 있게끔 했다.

노동자 입장 배제된 기업경기 실사지수

선행지수대로라면 2025년 상반기 경제상황은 꽤 암울하다. 앞서 언급했던 통계청의 '2024년 12월 산업활동동향'에 따르면, 우리나라의 경기선행지수는 100을 간신히 넘겼다. 최근 1년간 경기선행지수가 잠깐 좋아지기는 했지만 12.3 비상계엄 사태로 다시 하락했다. 경기선행지수는 최소 반년 뒤 경기 흐름을 지표로 나타낸 것이므로, 계속해서 100보다 낮은 하락세를 유지한다면 반년 뒤, 즉 연말까지도 경제상황이 그리 좋아지지 않는다고 예측할 수 있다.

BSI business survey index라고도 불리는 기업경기 실사지수[2] 또한 향후 경기를 예측하는 데 사용된다. 기업활동의 실적·계획·경기 동향 등에 대한 기업인들의 의견을 조사, 지수화한 것으로 전반적인 경기 동향을 파악하는 지표다. 기업인들의 경기에 대한 판단, 장래 전망 등을 설문지를 통해 조사한다. BSI는 기업체가 느끼는 체감 경기를 나타내며 100을 기준으로 이보다 낮으면 경기 악화를 예상하는 기업이 호전될 것으로 보는 기업보다 많음을 의미하고, 100보다 높으면 경기 호전을 예상하는 기업이 더 많다는 것을 의미한다.

BSI는 다른 경기 지표와는 달리 기업인이 직접 설문에 답하기 때문에 주관적이고 심리적인 요소까지 조사가 가능하다는 장점이 있다. 그렇지만 어떤 질문을 하느냐에 따라 답변이 달라질 수 있는 오류에 빠질 수 있다. 즉 조사자의 주관적인 판단이 개입될 여지가 많은 것이 단점이다. 그리고 기업가의 입장만을 반영한 지표이기 때문에 노동자의 입장은 반영되어 있지 않다.

널리 사용되고 있지는 않지만 소매유통업 경기전망지수도 경기 전망을 하는 데 사용된다. 이것은 밑바닥 경기라고 할 수 있는 소매유통업체들의 현장 체감 경기를 0~200의 수치로 표시한 것이다. 100을 기준으로 이보다 높을 경우 이번 분기의 경기가 전 분기에 비해 호전될 것으로 예상하는 기업이 더 많음을, 100 미만이면 그 반대를 의미한다.

---

1 경기선행지수 Composite Leading Indicator 보통 CLI라고 부른다. 정부가 참고하는 경기 선행지수는 OECD와 통계청이 발표한 2가지다. 두 기관의 선행지수는 약간 다르게 나오는데 이는 구성 요소 때문이다. OECD 선행지수에는 '건설 수주액'이나 '구인구직 비율' 같이 변동 폭이 큰 최근 지표가 반영되지 않지만 통계청 지수보다 좀 더 관심을 두고 지켜보는 경향이 많다.

2 기업경기 실사지수 Business Survey Index 기업이 경기를 어떻게 체감하는지 보여주는 대표적 지표로, 줄여서 'BSI'라고 한다. 전국 3,172개 법인기업을 대상으로 기업 경영상황에 대한 판단과 전망을 조사한다.

12. 주식

내가 산 주식이 떨어지는 이유

내가 산 주식은 기가 막히게 떨어진다. 반대로 내가 팔고 난 뒤에는 오른다. 재복이 없다고 탓하기에는 매번 어쩌면 이럴까 싶다. 마치 미지의 존재가 약이라도 올리듯 주식시장은 머피의 법칙에 지배되고 있다.

이런 경험이 비단 나만의 것은 아니다. 적지 않은 사람들이 갖는 공통의 속쓰림이다. 주식 투자를 해본 사람이라면 산 뒤 내리고 판 뒤 오르는 경우를 여러 번 겪는다. 뭐든 수업료는 치르는 법이니 처음 몇 번은 무릎에서 잡고 어깨에서 팔기 위한 경험을 얻는 셈이라고 스스로를 다독이지만 이후에도 이런 일이 반복되지 않으리란 법은 없다. 자책과 속상함, 끊임없는 실패에 대한 곱씹음에 판단력마저 흐려진다.

PER[1]도 따져보고 PCR[2]도 따져보면서 꼼꼼히 투자한다고 하지만 결국에는 '사면 내리고 팔면 오르는' 이런 기현상이 내게만 일어나는 일일까? 의외로 나와 같은 동지들이 많다. 연구로도 증명됐다. 캘리포니아 주립대-버클리UC-Berkeley의 터랜스 오딘Terrance Odean 교수는 이렇게 말했다. "내가 사면 떨어지고 팔면 오르는 현상이 주식 투자자들 사이에서 일반적인 현상이다"라고 말이다.

보통 투자자들은 주식을 살 때 '이쯤이면 주가가 오르겠지'라고 기대한다. 혹여나 내가 산 주식이 오르면 '이젠 이쯤에서 꺾이겠지'라고 판단하고 판다. 그런 기대와 분석이 뒷받침된 개인의 매매 결과가 좋은 수익률을 보인다면야 모두들 고민하지 않을 것이다. 오딘 교수의 연구 결과는 개인의 한숨이 실제로 사실인 걸 보여준다. 그는 개인 투자자들의 1년간 수익률이 해당 종목을 팔아버리고 난 뒤의 수익률보다 3.3%나 낮은 것을 발견했다. 우리가 잘 아는 법칙이 여기서도 작동한다. 주식을 사들이자 주가가 떨어지고 반대로 주식을 팔자 주가가 오른 것이다.

저점 매수 · 고점 매도 buy low, sell high 전략의 어려움

오딘 교수는 브래드 바버Brad Barber 캘리포니아 주립대 교수와 함께 한 연구에서도 비슷한 사실을 증명해냈다. 사람들이 주식을 산 뒤에는 그 종목이 시장수익률보다 떨어지고, 반대로 사람들이 주식을 팔고 나면 그 종목이 시장수익률보다 높아지는 이상한 현상 말이다.

바버 교수와 오딘 교수는 116개 투자클럽investment club의 매매 기록을 입수하여 개인이 아닌 두 명 이상의 투자클럽은 '사면 내리고 팔면 오르는' 현상을 피할 수 있는지 조사했다. 아무래도 여러 명이 클럽을 조직해서 투자하면 개인의 편견이나 잘못된 관행을 피할 수 있어서 보다 나은 성과를 얻을 수 있지 않나 기대한 것이다. 그러나 결과는 달랐다. 투자클럽이 주식을 팔고 나니 그 종목의 사후 수익률이 산 종목보다 무려 연간 4%나 높았다. 결국 여럿이서 투자클럽을 조직해서 주식 투자를 해도 사면 내리고 팔면 오르는 악순환을 벗어날 수 없었다.

이러한 현상은 직접 주식 투자를 하지 않는 주식펀드 투자자에게도 그대로 적용된다. 세계 최대 펀드 조사기관인 모닝스타 Morningstar는 2009년 한 연구에서 총 17개의 펀드 카테고리 전체를 조사한 후 재미있는 결과를 발표했다.

보통 주식펀드에 가입한 간접 투자자들은 시황 변동에 따라 펀드에 가입·탈퇴하고, 추가 입금을 한다. 따라서 펀드 가입자의 입·퇴출이 없다고 가정하고 계산하는 펀드 자체의 수익률과 펀드 투자자의 실수익률엔 차이가 날 수밖에 없다. 그런데 모닝스타의 연구 결과를 보면, 펀드 투자자의 실수익률이 펀드 자체 수익률보다 크게 낮았고, 심지어 그 차이가 연간 34.6%에 달하는 것도 있었다.

이런 연구 결과를 종합해보면, 직접 투자자이건 간접 투자자이건, 혼자서 투자하건 여럿이서 공동으로 투자하건 간에 저점 매수·고점 매도 전략을 실제로 적용하기가 얼마나 어려운지를 알 수 있다. 많은 투자자들이 저점 매수·고점 매도로 생각하고 매매에 나서지만 실제로는 고점 매수·저점 매도의 결과에 빠질 가능성이 높다는 것이다. 그래서 빈번한 주식매매는 고점 매수·저점 매도의 실패를 반복하고 손해만 키울 수 있다고 경고한다.

미국의 증권전문 방송인 cnbc의 '매드 머니Mad Money' 진행자인 짐 크레이머Jim Cramer는 이렇게 외쳤다. "주식매매를 멈춰라Stop trading." 빈번한 주식매매만 줄여도 손해를 어느 정도 줄일 수 있다는 충고다.

---

1 PER 주가수익비율Price Earning Ratio, PER은 현재 시장에서 매매되는 특정 회사의 주식 가격을 주당 순이익으로 나눈 값이다. 1주당 수익의 몇 배가 되는가를 나타내는데 PER이 낮은 주식은 앞으로 주식 가격이 상승할 가능성이 크다. 다만 땅을 매각하는 등으로 생기는 처분 이익도 순이익에 포함되므로 왜곡이 나타날 수 있다.

2 PCR 주가현금흐름비율Price Cash flow Ratio, PCR은 주가를 주당 현금흐름으로 나눈 것이다. PCR은 현 주가가 기업의 자금조달능력이나 순수영업성과에 비해 어떻게 평가되어 있는지를 판단하는 데 사용할 수 있다.

13.
주식과 부동산 시장

주식이 떨어지면 부동산도 떨어진다?

돈의 또 다른 이름은 '유동성'이다. 완전히 같은 의미는 아니지만 시장에서 유동성이란 쉽게 움직일 수 있는 돈을 말한다. 이 돈은 항상 자신의 몸집을 불릴 수 있는 곳을 찾는다. 유동성을 가지고 있는 경제 주체는 항상 이런 장을 찾기 마련이다.

유동성이 가장 활발한 시장은 주식, 부동산, 환율시장 등이다. 환율시장은 개인과는 무관한 경우가 많기 때문에 유동성을 가진 개인들은 주로 주식과 부동산 시장을 눈여겨보고 동향을 부지런히 파악한다. 제한된 유동성이 몸집을 불리기 위해 이곳저곳을 옮겨 다닌다는 것은 시장 간 일정한 상관관계가 있을 수도 있다는 결론에 도달하게 된다. 부동산 시장에 있던 유동성이 주식시장으로 몰리기도 하고 그 반대의 경우도 있다. 이런 양 시장 간의 상관관계를 파악한다면 보다 거시적 관점에서 투자가 가능하다.

일반적으로 주식과 부동산은 같은 방향으로 움직인다. 상승 요인이 동일하기 때문이다. 주가는 통상적으로 기업 이익이 늘어날 때 오른다. 기업 제품이나 서비스에 대한 수요가 증가한단 얘기다. 부동산도 수요가 증가해야 가격이 오른다. 하락도 비슷한 이유로 진행되는데, 금리가 오르면 주식·부동산 모두 투자를 위해 지불해야 하는 비용이 늘어나 가격이 떨어진다. 우리나라의 부동산과 주식시장이 큰 폭으로 상승했던 시기는 1980년대 후반과 2000년대 중반이다. 상승 시기가 겹쳤는데, 시차를 보면 주가가 부동산보다 6개월~1년 정도 앞서 움직이고 먼저 약해지는 형태였다.

이런 패턴은 2018년에도 계속됐다. 2018년 경제의 최대 화두는 부동산이었다. 몇 달 사이에 서울 아파트값이 수억 원이 올랐다는 뉴스를 심심치 않게 접할 수 있었다. 부동산 가격이 급등한 시점을 대체로 2017년 후반 즈음으로 잡는다. 2017년은 주식시장이 역대급으로 오른 해였다. 2017년 코스피지수는 연간 21.76%의 상승률로 마감했다. 2016년 마지막 거래일(종가 2026.46) 대비 441포인트가량 오른 것이다. 코스닥지수도 26.44% 급등했다. 즉 2018년 부동산 가격이 상승하기 전 주식 가격은 이미 급등했던 것이다.

그렇다면 2024년 주식과 부동산 시장은 어땠을까? 2024년 코스피 지수는 연초 대비 약 9.6% 하락했다. 2023년 말 코스피 지수는 2,655.28이었으며, 2024년 말에는 2,399.49로 마감했다. 부동산 시장도 일부 서울 지역을 제외하고는 대체로 거래가 많지 않았다. 전체적으로 보면 주식과 부동산이 유사한 패턴으로 움직였다고 볼 수 있다.

주택과 주식의 변동성은 닮았다

주식과 부동산 가격 간 시차가 발생하는 것은 환금성 때문이다. 즉 주식은 현금화하는 데 오래 걸리지 않지만 부동산은 시간이 필요하다. 반대의 경우도 마찬가지다. 미국의 전설적인 투자자 피터 린치Peter Lynch[1]가 "집을 살 때는 온 가족이 몇 번이나 와서 위치부터 건물 상태까지 꼼꼼히 따지는 반면, 같은 금액의 주식을 사는 데는 5분도 걸리지 않는다"고 말한 것이 환금성의 차이를 보여주는 좋은 예다. 즉 부동산은 주식시장만큼 민감하게 반응하지 않는다는 의미다.

　김상배 경북대 경영학부 교수가 2018년 6월 발표한 '주택시장과 주식시장 사이의 상관관계에 관한 연구'에도 이런 주장이 담겨 있다. 가령 이자율 상승과 같이 주택시장과 주식시장에 공통으로 영향을 미치는 거시경제 변수의 변화로 집값이나 주가가 하락할 때 두 시장의 변동성이 같이 증가한다는 것이다. 두 시장에 위험 요인이 커질수록 부동산과 주가가 하락하고, 두 시장 사이의 상관계수는 커진다는 것이 논문의 내용이다.

　두 시장이 비슷한 방향으로 움직인다는 것은 투자 시 반드시

유의해야 할 점이다. 예를 들어 증시가 급락하면 투자자들은 이를 현금화해 전통적 안전자산으로 분류되는 부동산 시장을 쳐다보게 된다. 그러나 전반적인 경기 하락이 나타나는 상황에서는 주식시장과 주택시장이 동반 하락할 가능성이 높아 상호 보완적 역할을 하기 어렵다.

이춘섭 건국대 부동산학과 교수는 2010년 발표한 논문에서 이와 비슷한 얘기를 했다.

"상업부동산시장과 주식시장은 대체관계로 효율적인 포트폴리오 대체 투자 상품이라는 일반적인 인식과는 달리 두 시장 관계는 동조관계다. 포트폴리오 효과가 없어 분산투자의 효과를 재검토해야 한다."

---

1 피터 린치 Peter Lynch 미국 출신의 월스트리트 주식 전문가다. 1969년 피델리티 인베스트먼트Fidelity Investments에 리서치 애널리스트로 입사한 뒤 펀드 매니저로 활동하면서 1977년 2,200만 달러에 불과했던 마젤란 펀드Magellan Fund를 13년간 운용하면서 1990년 무렵에는 140억 달러 규모에 이르는 세계 최대 뮤추얼펀드로 키워냈다.

14.
VIX지수

공포지수를 아시나요?

주식 투자를 하면서 VIX지수Volatility Index라는 요긴한 지수를 들어본 적이 있는가. VIX지수는 S&P500지수[1] 옵션 가격의 향후 30일간 변동성에 대한 기대를 나타낸다. 1993년부터 시카고옵션거래소 CBOE에서 실시간으로 제공하고 있다. VIX지수가 흥미로운 건 증시 지수와 반대로 움직이는 특징이 있어서다.

만약 주식시장의 변동성이 커진다면? 리스크 헷지[2]를 하기 위해 옵션 수요가 증가한다. 그러면 옵션 가격이 점점 높아지게 되고 VIX지수는 올라간다. VIX지수가 높다는 건 투자자들이 불안하다는 것을 뜻한다. 불안해서 헷지를 하고 옵션 프리미엄이 올라갈 거라고 전망한다. VIX지수는 시장의 불안을 내포하고 있어서 또 다른 이름이 '공포지수'다.

VIX지수는 1993년 로버트 웨일리 듀크대 교수가 개발했다. 심리적 요소가 주가에 영향을 준다는 가설을 세운 뒤 투자 심리를 수치로 나타내기 위해 고안한 것이다. 만약 VIX지수가 20이라면 앞으로 한 달간 주가가 20% 등락을 거듭할 것이라고 예상하는 투자자들이 많다는 걸 뜻한다.

　VIX지수와 주식시장 지수 사이에는 실제로 반비례가 이뤄진다. 단기적으로는 더욱 그렇다. 시장이 하락하면 투자자들은 더욱 하락하는 것을 막기 위해 풋옵션을 매입해 헷지한다. 그들이 풋옵션을 매입할수록 VIX지수는 오르게 된다. 거꾸로 시장이 상승 흐름을 타고 있을 때 투자자들은 앞으로도 우상향할 것이라는 기대를 갖게 된다. 이때는 손실에 대한 공포가 감소하고 VIX지수 역시 하락한다. 실제로 주가와 VIX지수 그래프는 거꾸로 맞물린다. VIX지수는 뉴욕 증시, 특히 S&P500지수와 거의 반비례한다. 그래서 VIX지수는 선행지수는 아니지만 주가의 단기간 방향을 짐작하는 데 중요한 지수로 활용되고 있다.

　지수가 높다는 것은 주식시장의 변동이 커질 것이라는 예측이 많다는 뜻이다. 이는 곧 투자에 대한 불안 심리가 높아서 주식을 팔고 빠져나가려는 투자자가 많고, 그럴 경우 주가가 하락하는 경향을 보인다. 반대로 VIX

지수가 최고점에 이르면 공포 심리가 극에 달해 주식을 팔 사람은 이미 다 판 상태가 된다. 거꾸로 얘기하면 주가가 바닥을 쳤다는 의미로도 읽을 수 있어서 증시가 반등할 신호로 보기도 한다.

주가의 단기간 방향을 짐작하는 데 요긴한 지수

보통 VIX지수가 30이 넘으면 변동성이 높고, 20 이하면 낮다고 평가한다. 일반적으로 20~30 정도가 평균 수준이고 40~50에 근접하면 바닥권 진입의 징조로 해석된다. 2000~2007년에 VIX지수의 평균값은 19.6이었다. 2008년 글로벌 금융위기를 불러온 리먼브라더스가 파산한 직후 VIX지수는 무려 89.86까지 치솟았다. 1997년 아시아가 외환위기를 겪었을 때도 38.2에 불과했으니 당시 미국 시장을 중심으로 주식시장의 공포감이 어땠는지 짐작할 수 있다.

VIX지수를 활용한다면 차익을 얻을 수 있지 않을까? 예를 들어 VIX지수가 고점일 때(주가는 저점일 때) 주식을 사고, 저점일 때(주가가 고점일 때) 판다면 저점 매수, 고점 매도를 실현하며 차익을 얻을 수 있을 것이다. 당장 생각하기에는 좋은 전략이지만 문제가 있다. VIX지수가 어느 정도가 되면 고점이고 저점인지 판단하는 게 어렵다는 것이다. 그래서 VIX지수를 쓸모없다고 부정하는 사람들도 있다.

주식시장에는 이런 속설이 있다. 강세장은 계단처럼 차근차근 올라가지만 약세장은 엘리베이터처럼 급격하게 내려간다. 주가가 강세장보다 약세장에서 훨씬 더 빠르고 급격하게 변한다는 얘기다. 동시에 강세장보다는 약세장에서 주가의 변동성이 크다는 뜻이기도 하다. 주가의 변동성이 크다는 건 옵션 프리미엄도 높다는 걸 뜻한다. 프리미엄이 높을수록 VIX지수가 높아진다는 건 앞에서도 설명했다. 정리해보면 VIX지수는 하락장에서 훨씬 더 예민하게 반응하므로 강세장보다 약세장에서 VIX지수를 더 유심히 봐야 한다.

VIX지수가 높을수록 주식시장은 급격하게 움직이며 투자자들은 VIX지수와 주식시장의 상관관계를 체감할 수 있다. 반면 VIX지수가 낮을수록 지수와 주가의 관계가 쉽게 와 닿지 않는 경우가 많다. 만약 현재 VIX지수가 낮다고 해도 가까운 미래에 어떤 특정한 움직임을 예상하기란 쉽지 않다. VIX지수는 낮을수록 정보의 가치가 작아지는 경향이 있다. 주식시장의 변동성이 커야만 VIX지수의 가치도 커진다.

VIX지수는 국내 시장과도 연계된다. 한국은행이 발표한 연구에 따르면 VIX지수의 움직임은 외국인의 한국 채권 투자와 관계가 있다고 한다. VIX가 1%포인트 오르면 외국인의 국내 채권 투자 잔액은 0.13%포인트가 줄어든다.

미국산 공포지수가 아닌 국내산 공포지수도 있다. 브이코스피 V-KOSPI지수[3]다. 코스피200 옵션 가격을 이용해 코스피200지수의 변동성을 나타낸 것이다. 브이코스피지수는 2009년 4월 13일 증권

거래소에서 처음 발표되었다.

---

1 S&P500지수 대형기업 500개의 주식을 포함한 지수다. 500개 기업 대부분이 미국 기업이다. S&P500은 지수 자체를 일컬을 뿐 아니라 지수에 포함된 500개 기업 자체를 지칭하기도 한다.

2 리스크 헷지 현물시장에서 가격 폭락을 막기 위해 선물시장을 활용하거나 주식과 예금을 섞어서 포트폴리오를 만드는 등 위험을 회피하기 위한 투자 전략이다.

3 V-KOSPI지수 코스피200 옵션 가격을 이용해 옵션 투자자들이 예상하는 지수의 미래 변동성을 측정한 것이다. 옵션 가격이 향후 시장의 기대 변동성을 내재한다는 옵션가격결정이론을 토대로 산출되는 지수다.

15.
코스피 하락과 세계 경제

한국 경제의 체력을 살필 수 있는 척도

"코스피가 20일 미 연방준비제도의 통화정책 불확실성 여파로 1% 넘게 하락하며 장 초반 2400대까지 밀렸다." (블록미디어, 2024. 12. 20.)

미디어의 경제 섹션에 매일 등장하는 '코스피KOSPI' 관련 뉴스. 코스피는 증권 시장에 상장된 상장기업의 주식 변동을 기준 시점과 비교해 작성한 한국거래소 유가증권시장의 종합주가지수를 말한다. 보통 거래소시장, 유가증권시장이라고도 하며, 기준 시점은 1980년 1월 4일 시가총액이다.

<u>코스피는 우리나라의 전반적인 주가 동향을 나타내는 지표다. 증권시장에서 거래되는 모든 주식의 가격을 더해서 구한 주식의 총가격이라고 생각하면 이해하기 쉽다.</u> 주가지수는 주식시장에 상

장된 종목의 가치가 반영된 결과로, 코스피를 통해 한국 경제가 잘 돌아가고 있는지 아니면 쉽지 않은 상황인지 가늠할 수 있다. 예를 들어 SK하이닉스의 실적이 좋으면 이 회사 주식만 뛰겠지만, 우량 기업 대부분이 돈을 잘 벌고 있다면 대체적인 주식 가격이 오르게 된다. 그리고 이 기류는 증권시장에 있는 모든 주식의 총점이라고 할 수 있는 코스피에 반영돼 코스피가 오르게 된다.

코스피는 한국 경제의 체력을 살필 수 있는 척도이다. 금융위기가 세계를 휩쓴 2008년, 코스피 시장은 바닥을 쳤다. 2008년 10월 27일 코스피는 892.16포인트까지 떨어지기도 했다. 경제가 불황으로 접어들면서 국내 증시에 상장된 기업의 가치도 더불어 하락했다. 코스피는 '박스피[1]'란 불명예스러운 별명으로 불리기도 하지만 시가총액은 꾸준히 증가했다. 2017년 11월 코스피는 2500선을 돌파했고, 2018년 마지막 날을 기준으로 시가총액은 1,688조 원을 넘어섰다. 삼성전자, SK하이닉스, 셀트리온, 현대자동차, 한화, POSCO, 삼성물산, LG전자, KT, 한국전력 등 굵직굵직한 국내 기업들은 거의 다 코스피 시장에 몰려 있다.

코스피가 중요한 경제지표인 만큼 아무 회사나 이 시장에 진입할 수 없다. 주식회사 설립 3년 이상, 자기자본금 300억 이상, 연 매출액 1,000억 원 이상, 평균 700억 이상인 기업이 코스피에 상장된다. 시장 안전장치도 마련되어 있다. 코스피의 가격제한 폭은 상하 30%이며 사이드카[2] 제도와 서킷 브레이커[3] 제도가 시행되고 있다. 코스피 시장의 선물시장으로는 코스피200 선물이 있다.

미국 금리가 올라도 코스피는 떨어진다

코스피는 여러 가지 국내외 요인에 따라 민감하게 움직인다. 최근 코스피에 영향을 주는 요인으로는 삼성전자·애플·화웨이 등 IT 기기 생산업체들이 대표하는 반도체 시장의 경기, 브렉시트[4], 미국 물가지표, 중국 경제 성장률, 국제통화기금IMF이 발표하는 세계 경제 성장률 등이 있다.

일반적으로 미래에 대한 불확실성은 악재로 작용한다. 끝나지 않는 미·중 무역전쟁이나 부정적 글로벌 증시 환경은 전반적으로 투자 심리를 얼려 코스피 하락을 동반하는 경우가 많다. 2019년 1월, IMF기 2019년과 2020년 글로벌 경제 성장률을 기존 전망치보다 낮은 3.5%, 3.6%로 잡았다고 발표하자 코스피가 일제히 하락한 것은 대표적인 사례다.

미국의 금리 증감 여부도 코스피에 직접적인 영향을 준다. 대체로 미국 금리가 오르면 코스피가 하락하고, 미국 금리가 내려가면 코스피가 상승한다. 미국 금리가 국내 주식시장에 영향을 주는 이유에 대해선 다양한 분석이 많지만, 코스피가 외국인의 자본 비율이 상당히 높은 시장이란 점을 빼놓을 수 없다. 외국인의 입장에서 한국 주식시장은 하나의 투자처일 뿐이다. 미국의 금리 인상으로 인해 국내와의 금리 차가 벌어지기 시작하면 외국인 자본이 미국으로 흡수되어 코스피가 하락 국면에 드는 것을 피할 수 없게 된다. 여기에 세계 경기가 둔화될 가능성이 겹치면, 당연히 자본은 안전한 투자처로 몰리게 된다. 2017년부터 미연방준비제도의 금리 인상 기류와 2018년 초반 미·중 무역전쟁 발발이 겹쳐 코스피가 하락세를 보인 것이 대표적인 사례다.

  주식시장에 큰 관심이 없는 사람이라면 코스피와 코스닥을 종종 헷갈려 한다. 코스닥은 중소기업 및 벤처기업들이 증시에서 사업자금을 보다 원활히 조달할 수 있도록 하기 위한 증권거래시장으로, 1996년에 벤처 열풍을 타고 처음 개장됐다. 코스피에선 상장종목들의 시가총액 방식으로 산출한 평균 지수이기 때문에 규모가 큰 국내 기업들의 주식이 거래된다. 개인보다는 주로 회사와 회사 간의 거래가 일어나거나 직접 투자회사의 투자 목표가 된다. 반면 코스닥 시장은 중소형주나 벤처 스타트업들의 주식들이 거래된다. 코스피 시장에 비하면 진입 장벽이 낮아 자기자본금 30억 이상에 연 매출액이 100억 원 이상이면 상장이 가능하다. 미국의 나스닥을 본따 만든 만큼, 나스닥 시장처럼 IT계열 회사가 많고, 거래 단위 또한 상대적으로 작은 편이다. 개인 투자가 가능하고, 유동폭 조정이 유리한 특징이 있지만 그만큼 불량 매물도 거래되기 때문에 주의가 필요하다.

---

1 박스피 박스권 box pattern과 코스피지수 KOSPI를 합성한 말이다. 최근 수년째 주가가 일정 수치 이상 오르거나 하락하지도 않는 패턴을 보였던 코스피를 박스권에 빗댄 말이다.

2 사이드카 Sidecar 선물가격이 전일 종가 대비 5% 이상 변동(등락)한 시세가 1분간 지속될 경우 주식시장의 프로그램 매매 호가는 5분간 효력이 정지되는데, 이런 조치를 사이드카라고 한다. 발동 5분 후 자동 해제되며 하루 한 차례만 발동한다.

3 서킷 브레이커 Circuit Breaker 주가지수의 상하 변동 폭이 10%를 넘는 상태가 1분간 지속될 때 현물은 물론 선물 옵션의 매매 거래를 중단시키는 제도다. 20분 동안 모든 종목의 호가 접수 및 매매 거래가 정지되며 향후 10분 동안 동시 호가가 새로 접수된다. 30분간 매매가 이루어지지 않는다.

4 브렉시트 Brexit 영국을 뜻하는 'Britain'과 탈퇴를 뜻하는 'exit'의 합성어로 영국의 EU 탈퇴를 의미한다. 2016년 유로존 위기에 따라 유로존 국가가 아닌 영국이 금융 지원을 해야 하는 상황과 EU의 금융감독 규제에 대한 영국인들의 불만이 커졌다. 게다가 유럽 내 난민 문제까지 본격적으로 불거지면서 영국 내에서 EU 탈퇴에 대한 여론이 급속히 높아져 2016년 6월 23일 국민투표를 통해 영국의 EU 탈퇴가 결정됐다. 2020년 1월 31일 영국은 마침내 EU에서 탈퇴했다.

16. 네 마녀의 날

마녀들이 만나면 주식이 폭락하는 이유

한국 시간으로 2020년 3월 12일은 여러모로 최악의 하루였다. 세계보건기구WHO가 마침내 코로나19 팬데믹을 선언한 이날, 한국 증시에선 9년여 만에 사이드카Side Car가 발동됨과 동시에 2020년의 첫 번째 '네 마녀의 날(쿼드러플 위칭데이 · Quadruple Witching Day)'을 맞이했다.

이름만 들어도 심상치 않은 '네 마녀의 날'이란 뭘까? '네 마녀의 날'은 주식시장에서 △주가지수 선물 △주가지수 옵션 △개별주식 옵션 △개별주식 선물 등 네 가지의 만기일이 동시에 겹치는 날을 뜻한다. 빗자루를 탄 마녀가 정신없이 이리저리 날아다니는 것처럼, 주가가 예측할 수 없는 움직임을 보이는 날이란 의미다. 매년 3월, 6월, 9월, 12월 둘째 주 목요일에 해당한다.

네 마녀의 날엔 통상적으로 외국인과 기관이 보유한 차익 잔액을 청산하기 위해 프로그램 차익 거래가 한꺼번에 이뤄진다. 파생상품과 관련해 현물 주식 매매가 정리 매물로 시장에 한 날에 쏟아져 나오기도 한다. 그렇다 보니 예상치 못한 주가 급등락이 일어나기도 한다. 물론 네 마녀의 날이라고 항상 금융시장이 혼란스러운 것은 아니다. 평소와 다름없이 조용히 넘어가기도 한다. 어디로 튈지 모르는 날이다 보니, 어느 방향으로든 예측하기가 어렵다. 투자자들은 널뛰는 주식에 손실을 볼 수도 있지만, 눈여겨보던 주식을 더 싸게 매수하거나 좀 더 비싸게 매도하는 타이밍을 잡을 수도 있다.

2020년의 첫 네 마녀의 날엔 마녀들이 여느 때보다 더욱 극심한 심술을 부린 듯했다. 이날 코스피는 외국인 매도 행렬이 거세게 이어지면서 속절없이 무너졌다. 결국 금융당국이 긴급 카드를 꺼내들었다. 한때 5%대 급락장이 펼쳐지며 사이드카 조치가 내려진 것이다. 사이드카는 주식시장의 과도한 등락폭을 제어하고 시장 안정을 유지하기 위해 도입한 시스템으로, 사이드카가 발동되면 프로그램 매매 매수(매도) 호가 효력이 5분간 정지된다.

주식시장의 불안정성은 3월 12일 이후 반복적인 사이드카 발동으로 이어졌다. 3월 12일 첫 발동 이후 코스피에서는 6번, 코스닥에서는 5번의 사이드카가 발동됐다.(3월 12일, 13일, 20일, 23일, 24일) 특히 12일에는 코스피에서 매도 사이드카가 발동됐는데, 이 시장에서 매도 사이드카가 발동된 것은 2011년 10월 4일 이후 8년여

만이다.

2011년에는 사이드카가 5번이나 발동되기도 했다. 그 해는 유럽 재정위기와 3월 일본 대지진, 8월 미국 신용등급 강등 등 다사다난했고, 사이드카가 발동될 정도의 시장 위험이 도사리고 있었던 것이다. 2008년 9월도 마찬가지였다. 세계금융위기로 인해 그야말로 하루가 멀다 하고 사이드카가 발동됐는데, '여의도에서 가장 자주 볼 수 있는 차는 사이드카'라는 웃픈 농담이 생겨날 정도였다.

그렇다면 2020년 초반에 주식시장이 무너진 이유는 뭐였을까. 변수는 역시 코로나19다. 코로나19 공포가 '패닉장 가속화'를 유발한 것이다. WHO가 코로나19의 팬데믹을 선언한 가운데 유가 급락으로 인해 기업의 신용 경색 우려가 커졌다. 이에 따라 위험자산 회피 심리가 강화됐다. 여기에 미국의 트럼프 대통령이 긴급성명을 발표했으나 원론적인 수준에 그치면서 실망 매물이 출회되어서 낙폭이 확대된 것이다.

불안한 것은 한국 시장뿐만이 아니었다. 이날 주요 아시아 증시도 일제히 폭락했다. 일본 니케이225지수[1]는 4.41% 하락한 18559.63포인트를, 대만 가권지수[2]는 4.33% 하락한 10422.32포인트를 기록했다. 중국 상해종합지수[3]는 1.52% 하락한 2923.49포인트로, 홍콩 항셍지수[4]는 3.79% 하락한 24274.38 포인트로 마감했다. 인도 센섹스(SENSEX) 지수[5]는 무려 6~7%대 하락을 기록했다.

시장은 여전히 불안정하다. 코로나19로 촉발된 주식시장 변동성 확대는 2025년 현재까지 영향을 미치고 있다. 당초 예상했던 것보다 장기적으로 경기 침체가 이어지며 향후 주식시장에 대한 예측이 어려운 상황이다. 분기별로 돌아오는 네 마녀의 날, 다음 번 네 마녀의 날엔 또 어떤 상황이 벌어지게 될까.

---

1 일본 니케이225지수 도쿄증권거래소의 1부에 상장된 유동성 높은 225 종목으로 구성되어 있는 지수.

2 대만 가권지수 대만증권거래소에 상장된 기업의 주식에 대한 총합인 시가총액의 기준시점과 비교시점을 비교하여 나타낸 주가지수.

3 중국 상해종합지수 중국 상하이증권거래소를 통해 거래되는 모든 주식에 대한 지수.

4 홍콩 항셍지수 홍콩증권거래소에 상장된 종목 중 상위 50개 종목을 시가총액 가중평균으로 산출한 주가지수.

5 인도 센섹스(SENSEX) 지수 인도의 30개 대표 기업으로 구성된 인도의 대표적 주가지수로 뭄바이증권거래소가 발표한다.

17. 출산율과 국가 경제

아기 울음소리가 사라질수록 경제는 위험하다

생산력의 근간은 노동력이고, 노동력은 인구수에서 나온다. 지속적으로 국가 경제가 성장하기 위해선 생산가능 인구와 생산력이 뒷받침돼야 한다. 인구수는 직간접적으로 국가 경제에 영향을 미치는 주요 요인이다. 정책 결정자와 경제학자, 기업인이 매년 발표되는 출생률[1]에 촉각을 곤두세우는 것도 이 때문이다. 그러나 정부의 갖은 노력에도 불구하고 아기 울음소리는 점점 사라지고 있다.

2023년 우리나라의 합계 출산율[2]은 0.72명이었다. 출산율 통계를 시작한 1970년 이후, 2018년에 처음으로 1.0 이하로 떨어졌고 계속 감소하고 있다. 인구 유지를 위해 필요한 2.1명의 절반에도 미치지 못하며, OECD 35개 회원국 중 유일하게 1명 미만의 출산율을 기록하고 있다. 출생 관련 지표 역시 감소하고 있다. '2023년

출생 통계'에 따르면 지난해 동안 우리나라 출생아 수는 23만 28명이었는데, 이것은 전년의 24만 9,000명에 비하면 약 만 명 넘게 감소한 것이다. 출산율 감소는 인구수에 영향을 준다. 통계청은 인구 감소 속도를 고려해 총인구 감소 시점을 2028년으로 예측해왔다.

문제는 통계청이 예상한 속도보다 빠르게 출산율이 떨어지고 있다는 점이다. 전문가들은 2028년에 앞서 총인구 감소세가 시작될 것이라고 보고 있다. 앞으로 10년 이내에 우리나라 총인구가 감소하기 시작할 것이란 의미다. 이미 생산가능 인구는 2018년부턴 감소하기 시작했다. '생산가능 인구'란 경제활동을 할 수 있는 15~64세의 인구를 말한다. 일부 경제학자들은 생산가능 인구의 감소가 국가 경제에 미칠 영향을 우려한다. 생산가능 인구의 감소는 국가 재정과 국가 성장률에 직간접적 영향을 미칠 수 있기 때문이다.

생산가능 인구 감소로 인한 변화 속도는 인구 고령화에 따른 성장세 변화보다 빨라지는 경향이 있다. 역사적으로 봐도 생산가능 인구의 감소를 경험한 국가들의 평균 성장률은 급격히 낮아졌다. 경제 위기가 원인인 경우도 있었지만, 인구 구조 변화가 위기 촉발 및 장기화에 상당한 영향을 미쳤다는 게 대체적인 분석이다. 이런 이유로 일부 인구학자들은 생산가능 인구의 감소를 '인구 재앙'이라고 부르기도 한다.

출산율 저하는 가계소득 감소와 체감경기 하락 때문

인구 감소가 국가에 미치는 영향을 극적으로 보여주는 사례가 가까이 있다. 이미 2007년에 초고령사회로 들어선 일본이 그렇다. 일본의 저출산율과 빠른 고령화는 장기적인 경제불황의 원인으로 지목되었다. 일본 내각부가 발표한 '2018 고령사회 백서'에 따르면 일본의 고령화율은 27.7%로 세계에서 가장 높다. 그에 반해 출생률은 1974년 이후 2.08을 밑돌고 있다. 일본의 합계 출산율은 1989년에 1.57을 찍으면서 사회적으로 큰 충격을 안겨주었다. 이른바 '1.57 쇼크'다.

일본의 고질적인 병폐가 된 저출산·고령화는 인구 1인당 부양해야 하는 노령 인구수가 늘면서 경제적 부담으로 작용하고 있다. 도시 인구가 감소하면서 일본 기업들의 구인난 역시 날로 심화되고 있다. 물론 20년 불황의 원인이 인구수 때문만은 아니다. 외국인 투자 유치 저하, 문호 개방 실패에 따른 경제 둔화, 낮은 생산성 등이 작용했다는 점을 간과할 순 없다.

현재 우리나라의 생산가능 인구 감소는 어느 나라보다 빠르다. 유럽 주요 국가를 보면 고령층이 인구의 14%를 넘는 고령사회 진입 후 10~20년 만에 생산가능 인구가 감소했다. 하지만 우리나라는 2020년 고령사회에 진입하면서 바로 생산가능 인구 감소부터 발생했다. 유럽 선진국에 비해 출산율이 가파르게 하락하면서 젊은 층 인구가 빠르게 줄어들었고, 이것이 고령화로 이어진 것이다.

동시에 40대 이하 젊은 층 인구가 감소하면서 청년층 인력을 고령층이 대체해야 하는 상황이다.

출생률 감소의 주된 원인은 뭘까? 전문가들은 최근 몇 년 새 지속되고 있는 가계소득 감소와 체감경기 하락이 결혼과 출산을 미루는 주요 요인으로 작용하고 있다고 분석한다. 경기불황은 출산율 하락에도 영향을 주지만, 그 역으로도 영향을 미친다. 정부의 출산장려정책과 무관하게 '살기 힘든' 혹은 '고비용' 등의 사회적 환경으로 결혼과 출산을 포기하는 젊은 층이 늘어나고 있는 게 그 방증이다.

요즘 청년들 사이에선 결혼과 출산 같은 전통적으로 당연하게 여기던 생애주기를 거부하는 '비혼'과 '비출산' 현상이 두드러진다. 이에 따라 웨딩, 유아, 교육 등 결혼과 출산에 밀접해 시상을 형성해 온 산업군에도 직접적 타격이 있을 것으로 예상된다.

<u>우리나라의 생산가능 인구 감소는 국가 경제의 위기와 결합하게 될까? 10년 안에 노동 부족이 성장을 제약하는 주요인이 될 가능성이 클 것으로 예상된다. 생산가능 인구 감소의 영향이 본격화되면서 2025년에는 평균 2% 미만으로 잠재성장률이 낮아질 수 있다는 전망이 나오고 있다.</u> 또 노동력 부족 현상도 심화될 우려가 있다. 젊은 층이 부족해지면서 일본이 겪고 있는 구인난이 현실화될 수 있다는 얘기다.

LG경제연구소는 2027년에는 전체 생산가능 인구가 현재보다 7% 줄어들 것이며, 특히 20대 청년 인구는 20% 이상 즉 140만 명가량이 감소할 것으로 전망했다. 이미 오랜 기간 지속된 청년실업 현상을

넘어 모든 국내 유휴 인력을 투입해도 다가올 청년인력 감소를 감당하기에는 부족할 것이란 의미다. 세계 경기의 하향 흐름이 멈추고 국내 소비 위축의 악순환 현상이 진정되면, 노동 부족이 주된 성장 제약 요인이 될 것이라는 부정적 전망까지 이어지고 있다.

이제 저출산이 개인의 문제가 아니라는 점은 명확하다. 인구 감소 위기를 극복하기 위해 국가 차원의 지원이 필요한 시점이다. 저출산 문제를 극복해 나가는 프랑스 등 선진국 사례를 참고해 출산 보조 및 아동복지에 더 많은 예산을 투입하고, 출산 후 여성들에게만 오롯이 육아 부담을 지우는 후진적 양육문화 개선에 적극적으로 나서는 등의 노력이 필요하다. 동시에 가용인력 활용을 극대화할 수 있는 근본적인 대응도 검토해야 한다. 일관성 있는 보육 정책으로 여성 노동 참가 비율 제고와 미래 은퇴 연령층의 활용 가능성도 고려해야 할 것이다.

1 출생률 일정한 기간에 태어난 사람의 수가 전체 인구에 대해 차지하는 비율이다. 일정 기간 내에 발생한 사망자의 비율인 사망률과 대비되는 개념.

2 합계 출산율 15세부터 49세까지 출산 가능한 여성의 나이를 기준으로, 한 여성이 평생 동안 낳을 수 있는 자녀의 수를 말한다.

18. 인구와 부동산

집값이 오를지 알고 싶다면 인구를 살펴보라

"인구가 받쳐주면 집값은 결국 오른다."

최근 한 언론 매체에서 나온 기사 제목이다. 이 기사는 부동산 관련 온라인 커뮤니티 등에 공유되면서 많은 독자의 관심을 끌었다. 통계청 자료를 분석해 특정 지역에 인구 유입이 가속화되면 주택 가격이 회복세를 탄다는 게 기사의 핵심이다. 정말 그럴까?

현실적으로 집값은 인구라는 단일 요인에 의해 움직이는 것이 아니다. 인구 외에도 경제상황, 건설경기, 부동산 공급, 금리, 실업률, 정부 정책 등 무수히 많은 요인의 상호작용으로 결정된다. 그럼에도 불구하고 인구는 집값을 결정짓는 중요한 요인인 것은 분명하다. 부동산 시장에서의 가격은 수요에 의해 결정된다. 따라서 인구 유입은 집값의 상승으로, 인구 유출은 하락으로 이어지는 경향이 짙다. 앞서 언급한 통계청의 자료는 인구와 집값의 상관관계를 보여주는 것이다.

통계청 자료에 따르면, 인구가 많은 지역은 불황에 집값이 떨어졌다가도 금방 회복되는 모습을 보인다. 이를 두고 인구 증가로 주택 수요는 늘어나는 반면 공급은 부족해 부동산의 희소가치가 높아졌기 때문이라는 분석이 나온다. 특별시와 광역시를 제외한 수도권과 지방 도시 중 인구가 100만 명을 넘었거나 근접한 도시는 경기 수원시, 고양시, 성남시 및 경남 창원시로 나타났는데, 이들 지역의 인구수 변화는 부동산 가격과 비슷한 움직임을 보였다.

수원시는 인구 100만 명에 도달한 2002년에 아파트 매매가가 전년 대비 30%나 상승했다. 부동산114에 따르면 2001년 3.3제곱미터당 390만 원이던 수원 집값이 1년 사이에 510만 원으로 올랐다. 이후 소폭 감소하는 시기가 있었지만, 탄탄한 인구수를 바탕으로 회복해 2018년 현재 수원시 집값은 3.3제곱미터당 1,055만 원이다. 고양시도 마찬가지다. 인구 100만 명을 넘긴 2014년을 기점으로 아파트값이 회복세를 보였다. 2013년에는 집값이 3.3제곱미터당 906만 원으로 뚝 떨어졌지만, 2014년부터 915만 원을 기록하며 점차 살아나기 시작하더니 2024년에는 평균 2,700만 원까지 올랐다.

2008년 글로벌 경제위기의 여파로 집값이 추락했던 성남시의 아파트값도 2019년 현재는 오른 상태다. 성남시는 오랜 침체기 끝에 2014년부터 상승세를 보였고 2024년에는 분당구의 경우 3.3제곱미터당 4,500만 원, 중원구는 3,000만 원 대로 파악된다. 창원시도 인구가 늘자 아파트값이 동반 상승했다. 창원시의 집값은 2009년 당시만 해도 3.3제곱미터당 567만 원이었으나 마산, 진해와 통합한 직후인 2010년엔 679만 원으로 올랐다가 2011년에 803만 원을 기록하며 800만 원대를 돌파했다.

원인이자 결과 인구와 집값의 쌍끌이

같은 논리로 인구 감소가 집값 하락에 영향을 줄 것이라고 경고하는 전문가들이 많다. 전문가들은 2025년에는 서울 일부를 제외한 대부분 시역의 집값이 하락하거나 징제될 가능성이 크다고 전망했다. 집값 하락의 이유로는 정부의 부동산 규제 등이 컸지만, 출생률 감소와 지역 인구의 이탈 등도 주요 원인으로 꼽혔다. 실제로 특별시를 제외한 지역에선 전체 인구의 절대 감소 및 도심 집중 현상으로 인한 인구수 감소로 운영의 어려움을 겪고 있다. 인구가 성장 동력의 기초적인 지표인 만큼 인구 감소로 인한 생산성 하락이 문제로 대두되고 있는 상황이다.

그렇다면 반대의 명제도 성립할까? 다시 말해, 집값의 변화가 인구수에 변화를 줄까? 집값 급등은 인구 유입과 유출의 경우에 모두 영향을 주고 있다. 집값이 오르면 주거비 부담이 높아지고, 이를 피하기 위해 주변 지역으로 이탈하는 현상이 발생한다. 이런 현상은 서울 지역에서 가장 뚜렷하게 드러난다. 천정부지로 오른

주거비 부담에 정부의 강력한 부동산 규제 여파가 더해져 가속화되고 있는 서울 인구의 탈서울화 현상 말이다.

통계청에서 발표한 '2024년 국내 인구이동 결과' 자료를 분석한 결과에 따르면, 지난해 서울에서 도시를 떠난 인구는 5만 5,600명으로 집계됐다. 반면 경기도로 들어온 인구는 2만 7,500명으로 늘었다. 서울을 떠나 인근 수도권 인구가 늘어난 것, 즉 주변으로 이동이 많은 것은 서울의 높은 아파트값이 영향을 미친 것으로 풀이된다.

서울 신축은 고사하고 구축 아파트 매입도 힘들어질 만큼 집값이 오르자, 서울 전셋값 수준인 경기도 신축 아파트로 옮기려는 수요가 많아졌기 때문이다. 한국부동산원에 따르면 지난해 12월 기준 서울 아파트 매매 가격 지수는 98.64로 최근 1년 새 4.67% 상승했지만, 같은 기간 경기와 인천은 각각 0.57%, 1.54% 오르는 데 그쳤다.

서울 지역 부동산의 수익성이 강화되면서 서울 집값은 많이 올랐다. 인구가 이탈해도 '서울 불패' 신화가 이어지는 이유다. 지방 부동산에도 비슷한 흐름이 이어진다. 부동산 수요가 감소하여 지역 집값이 하락하면 부동산 수익성은 악화되고, 이는 또 다시 부동산 수요 감소로 이어져 악순환이 계속된다. 인구 변화가 부동산 시장에선 왜곡되어 나타나고, 왜곡된 변화는 필연적으로 부동산 시장의 양극화 현상을 불러온다.

국토 면적의 12%밖에 되지 않는 서울과 수도권에 절반이 넘는 인구가 살고 있고, 88%에 달하는 지방권의 인구는 계속 줄어들고 있다. 인구절벽[1]이 사회 문제로 대두됐음에도 불구하고 특정 지역의 인구는 오히려 급등하고 있다. 그만큼 다른 지역은 인구 공동화로 어려움을 겪고 있다. 인구가 느는 곳의 집값이 오르고 인구가 줄어드는 곳의 집값이 떨어지는 것은 어쩔 수 없는 현상이다. 부동산 가격의 서울, 수도권 및 일부 광역시 쏠림 현상은 당분간 해결하기 어려운 숙제로 남을 것으로 보인다.

---

1 인구절벽 Demographic Cliff 생산가능 인구(15~64세)의 비율이 급속도로 줄어드는 현상을 말한다. 인구절벽 현상이 발생하면 생산과 소비가 줄어드는 등 경제활동이 위축되고 심각한 경제위기가 올 수 있다. 출산율을 갑자기 올리는 건 불가능한 일이라 회복도 쉽지 않다. 통계청은 2016년의 생산가능 인구가 3,704만 명으로 정점을 찍은 후 급속히 감소할 것이라고 예상했다.

기자의 Pick

돈을 주면서
집을 파는 일도 있습니다

최근 몇 년 새 일본에서는 단독주택이 마이너스 가격에 거래되는 경우가 생겼다. 여기서 마이너스는 소유주가 돈을 주고 파는 걸 뜻한다. 집 관리비용이나 세금 등을 따져볼 때 오히려 집을 보유하는 게 손해라서 생기는 일이다.

빈집이 얼마나 많기에 이런 일이 생길까? 2013년 일본 총무성 조사에 따르면, 일본 주택 6,063만여 채 중 13.52%(819만 6,000채) 정도가 버려진 채로 방치되고 있다. 지금은 그때보다 더 증가했을 것이고 증가세는 앞으로 더 심해질 기세다. 노무라 연구소는 2033년까지 일본 빈집의 수가 2,170만 채까지 늘어날 것으로 보고 있다.

일차적 원인은 인구가 줄어들어서다. 빈집들은 대부분 일본 경제가 급성장하던 시기(1950~1980년대)에 지어졌다. 인구가 감소한다고 해서 모든 부동산 가격이 하락하는 건 아니다. 사람들이 도심으로 돌아오고 관광객이 급증하면서 대도시와 관광지의 집값은 급등하고 있다. 반면 인구가 줄고 있는 지방과 대도시 외곽의 베드타운은 몰락 중이다. 이분법이 분명하게 작동 중이다.

19.
인구 변화와 부동산

노인 많은 세상 오면 집값도 내려갈까

인구 고령화[1]는 한 국가의 부동산 시장에 직간접적으로 큰 영향을 끼친다. 인구 구조는 집값을 결정짓는 주요 요인 중 하나이기 때문이다. 부동산업계에서 인구 동향에 촉각을 곤두세우는 것은 이 때문이다. 특히 부동산 구매 실 수요층인 생산가능 인구[2]와 노인 인구는 부동산 전망을 가늠하는 주요 지표 중 하나로 여겨진다.

한반도미래인구연구원에서 발표한 '2024년 인구보고서'에 따르면 한국의 생산가능 인구가 20년 후에는 약 1천만 명으로 줄어든다고 한다. 통계청 '장래인구추계' 자료에 따르면 우리나라의 생산가능 인구는 2022년 3,674만 명에서 2032년까지 약 332만 명 감소할 것으로 전망된다. 이는 연평균 약 33만 명의 감소를 의미하며, 2072년에는 1,658만 명 수준으로 줄어들 것으로 예상된다.

생산가능 인구의 비중은 2022년 전체 인구의 71.1%에서 2024년에는 70.2%로 감소할 것으로 추산되며, 2072년에는 45.8%까지 하락할 전망이다. 이러한 추세는 베이비붐 세대의 고령화와 저출산 현상으로 인해 생산가능 인구가 지속적으로 감소하고 있음을 보여준다. 주택을 새로 구입할 20~30대는 1,444만 3,901명이고 은퇴를 앞둔 40~50대는 무려 1,695만 788명이다. 65세 이상 고령 인구는 711만 5,000명으로 14세 미만 유소년 인구 663만 2,000명보다 약 100만 명 가까이 많다. 이런 인구 구조의 변화는 부동산 시장에 어떤 영향을 미칠까?

일반적으로 인구가 줄어들면 주택 수요가 감소한다고 본다. 이런 관점에서 보면 젊은층, 즉 생산가능 인구가 줄어든다는 말은 부동산을 살 수 있는 수요자가 줄어든다는 말과 같다. 새로운 가정을 꾸리거나 부동산 구매력을 갖춘 유효 수요가 줄어드는 것이다. 그런데 인구는 부동산의 수요 면에서뿐만 아니라 공급 측면에서도 매우 중요한 역할을 한다. 일반적으로 고령 인구는 은퇴 등의 이유로 안정적 수입원이 사라진 상태다. 소득이 줄어들면 보유하고 있던 자산을 처분하는 방식으로 생활을 이어갈 가능성이 크다. 우리나라처럼 국가적으로 노후대비가 부족한 국가에선 고령화된 개인이 보유하고 있던 주택을 처분하여 생활비를 보충할 것이라는 가정이 힘을 얻는다. 그러니까 고령 인구가 늘면 주택을 시장에 내놓아 주택 공급이 늘어나는 효과가 나올 수 있다는 것이다. 이런 가정을 전제로 한다면, 생산가능 인구가 줄고 노인이 증가하는 시기에 따라 부동산 시장이 안정되거나 하락한다고 예상할 수 있다.

노년층 인구의 증가가 부동산 시장에 영향을 줄 것이란 주장의 근간엔 '자산시장 붕괴 가설[3]'이 깔려 있다. 자산시장 붕괴 가설은 주가와 인구 통계 사이의 상관성에 대한 이론이다. 베이비붐 세대로 불리는 중장년층 주식 투자자들이 은퇴 이후 생계비를 위해 주식을 대거 현금화하면 주가가 하락할 것이라는 데서 나온 가설이다. 이 이론은 부동산 시장에도 적용할 수 있다. 중장년층 세대의 은퇴는 가계의 급격한 소득 감소를 불러오고, 부족한 소득에 대응하기 위한 자산 매각으로 이어져 종국에는 주택 수요가 감소하고 공급이 증가하는 것이다. 급격한 부동산 수요의 감소는 부동산 버블 붕괴에 버금가는 자산 가격 하락에 직면하게 된다. 인구 절벽으로 부동산을 구매할 구매력 있는 생산가능 인구가 줄어들면 부동산에 대한 자산 가치가 급격히 하락할 수도 있다는 주장이다.

가구 수가 늘어서 집값이 오를지도 모른다

연령대별 인구 구성의 변화가 부동산 가격 그래프와 직접적인 상관관계를 갖는다고 주장하는 이들이 내세우는 것이 일본의 사례다. 한국에 앞서 인구 구성의 변화가 일어났던 일본은 초고령 사회로의 진입이 부동산 시장에 미치는 영향을 여실히 보여준다. 통계적으로 핵심 자산 매입 연령층의 인구 비중이 정점에 달한 바로 그

해에 부동산 시장도 정점을 찍었다. 일본의 경우 1990년대 초반을 기점으로 생산가능 인구의 수를 15세 미만과 65세 이상의 인구를 합친 수로 나누는, 이른바 부양비의 역수가 급격히 줄기 시작했다. 생산가능 인구보다 15세 미만과 65세 이상 인구가 많아진 것이다. 그런데 집값 역시 이를 시점으로 급락하기 시작했다.

인구 감소는 장기적으로 부동산 가격의 하락을 부추기는 요소다. 하지만 인구 변화가 반드시 부동산 가격 폭락으로 이어지는 것은 아니라는 주장도 있다. 인구와 부동산의 상관관계는 그렇게 강력하지 않다고 주장하는 이들이 내세우는 것은 유럽 국가들의 사례다. 유럽도 이미 상당히 고령화가 진행되어 1980년대에 생산가능 인구가 정점을 찍은 것으로 알려졌다. 그런데 유럽의 부동산 경기 정점은 2007년 무렵이었다. 인구 정점과 부동산 경기의 정점이 거의 20년 가까이 차이가 난다. 생산가능 인구가 줄어들어도 부동산 가격 상승이 이어진 것은 인구 요인이 부동산 가격의 변동을 설명하는 유일한 원인이 아니라는 것의 방증이다.

실제로 생산가능 인구의 감소가 주택 수요의 감소로 귀결되는 것만은 아니다. 2016년에 정점을 찍은 생산가능 인구가 매년 줄어들고 있지만 핵가족화로 인해 전체 가구 수는 오히려 늘고 있다. 최근 1인 가구의 증가로 그 속도가 더 빨라지고 있다는 분석도 나온다. 가구 단위로 수요가 형성되는 주택의 특성상 생산가능 인구가 줄어도 가구 수가 늘어나기 때문에 오히려 부동산 가격이 상승할 것이라는 주장도 나온다.

노년층이 노후대비를 위해 주택을 유지하고, 퇴직자금을 주택에 투자하는 경향이 있다는 점도 간과할 수 없다. 어느 정도 자산이 있는 장노년층은 부동산에 투자하여 수익을 얻으려 할 가능성을 배제할 수 없다는 것이다. 실제로 한국감정원의 보고서에 따르면, 50대 아파트 구입자는 2011년 4만 9,905명에서 2015년 7만 8,915명으로 무려 58%가 늘었고, 60세 이상의 구입자도 같은 기간에 57% 증가했다. 전 연령대를 보아도 장노년층의 주택 구입이 가장 크게 늘어난 것을 알 수 있다. '나이 먹고 수입이 줄면 집을 팔아 생계를 유지할 것'이란 기존의 통념과는 전혀 다른 현실이다.

---

1 인구 고령화 전체 인구에서 65세 이상의 고령 인구 비율이 증가하는 현상이다. 총인구에서 고령 인구가 20%를 넘으면 '초고령 사회'라고 한다. 노동시장, 금융시장, 복지 등 사회 다방면에서 큰 변화가 생긴다. 한국은 2026년쯤 초고령 사회에 진입할 것으로 전망된다.

2 생산가능 인구 생산가능 연령인 15~64세에 해당하는 인구로, 경제활동 인구와 비경제활동 인구로 나누어진다. 경제활동 인구는 다시 취업자와 실업자로 나누어지고, 비경제활동 인구는 주부나 학생, 구직 단념자 등으로 나누어진다.

3 자산시장 붕괴 가설 Asset Meltdown Hypothesis 1990년대 미국 월가의 증시 분석가들이 처음 제기한 이론이다. 베이비붐 세대가 대거 은퇴하면서 노후 생활비를 확보하기 위해

주식이나 채권을 매각하면서 자산시장의 붕괴를 가져온다는 극단적 우려가 담겨 있다. 합리적 개인은 평생 동안 일정한 수준으로 소비를 유지하지만, 소득은 나이가 들수록 점차 증가하다가 특정 시점을 지나면 감소하는 역(逆) U자형을 띤다는 '소비 및 저축 행태에 대한 생애주기 Life Cycle 가설'을 바탕에 깔고 있다.

20. 세금과 국가 재정

경제가 안 좋다는데 더 많이 걷힌 세금

"각종 경기지표가 불안한 모습을 보이는 가운데 작년 한 해 세수만은 호황이었던 것으로 나타났다. 정부가 거둔 세금이 정부의 연간 목표치를 넘어선 것이다."(매일경제, 2019.01.10.)

경기는 나쁜데 정부는 세금을 많이 거둬 곳간을 채운다? 실제로 2018년에는 세금을 잘 거두어 정부 재정[1]이 탄탄해졌다. 2018년 총 조세 수입은 377조 9,000억 원으로 전년보다 32조 1,000억 원(9.3%) 늘어났다. 이중 정부가 직접 걷는 국세는 293조 6,000억 원으로 전년보다 28조 2,000억 원 증가했다. 초과 세수가 어마어마했다. 이 때문에 국내총생산GDP에서 세금 수입 비율인 조세부담률은 역대 최고치를 기록했다. 전체적으로 세금을 많이 낸 것이라고 해석할 수 있다. 체감 경제는 안 좋은데 나라 곳간은 넘쳐난다고 생각하여 언짢은 사람도 있을 것이다.

왜 경기가 안 좋을 때 세금 수입이 높은 걸까? 여기서 함정은 세금 항목이 늘었거나 세율이 오른 건 아니라는 점이다. 어느 부분에선가 세금이 증가한 것이다. 대표적인 게 부동산이다. 2018년은 부동산이 뜨거운 감자였다. 9·13 부동산 대책이 나오기 전까지의 얘기다. 집값이 오르고 거래도 많았다. 집을 사고팔면 발생하는 대표적 세금이 양도소득세다. 주택 매매 건수가 증가하면 양도세 규모도 커진다. 가격 상승기였다면 집을 매매하는 시점에 생기는 양도소득세도 덩달아 상승한다. 2018년 한 해에 거둬들인 양도소득세는 약 18조 원으로 당초 예상보다 7조 7,000억 원이나 초과한 액수였다.

<u>비과세·감면 축소도 세금을 많이 거두는 데 도움이 된다. 비과세·감면은 실제 세금을 줄이는 효과가 있다. 보통 실효세율[2]이라고 하는데, 이걸 낮춘다. 세금을 많이 거두기 위해 증세를 한다면 저항이 생기게 된다. 오히려 이럴 때 쓸 수 있는 카드 중 하나가 비과세·감면을 줄이는 방법이다. 이건 증세 효과가 있다.</u> "세금을 걷는 것은 거위가 고통을 느끼지 않도록 깃털을 살짝 뽑는 것과 같다"란 말이 있다. 17세기 프랑스 루이 14세의 재무상이었던 콜베르의 이야기다.

홍우형, 강성훈 한성대 경제학과 교수는 '소득세 법정세율과 실효세율 격차에 대한 연구'라는 논문에서 비과세·감면으로 생기는 잠재 세수손실이 55조 원에 달한다고 추정했다. 고소득자에게 세

금을 많이 매기는 시스템을 만들어놓고도 각종 비과세·감면으로 못 거두는 돈이 그 정도란 얘기다. 증세를 하기 위해서는 세율을 높이기보다 비과세·감면 제도를 축소하는 것이 더 효과적이라는 게 두 교수의 주장이다.

'증세 없는 복지'를 내세운 박근혜 정부가 이 방법을 잘 활용했다. 비과세·감면 축소로 대기업의 법인세도 올랐고 고소득자들의 의료비나 교육비 소득공제도 대폭 줄었다. 세율을 올린 것도 있다. 바로 담뱃세다. 이런 사실상 '증세'와 같은 효과는 지금도 어느 정도 이뤄지고 있다.

초과 세수가 마냥 반갑지 않은 이유

소득 양극화라는 우울한 주제가 세금을 늘리기도 한다. 경기가 어렵다곤 해도 대기업과 고소득층은 상대적으로 여건이 좋았고 세금을 많이 냈다. 2018년 거둬들인 법인세는 70조 9,000억 원으로 정부 예상치인 63조 원보다 더 많이 징수됐다. 19.8%나 증가한 것이다. 법인세수가 큰 폭으로 늘었던 2016년(15.7%)과 2017년(13.5%)과 비교해도 큰 차이가 난다.

소득세 역시 84조 5,000억 원으로 예상치보다 9조 4,000억 원을 초과했다. 소득세는 주로 고소득자 비중이 높다. 2016년도 자료지만 심상정 의원실이 공개한 2016년 기준 소득 1000분위별 평균 급여와 근로소득세 결정세액 자료를 보면 소득 최상위 10%[3]가 내는 전체 근로소득세는 75.0%다. 상위 11~20% 비중은 14.7%다. 사실상 20%의 소득자가 근로소득세 세수 대부분을 담당한다. 통계청 가계 동향 조사에 따르면 2018년 1~3분기 최상위 10% 소득은 전년 동기 대비 13.9%, 상위 11~20% 소득은 7.3% 증가했다. 이들의 소득 증가율은 전체 평균 증가율 4.9%를 큰 폭으로 웃돈다. 특히 최상위 10%의 근로소득이 15.9% 늘었고 여기서 세수가 증가했다.

여기서 제기되는 문제 하나. 세금을 많이 거뒀다는 것은 결과적으로 정부의 예상이 틀렸다는 말이다. 예상보다 세금이 늘어나면 좋은 것 아니냐고 생각할 법하지만 마냥 긍정적일 순 없다. 예산을 편성할 때 기준이 되는 것은 세입 목표치다. 만약 예상보다 세금을 더 거둬들인 게 아니라 목표치를 보수적으로 낮춘 것이라면? 줄어든 규모에서 예산을 짜야 하니 제한받는 게 한두 가지가 아니다. 정부가 정책을 실현하기 위해 예산을 과감하게 짜는 것도 그만큼 어렵다. 게다가 2019년처럼 예상보다 세수가 더 많이 들어오면 '증세'란 단어를 꺼내는 것도 어렵다. 시중에 도는 돈이 정부로 더 많이 들어왔으니 긴축 효과가 생기는 것도 고려 대상이다. 특히 복지정책에 힘을 쏟거나 공공 일자리를 많이 만드는 데 관심이 많은 정부라면 이런 현상이 마냥 반갑지만은 않을 것이다.

1 정부 재정 정부 재정은 세금으로만 마련되지 않는다. 정부는 세금에 기금 수입을 더해 지출할 돈을 마련한다. 참고로 1949년 대한민국 정부의 예산액은 2,119억 원이었다. 정부 예산은 매년 증가했지만 전년보다 줄어든 때가 딱 2번 있었으니 한국전쟁이 한창이던 1953년과 경제 환란을 겪은 1998년이다.

2 실효세율 세법상 정해진 법정세율에 대한 실제 세금 부담률을 뜻한다. 보통 법정세율 과세 뒤 각종 조세감면 등 정책적 이유 등으로 공제가 시행된다. 정부도 예산 편성을 할 때 실효세율을 기준으로 하고 있다.

3 소득 최상위 10% 2016년 기준 상위 10%의 통합 소득은 266조 4,871억 원으로, 소득 집중도(국내 소득 상위 10%가 전체 소득에서 차지하는 비중)는 43.3%에 달했다. 1996년 35%에 비해 크게 높아졌다.

21. 퍼펙트 스톰

크고 작은 악재들이 만들어낸 경제위기

1991년 10월, 초대형 허리케인이 미국 동부 해안을 강타했다. 핼러윈 데이 노이스터Halloween Nor'Easter란 이름으로 잘 알려진 폭풍이 거대한 허리케인을 만들며 이동한 것이다. 최대 풍속 시속 120킬로미터, 파도 높이 12미터나 되는 이 거대한 허리케인은 때마침 태평양을 향해 나아가던 참치잡이 배인 '앤드리아 게일' 호를 덮쳤고, 이 배에 타고 있던 선원 6명을 포함해 10여명의 목숨을 앗아갔다.

앤드리아 게일 호 사고가 난 지 6년이 지난 1997년. 미국의 기자 출신 작가 세바스찬 융거Sebastian Junger가 당시 사고를 소재로 《퍼펙트 스톰》이란 제목의 소설을 출간했다. 이듬해 동명 영화로까지 제작, 흥행하면서 퍼펙트 스톰이란 용어가 우리에게까지 널리 알려지게 됐다. 퍼펙트 스톰이란 본래 기상용어다. 개개의 위력이 크지 않은 태풍이 다른 자연현상과 동시에 발생해 엄청난 파괴력을 내는 현상을 말한다.

그런데 이 용어가 경제학에서 사용되기 시작했다. 2007년 미국 서브프라임 모기지 사태를 거치면서 복합적 요인에 의한 글로벌 금융·경제 위기를 지칭하는 말로 쓰임새가 확장된 것이다. <u>2007년 이후 여러 나라에서 재정위기, 경기침체 등 2개 이상의 악재가 동시다발적으로 나타나며 거대한 경제위기를 초래할 때 퍼펙트 스톰이란 단어를 꺼내든다.</u> 예를 들어, 기업 파산으로 인한 대량 실업이 가계부채 부실로 이어지고, 금융기관의 부실이 부동산 가격 하락을 촉진해 결국 가계와 금융권에 동시 충격을 안기는 등의 상황 말이다. 퍼펙트 스톰은 경제 비관론자들이 애용하는 표현으로 자리를 잡으며 2008년 금융위기, 2011년 미국 경제의 이중침체(더블딥), 2018~2019년 미중 무역전쟁 등 세계 금융에 대형 악재가 터질 때마다 언론에 등장했다.

2020년 들어서는 코로나19가 장기화하면서 이 단어가 다시 등장했다. 오늘날 세계 경제는 실물과 금융이 복합 위기를 맞고 있다. 세계 각국의 증시가 폭락하고 국제 유가의 등락폭이 커지면서 소비와 생산 등 실물 경제가 얼어붙고 있다. 실물 경제의 위기는 금융기관 부실로 이어지고, 세계 경제의 퍼펙트 스톰을 우려하는 목소리는 커지고 있다. 대규모 금융위기가 세계를 덮칠 것이란 비관적 전망도 힘을 받고 있다.

세계 각국은 퍼펙트 스톰의 고리를 끊기 위한 방안을 내놨다. 이를 위한 가장 적극적인 방안으로 각종 경기부양책을 내놓았는데, 대체로 정부에서 돈을 풀어 경기를 강제로 돌리는 대규모 경기부양책이다.

미국 중앙은행은 2020년 3월 15일 기준 금리를 제로(0)로 끌어내리는 대응책을 내놓았다. 코로나19 사태로 기업과 가계의 불확실성이 커지면서 기업어음CP 시장이 압박받는 상황이 되자. 이를 타개하기 위해 2008년 기업어음을 사들이기 위해 운영했던 '기업어음 매입기구CPFF'를 설치하려는 계획도 나왔다. 나아가 국민에게 직접 현금을 지급하는 방안도 등장했다. 트럼프 행정부는 2조 2,000억 달러 규모의 경기부양 패키지 법안을 통해 성인 한 명에게 소득 수준에 따라 최대 1,200달러(약 147만 원)를 지급하기로 했다.

영국 · 스페인 · 캐나다 · 일본 등의 국가에서도 연이어 경기부양책을 발표했었다. 3월 11일 300억 파운드(약 45조 원)가 투입되는 코로나19 대책을 내놓은 뒤 추가로 3,300억 파운드(약 496조 원) 규모의 대출보증에 나섰다. 가계 담보대출상환 유예와 사업세 1년 면제 등의 대책도 나왔다. 스페인에서는 페드로 산체스 총리가 대국민담화를 통해 2,000억 유로(약 274조 원) 규모의 구제금융안을 공개했다.

캐나다 연방정부도 총 820억 캐나다달러(약 71조 원)를 뿌렸다. 1인당 매달 2,000캐나다달러(약 172만 원)씩 지급했으며, 지급기간은 최대 4개월이었다.

일본은 일정 조건을 갖춘 세대에 20만~30만 엔(220만~330만 원)을 지급하고, 매출이 급감한 요식 · 관광업에 할인권과 상품권을 발행해주는 등의 방안을 추가경정예산에 반영했다.

한국 정부도 퍼펙트 스톰으로 인한 경제 붕괴를 막기 위해 여러 가지 정책을 내놨다. 임기의 절반을 코로나19 대응으로 보냈던 문재인 정부는 팬데믹으로 인한 생활고를 돕기 위해 지방자치단체와 협력해, 중산층을 포함한 소득하위 70% 가구에 가구당 100만 원(4인 가구 기준)의 긴급재난지원금을 지급한 바 있다.

22. 외환 보유고

많아도 걱정이고
적어도 걱정인 외환 보유고

1997년 12월, 한국은 국가부도 위기에 처해 국제통화기금IMF에서 자금을 지원받아야 했다. IMF는 많은 것을 바꾸어놓았다. 이 시기 동안 기업들의 줄도산이 이어졌고 정치권에서는 정권 교체가 이루어졌다.

    이 기간 동안 언론에 무수히 등장한 단어가 있었다. IMF 사태[1]가 일어난 원인 중 하나로 지목된 '외환 보유고'다. 외환 보유고는 국가가 비상사태에 대비해 비축하고 있는 외화자금이다. 일종의 최종 대외지급 준비자산이라고 할 수 있는데, 긴급사태 시 국가의 안전판 역할을 해줄 뿐만 아니라 환율을 안정시키고 국가 신인도를 높이는 데 기여한다. 국제신용평가회사들이 국가 신용도를 평가할 때 염두에 두는 가장 중요한 요소 중 하나이고, 외국인 투자자들의 투자 결정에도 중요한 영향을 미치는 요인이다. 국가의 외환 보유고가 클수록, 외환 보유액[2]이 많을수록 국가의 지급능력이 뛰어나다는 것을 의미하기 때문이다.

1997년 당시 한국은 외화 보유액 부족으로 유동성 위기에 부닥쳤다. 그 당시는 단기 외채가 급증하던 시기였는데, 은행들 역시 수익률에 급급해 위기관리에 소홀했다. 기업들은 부채를 늘려 규모 키우기에만 급급했다. 태국, 인도네시아 등에서 시작된 경제위기가 동아시아 지역에 빠르게 전파되면서 외국인들은 외채를 급히 인출했다. 외채 인출 규모는 당시 외환 보유액으로는 감당할 수 없을 지경까지 이르렀고 결국 금융기관의 지급불능 사태로 이어졌다.

1997년에 외환 보유고의 중요성을 몸소 느낀 우리나라는 이후 외화 보유에 힘쓰게 됐다. 한국은행이 2월 5일 발표한 외환 보유액 통계에 따르면 2025년 1월 말 기준 우리나라 외환 보유액은 4,110억 1,000만 달러로 집계됐다. 지난해 12월 말보다 45억 9,000만 달러 감소한 규모다. 전체 외환 보유액 규모는 2020년 6월 4,107억 달러 이후 4년 7개월 만에 최저치로 떨어졌다. 금융기관의 외화예수금 감소, 국민연금과의 외환 스와프 확대, 외환시장 변동성 완화 조치 등에 따라 외환 보유액이 줄었다는 것이 한국은행 측의 설명이다.

글로벌 금융위기가 닥친 2008년에 2,012억 달러로 감소했으나 이후 매년 증가세를 나타냈다. 2010년대 후반부터는 꾸준히 4,000억 달러 대를 유지하고 있다. 하지만 최근 달러가 강세 흐름을 보이는 것은 잠재적인 위험 요소로 꼽힌다.

외환 보유고는 국민 전체가 갚아야 할 빚

국가는 외환 투기 및 경제적 충격으로부터 환율이 급격히 변동되는 것을 막기 위해 외화를 비축한다. 하지만 '적정 외화 보유고'를 둘러싼 논란은 여전히 진행 중이다. 논란의 요지는 '무작정 외환 보유고를 쌓아두기만 하는 게 능사는 아니라는 것'이다. 외환 보유고는 일종의 국가 비상금고다. 외환 보유액은 달러, 유로, 엔화 등 외국 통화, 각종 해외 유가증권, 금 등으로 구성된다. 그런데 달러, 유로, 엔화 등을 보유하기 위해선 그 값을 치러야 한다. 그러니까 우리나라의 외환 보유고가 국민 전체가 갚아야 할 일종의 빚으로 이루어져 있는 셈이다. 외화의 대부분이 단기 채무라는 점도 우려되는 점이다. 정부가 막대한 국내자본을 해외에 투자하고 있는 것이나 마찬가지란 주장도 나온다.

　외화의 미국 의존성도 문제로 지적된다. 현재 우리나라가 보유하고 있는 외환 보유액의 약 25%는 미국 국채로 알려졌다. 이는 외환 보유 안정성이 미국 국채에 대한 변동성이 크다는 말과 같다. 미국 국채를 대거 팔아버리면 미국 국채 가격이 떨어지므로 우리 입장에선 손해보고 팔아야 하고, 국채 매물이 확 늘면 이후 미국이 발행하는 국채 금리가 오르게 되어 미국 정부의 눈치를 볼 수밖에 없게 된다. 2024년 10월 기준 외환보유액의 자산별 구성을 살펴보면 유가증권이 3,732억 5,000만 달러로 전체의 89.8%를 차지하고 있다. 예치금 184억 2,000만 달러(4.4%), IMF 특별인출권SDR[3] 150억 5,000만 달러(3.6%), 금 47억 9,000만 달러(1.2%), IMF 포지션[4] 41억 8,000만 달러(1.0%)다.

국가별 적정 외환 보유고는 따로 발표되지 않는다. 일반적으로 3개월 정도의 수입대금을 지불할 정도가 적정선으로 알려졌지만, 이 부분에 대해서도 이견이 많다. 현재 한국은행과 정부는 외환 보유액이 부족한 수준이 아니라는 입장이다. IMF도 우리나라의 외환 보유액이 외부 충격에 완충 역할을 하는 데 충분하다고 평가해왔다.

---

[1] **IMF 사태** 1997년 12월 3일, 국가부도 위기에 처한 대한민국이 IMF에서 자금을 지원받는 양해 각서를 체결한 사건이다. 기업이 연쇄적으로 도산하면서 외환 보유액이 급감하여 한때 39억 달러에 불과했지만 IMF에서 195억 달러의 구제금융을 받아 간신히 국가부도 사태를 면했다. 대한민국에 대한 IMF 관리 체제는 2001년 8월 23일에 종료되었다.

[2] **외환 보유액** 국가가 비상사태에 대비해 비축하고 있는 외화자금이다. 국가의 비상자금으로서 안전판 역할을 하며 환율을 안정시키고 국가 신인도를 높인다. 외환시장에서 환율이 가파르게 상승할 경우 시장 안정을 위해 사용하는 무기가 될 수도 있다. 외환 보유액이 많다는 건 국가의 지급능력이 양호하다는 의미다.

3 IMF 특별인출권 IMF 가맹국들 간의 약속으로 만들어진 준비통화다. SDR은 회원국들이 외환위기 등에 처할 때 담보 없이 인출할 수 있는 권리다. 우리나라의 출자비율은 1.41%, 투표권은 1.37%로 19위 수준이다.

4 IMF 포지션 IMF 가맹국이 IMF에 의무적으로 납입한 출자금의 일정 부분으로, 출자한 국가가 필요하면 언제든 인출할 수 있는 수시 인출권을 말한다. SDR은 실제 거래에서 결제통화로 사용되지 않지만 IMF 포지션은 실제 거래에 사용되는 통화로 인출할 수 있다.

23. 경제 의존도

세계 경제와 커플을 맺는 '커플링'

'커플링[1]'은 '커플 간 애정을 확인하기 위해 맞추는 반지'란 의미로 로맨틱하게 들릴지도 모르겠다. '연결하다, 결합하다'라는 뜻의 시사용어 커플링은 한 나라의 경기나 주가 등이 다른 나라와 함께 오르내리는 현상을 가리킨다. 한국 경제에선 미국이나 중국 등 주요 외교 상대국의 경제 흐름에 따른 국내 경제의 흐름을 분석할 때 주로 사용된다.

과거에는 경제대국인 미국의 경기가 좋아지면 유럽이나 아시아권 경기도 좋아졌고, 미국이 경기를 조절하기 위해 금리를 올리거나 내리면 다른 나라도 함께 올리거나 내리곤 했다. 그런데 2008년 9월 리먼 사태로 표면화된 미국발 금융위기 이후에는 전형적인 커플링 현상이 무너졌다는 분석이 나왔다.

디커플링[2]은 이런 배경에서 사용되기 시작했다. 미국 경제의 지속적인 침체에도 불구하고 2008~2009년 중국, 인도를 중심으로 한 개도국의 경제는 안정적인 성장세를 보였다. 세계적인 투자은행 골드만삭스는 디커플링이란 용어를 처음으로 사용하며 미국의 경기 둔화에도 불구하고 중국, 인도 등 신흥 시장국들이 견고한 성장세를 이어갈 것이라고 주장했다. 보편적인 세계 경제의 흐름과 달리 독자적인 흐름을 보이는 디커플링 현상은 수출과 소비, 주가 하락과 환율 상승 등과 같이 서로 관련 있는 경제요소들의 디커플링 현상까지 포괄하는 개념으로 의미가 확장되었다.

국가 경제의 커플링과 디커플링은 다른 나라 경제에의 의존도에 따라 다른 양상을 보인다. 상대적으로 내수시장이 작고 수출 비중이 높은 한국 경제는 세계 경제에 민감하게 움직인다. 특히 세계 경제의 흐름을 주도하는 미국과 중국 경제의 흐름에 민감한 반응을 보인다. 한국의 수출은 이 2개 국가에 상당 부분 의존하고 있다. 2024년 말을 기준으로 한국의 주요 수출 대상국 비중을 보면 중국이 전체 수출의 19.5%를 차지해 1위를 기록하고 있고, 미국이 18.7%로 수출량 2위를 차지하고 있다. 때문에 한국 경기는 어떤 식으로든 미국과 중국의 경기와 밀접한 영향을 주고받는다.

의존성 높은 커플링 경제

글로벌 금융위기 이후 한국 경제는 미국 경기가 다소 호전되는 상황에서도 중국의 성장 속도가 늦어지자 심각한 정체 현상을 보였다. 전문가들은 한국 경제가 이제는 미국 대신 중국 경제와 리커플링[3]하고 있다는 분석을 내놓았다.

리커플링은 한 나라의 경기나 주가 등이 다른 나라와 달리 움직이다가 다시 동조화되는 것을 의미한다. 리커플링은 2007년 말부터 세계 경제가 미국 경기 침체의 영향으로 주춤하면서 주목받기 시작했다. 2008년 이후 미국의 경기 둔화 우려가 높아지면서 전 세계적으로 주가가 큰 폭으로 동반 하락하는 현상이 발생함에 따라 월가의 주요 투자은행들은 리커플링 가능성을 주장했다. 미국 경제가 세계 교역에서 차지하는 비중의 하락으로 전통적인 교역 경로를 통한 영향력은 약화되었으나 금융의 세계화 진전으로 금융 경로를 통한 영향력은 오히려 확대되었다. 이에 따라 미국의 금융 불안이 장기화되고 경기 침체가 심화될 경우 시차를 두고 여타 국가의 성장 둔화를 초래할 가능성이 커졌다.

리커플링은 종종 중국, 인도 등 개도국의 경제 성장이 선진국의 경제 회복을 이끄는 현상을 의미하기도 한다. 월가에서와는 약간 다르게 사용되는 것으로, 커플링이 미국 등 선진국이 경제를 이끌어가는 현상을 지칭하는 것과 다른 점이다. 세계 경제가 동조화되는 건 커플링 현상 때와 마찬가지인데, 그 흐름을 이끄는 주체가 선진국에서 개도국으로 넘어오는 것이다. 2000년대 중반 이후 브릭스 등 신흥 시장국이 높은 성장세를 지속하여 자체 성장능력이 확대된 데다 유로 지역과 아시아 지역의 역내 교역 증가로 세계 각국의 대미 수출 의존도가 감소한 점 등이 그 배경으로 작용했다.

---

1 커플링coupling 한 나라의 경기나 주가가 다른 나라와 같은 방향으로 가는 것으로, '동조화'라고도 한다. 특정 국가에 수출입을 많이 의존할수록 커플링 현상이 발생할 가능성이 높아지며 한 국가가 세계 경기와 동일한 흐름을 보일 때도 커플링이라는 용어를 사용한다.

2 디커플링 Decoupling 한 나라의 경기나 주가가 다른 나라와 반대 방향으로 가는 것으로, '탈동조화'라고도 한다. 두 나라의 환율·주가 등이 함께 오르내리는 현상에서 벗어나는 것으로, 국내 증시가 미국이나 일본과 달리 독자적인 행보를 보일 때 주로 디커플링이란 용어를 사용한다.

3 리커플링recoupling 선진국과 신흥국 경제가 다른 방향으로 움직이는 디커플링 현상에서 벗어나 다시 같은 방향으로 움직이는 '재동조화' 현상을 말한다. '역동조화'라고도 한다.

24.
리디노미네이션

원화의 0을 없애는 작업이 갖는 의미

리디노미네이션Redenomination. 발음하기 쉽지 않은 이 단어가 한때 강남의 고액 자산가들을 벌벌 떨게 했다. 왜 그랬을까. '디노미네이션Denomination'의 사전적 뜻은 '액면가'다. 액면가는 화폐에 찍힌 숫자를 말한다. 여기에 're'가 붙었다. 단어 그대로 해석하면 '디노미네이션을 새로 한다'는 뜻으로, 액면가에 변화를 준다는 것이다. 보통 많이 드는 사례가 1,000원을 1원으로 바꾸는 것이다. 5,000원을 주고 먹던 짜장면을 5원을 주고 먹게 되는 게 리디노미네이션이다. 화폐 가치는 그대로 두되 액면가나 단위를 바꾸는 것이다. 꼭 1,000분의 1이 아니어도 된다. 비율은 정하기 나름이다. 만약 100분의 1을 하게 되면 1,000원은 10원이 된다.

리디노미네이션에 대한 논의는 2004년으로 거슬러 올라가야 한다. 당시 한국은행이 내놓은 '화폐제도 선진화 개혁안'이 리디노미네이션의 시발점이 됐다. 당시 개혁안은 이랬다. 화폐 가치를 1,000분의 1로 바꾸고 화폐 단위도 '원'이 아닌 '환'으로 바꾸자는 게 핵심이었다. 물론 개혁안이 실행되지 않았기 때문에 우리는 지금까지도 '원'을 그대로 쓰고 있다. 찬반 논쟁이 너무 거셌던 탓도 있었지만 경제 불안을 우려했던 기재부의 반대가 컸다. 이처럼 리디노미네이션 논쟁은 나올 때마다 바꾸자는 쪽도, 안 된다는 쪽도 나름 합리적 근거를 내세운다. 그래서 합의하기 힘든 난제 중 하나가 됐다.

왜 리디노미네이션을 해야 할까. 일단 사용자 편의성이다. 지금의 화폐 단위는 1962년에 만들어졌다. 1962년 6월 10일 <u>긴급통화조치법</u>[1]에 따라 화폐 액면을 10분의 1로 조정하며 '원'을 사용하는 새로운 법화가 발행됐다. 60년 가까이 흐른 지금 우리 물가와 소득은 엄청나게 올랐지만 화폐는 크게 변함없이 유지되고 있다. 그러다 보니 생기는 문제가 바로 0이 너무 많다는 것. 단위가 크면 불편하다. 베트남에 여행 가서 1,000만 동, 100만 동 지폐를 뒤적거리며 수많은 0 때문에 계산하기 힘들었던 기억을 떠올려보자. 베트남만큼은 아니지만 우리네 '원' 역시 그렇게 작은 단위가 아니다.

원화의 대외적 위상도 찬성 논거 중 하나다. 세계 12위 경제 규모를 가진 국가인데 1달러대 환율이 네 자리라는 건 모양새가 안 좋다. 이걸 줄인다면 국제 금융거래 효율성이 좋아져 우리나라에 대한 투자 심리가 재고될 수 있다는 분석도 적지 않다. 실제로

1960년대에 프랑스와 핀란드가 이런 목적으로 리디노미네이션을 단행했다.

<u>지하경제</u>² 양성화에도 유용하다. 보통 어두운 돈은 현금으로 보관하는 경우가 많은 법. 화폐가 바뀌면 싫더라도 은행에 가서 새 화폐로 바꿔야 한다. 정부가 맘만 먹는다면 리디노미네이션은 개인의 과세 기준으로 활용되는 것은 물론 자금 출처 조사도 뒤따르게 해주는 강력한 무기다. 강남의 고액 자산가들이 벌벌 떨었던 이유다.

리디노미네이션과 짝을 이루는 키워드 '인플레이션'

그럼 리디노미네이션을 하면 안 되는 이유는 뭘까. 일단 사회적 비용을 무시할 수 없다. 새 화폐를 찍어내는 데는 돈이 든다. 금융권도 새 지폐에 적응하기 위한 비용을 치러야 한다. 외환과 채권 등 돈과 관련된 것은 모두 바꿔야 하고 ATM도 교체 대상이다. 기업들의 회계 프로그램도 싹 바뀌어야 한다. 심지어 택시의 미터기와 식당의 메뉴판까지도 모두 바꿔야 하는 대사건이다.

인플레이션이 생길 수도 있다. 여기에는 숫자의 마술, 그리고 심리의 마술이 펼쳐진다. 일단 숫자의 마술부터 보자. 만약 1,000분의 1로 리디노미네이션이 단행되면, 900원이던 과자는 0.9원으로 바뀌지만, 그것보다는 1원으로 채택될 가능성이 높다. 9,000원이던 냉면이 9원 대신 10원을 택하는 경우도 생긴다. 자연스럽게 전체 가격이 상승하게 된다. 사람들의 심리가 가격을 끌어올릴 수도 있다. 5억 원짜리 아파트가 리디노미네이션을 통해 80만 원이 된다면? 저렴하다는 느낌을 받게 된다. 5억 원짜리 아파트가 10억 원에 도달하는 것보다 50만 원짜리 아파트가 100만 원에 도달하는 게 더욱 수월한 건 화폐 가치가 저렴하게 느껴지는 착시 현상 탓이다.

지하경제 양성화도 동의하지 못하는 주장이 적지 않다. 화폐를 바꿔 검은 돈을 끌어내는 자체가 구닥다리 방식이다. 지하자금 양성화가 목적이 될 경우 반발과 부작용이 거세 더 큰 목적을 이루기 어렵다는 반론도 있다. 유로존의 경우 유로로 화폐를 통일할 때 구권과 신권의 교환기간을 무제한으로 하고 익명 교환을 가능하게 했다. 경제적 통합이라는 목적을 최우선에 두었기 때문이다.

21세기 들어 리디노미네이션을 단행한 국가는 10여 곳이다. 터키[3], 루마니아, 아제르바이잔, 투르크메니스탄, 베네수엘라, 북한 등이 시도했지만 대체로 실패했다. 터키, 루마니아, 투르크메니스탄 정도가 성공한 것으로 평가받는다. 실패 사례가 더 많은데 굳이 할 이유가 있냐는 얘기가 나온다. 다만 이들 국가들의 경우는 물가가 폭등하면서 기존 화폐가 교환수단으로 기능하지 못해서 리디노미네이션을 단행한 것이다. 반면 우리는 인플레이션을 걱정하기보다는 오히려 디플레이션을 걱정해야 하는 경제구조란 점이 다르다. 반드시 실패한다는 법은 없다는 얘기다.

1 긴급통화조치법 5 · 16 쿠데타 이후 군사정부가 만든, 통화에 관한 특별조치를 시행하기 위한 법이다. 추가 공급된 통화량의 투기 자금화를 방지하고 음성적인 부정축재자금을 투자 재원으로 활용하는 것이 목적이다. 10분의 1 비율로 리디노미네이션이 실시됐고 화폐 단위가 '환'에서 '원'으로 바뀌었다.

2 지하경제 정부의 세금을 피해 겉으로 드러나지 않는 경제를 말한다. 보통은 세무서 등 정부기관에서 잡아내지 못하는 경제활동을 뜻하지만 불법행위로 만들어지는 것도 지하경제에 포함된다. 캐시 이코노미cash economy, 블랙 이코노미black economy라고 부른다.

3 터키의 리디노미네이션 경제정책 실패와 하이퍼인플레이션의 여파로 2005년 1월 터키에서는 100만분의 1 비율로 리디노미네이션이 실행됐다. 7년의 준비 끝에 100만 리라가 1리라로 바뀌었고 이를 통해 매년 고공 행진하던 물가 상승을 억제하는 데 성공했다. 하지만 리디노미네이션 효과는 단기적이었다. 최근에는 20% 이상의 물가 상승률을 기록 중이다.

25. 무역전쟁

제2차 미·중 무역전쟁의 막이 오르다

2025년 트럼프 2기의 개막은 미국과 중국의 2차 무역전쟁의 개시를 알리고 있다. 2개의 거대한 무역시장이 충돌했다. 이미 트럼프 1기 때 총성 없는 전쟁을 벌였던 두 대국은 '스트롱맨'으로 불리는 도널드 트럼프 미국 대통령과 시진핑 중국 국가주석의 강 대 강 대결로 이전보다 더 강력한 충돌을 예고하고 있다.

1기 때 선제공격을 가한 트럼프 대통령은 2017년 대선후보 시절부터 대중 상품수지 적자에 대한 불만의 목소리를 냈었다. 백악관 입성과 함께 보호무역주의 기조를 강화한 트럼프 행정부는 견제의 칼끝을 중국에 겨누었다. 2018년 7월 6일 미국은 340억 달러 규모의 중국 수입품 818종에 25%의 관세를 부과했다. 중국의 지식재산권 침해와 강제 기술이전 관행을 문제 삼아 트럼프 정부가 예고했던 대중국 특별관세 부과 조치, 이른바 '301조1 관세 조치'였다. 이에 앞서 6월 15일 미국 무역 대표부 USTR는 총 1,102개 품목, 500억 달러 상당의 중국 수입품에 25% 관세 부과를 결정했었다. 7월 6일의 관세 조치는 그중 1차 리스트에 포함된 수입품에만 집행한 것이다.

물론 중국이 가만히 당하고만 있지는 않았다. 미국이 340억 달러 규모의 1차 관세 조치를 개시하자, 그로부터 1시간 후 중국은 보복 조치를 발표했다. 중국 정부는 미국의 특별관세 조치에 대응해 "상응하는 수준과 강도 Equal Scale and Equal Strength"로 보복 조치를 단행할 것이라고 밝혔다. 중국은 수입되는 미국산 농산물, 자동차, 수산물 등에 미국과 똑같이 340억 달러 규모로 25% 보복관세를 부과했다.

미·중 무역전쟁의 정점

미국과 중국의 '핑퐁게임'은 계속됐다. 8월 23일, 미국은 1차 301조 관세 조치의 미집행분인 160억 달러 규모의 중국산 제품에 25% 관세를 부과한다고 추가 집행을 발표했다. 중국 정부는 같은 규모의 미국산 제품에 25%의 '맞불 관세'를 부과했다. 9월 24일, 미국은 사전에 알렸던 대로 2,000억 달러어치의 중국산 수입품에 추가로 10% 관세를 부과했다.

미국의 1차 301조 관세 부과에 대한 중국의 보복 조치를 본 트럼프 대통령이, 7월 10일에 예고한 그대로를 실행한 것이다. 게다가 3,250억 달러, 한화로 약 385조 원어치의 중국산 수입품에 최고 25%의 관세를 부과하겠다고 했다. 이런 위협에 대해 중국 정부 역시 미국산 제품 5,207개 품목 600여억 달러어치에 관세를 차별화해 부과할 방침임을 밝히면서 미·중 무역전쟁은 정점으로 치달았다. 600억 달러는 현재도 중국이 미국산 수입품에 추가 대응할 수 있는 사실상의 최대치다.

한 치의 물러섬도 없는 양측의 공방은 2기 트럼프 정부에서 더 치열해질 것으로 예상된다. 4년간 세계 경제는 반도체를 둘러싼 패권 경쟁에 돌입한 데 이어 인공지능(AI)과 로봇, 빅데이터 등의 발달로 더 광범위해졌다. 특히 그새 우크라이나와 러시아의 전쟁, 이스라엘과 팔레스타인의 전쟁 등 2개의 전쟁이 일어나면서 세계는 신냉전 체제로 접어들었다. '무역'이라는 명분을 내세웠지만 사실상 '경제·기술 패권 전쟁', 나아가서는 보이지 않는 군사적 대결의 성격도 띠고 있다.

트럼프 대통령은 2024년 말 당선 후 다시 한번 중국 제품에 대한 대규모 관세를 예고했다. <u>미·중 무역전쟁의 영향은 한국에도 미칠 것이다. 양 국가가 패권 전쟁을 벌이는 반도체, 인공지능 등의 산업은 한국의 국가 미래 먹거리기 때문에, 양국이 충돌했을 때 가장 직접적인 영향을 받을 수 있다.</u> 한국은 수출 의존형 경제 국가로, 미국과 중국에 대한 수출 의존도가 매우 크다.

트럼프 대통령은 미국의 수출을 확대하고 수입을 막는 동시에, 자국 내에서 생산 및 판매할 수 있는 것은 모두 국내에서 하도록 유도하고 있다. 이러한 방식은 결국 미국 내 제조업 부활에 방점이 찍힌다. 이를 위해 중국에서 생산하는 제품에도 같은 불이익을 줄 전망이다. 중국에서 물건을 생산해 미국에 팔던 우리나라 입장에서는 여간 난처한 것이 아니다. 미·중 2차 무역전쟁을 벌이는 과정에서 양국이 관세장벽을 쌓으면 결국 반도체, 자동차, 화학, 철강 등 한국의 수출 주력 품목이 영향을 받을 수밖에 없는 것이다.

　여기에 더해 한국은 2024년 말 12.3 비상계엄과 이에 따른 대통령 탄핵 사태로 인해 사실상 트럼프 2기 정부의 출범에 전혀 대응하지 못하고 있다. 세계 경제는 여선히 양국 간의 총성 없는 전쟁을 주시할 수밖에 없는 처지다. 이래저래 미·중 무역전쟁은 2025년 우리 경제의 최대 리스크라고 할 수 있다.

26. 금리

기준금리는 내렸는데, 대출금리는 올랐다?

2025년 2월 현재 한국은행의 기준금리는 연 2.75%다. 이는 2025년 2월 25일 금융통화위원회 회의에서 0.25%포인트 인하한 것으로, 2년 4개월 만에 2%대로 내려왔다. 상식적으로 기준금리가 내리면 대출금리[1]도 내린다. 그런데 기준금리가 내렸지만, 주택담보대출 고정금리는 오히려 올랐다. 2024년 10월과 11월 한국은행이 두 차례 연속 0.25%포인트씩 기준금리를 내렸으나, 시중은행들의 주택담보대출 금리는 오히려 올라 '이자 장사'라는 비판이 나왔다. 고금리에 지친 사람들은 한국은행 금리가 내리면서 자기 대출금리도 내릴 것이라 기대했는데 정반대의 결과였기 때문이다.

    한국은행이 금리를 내렸는데 시중은행의 주택담보대출 금리는 왜 오른 것일까? 일단 은행의 자금조달과 관련이 있다. 한국은행이 기준금리를 내렸어도, 은행이 돈을 조달하는 비용이 줄지 않으면 대출금리는 쉽게 내려가지 않는다. 주택담보대출 금리는 보통 은행채 금리(특히 5년물) 또는 COFIX(자금조달비용지수)를 기준으로 정해지는데, 최근 시장에서 은행채 금리가 오르면서 대출금리도 상승한 것이다.

시장금리와 기준금리의 차이 때문이기도 하다. 기준금리는 단기금리에 영향을 주지만, 장기 대출금리는 국채 금리, 은행채 금리, 금융시장 상황 등의 영향을 받는다. 최근 미국의 금리 정책 불확실성, 국내 채권 시장 변동성 증가 등이 복합적으로 작용해 장기금리가 오르고, 이에 따라 대출금리도 상승했다.

정리하면 한국은행이 금리를 내렸지만 단기금리에 영향을 많이 받는 대출금리는 내렸고, 장기금리에 영향을 받는 대출금리는 올랐다. 그래서 어디서는 금리가 올랐다고 하고, 어디서는 금리가 내렸다는 소식이 뒤섞여서 전해지는 것이다.

시중은행의 금리 움직임은 매우 중요하다. 금리 인상 흐름에 따라 부동산 시장도 출렁댄다. 경기의 흐름을 알 수 있고, 가계 재정에 타격을 줄 수도 있기 때문이다. 과거에 변동금리로 대출을 받은 사람들은 한국은행이 금리를 내렸는데도, 오히려 은행 대출금리가 매달 늘어나 이자가 부담스러울 것이다.

한국은행의 기준금리 인상에도 불구하고, 내리고 있다는 고정금리의 정체는 무엇일까? 고정금리로 대출을 받으면 5년 동안은 금리가 변하지 않는다. 따라서 은행은 돈을 빌려줄 때 5년 후의 금리를 예상해서 그 금리와 비슷한 수준으로 이자율을 매긴다. 결국 고정금리가 내려간다는 건, 5년 후 금리 하락을 점치고 있다는 것과 비슷하다. 단기금리는 중앙은행들의 금리 인상 움직임에 따라 널뛴다.

　반면 5년 후를 예상하는 장기금리는 미래에 경기가 얼마나 좋을지 나쁠지에 대한 예상이 변수가 된다. 장기금리가 떨어져서 앞으로 고정금리를 택할 예비 대출자는 기쁠 수 있겠지만, 경제 전반으로 봤을 때는 그렇지 못하다. 장기금리 하락에는 부정적인 경제 예측이 담겨 있기 때문이다.

금리 역전은 경기침체의 선행지표일 수도

장기금리 하락은 향후 경제가 더 나빠질 것이라고 예상하는 투자자가 많아지고 있다는 뜻이다. 대출 수요가 떨어질 거라고 예상하기 때문에 금리가 낮아지는 것이다. 금리를 다르게 표현하면 돈의 사용료다. 돈을 사용하겠다는 사람이 많으면 사용료가 올라가고, 반대 상황에서는 사용료가 내려간다. 앞으로 돈을 사용하겠다는 사람이 적어지는 상황을 그다지 긍정적으로 볼 순 없다.

　단기금리는 오르고 장기금리는 내려가면서 금리 역전 현상[2]도 일어났다. 금리 역전 현상은 경기 침체의 시그널이기도 하다. 원래 경기 침체라는 건 갑작스레 찾아오는 법. 월스트리트에서는 이렇게 들쭉날쭉한 침체 시점을 미리 알아내려고 애썼는데, 그 시그널 중 하나가 금리 역전 현상이었다. 2년 만기 미국 국채와 10년 만기 국채의 금리 차이를 추적했다. 2년물 금리는 중앙은행 정책에 민감하며, 10년물 금리는 반대로 경제전망에 따라 반응하는 편이었다. 4년 전 두 국채의 금리 차는 10년물 금리가 2.5%포인트 높았지만, 지금은 0.4~0.5% 정도로 좁혀졌다.

이런 금리 차이가 예고하는 시그널은 얼마나 정확할까? JP모건 등의 분석에 따르면 최근 60년 새에 발생한 경기 침체는 모두 금리 역전 뒤에 발생했다고 한다. 금리 역전은 평균적으로 경기 침체보다 14개월 전에 먼저 생기는 것으로 나타났다. 단기금리와 장기금리의 움직임을 눈여겨봐야 할 이유다.

---

1 대출금리 대출금리는 통상 기준금리에 가산금리를 더하고 우대금리를 차감하여 결정된다. 금융회사별로 기준금리를 별도로 적용하는데 기준금리는 금융회사 간 단기자금 거래에 이용되는 금리인 콜금리, 3개월 만기인 양도성 예금증서CD 수익률, 그리고 9개 은행의 자금조달 가중평균 금리인 COFIXcost of funds index가 많이 적용된다.

2 금리 역전 현상 장기채권 수익률이 단기채권보다 낮은 현상으로 보기 드문 일이다. 보통은 경기 침체의 전조로 해석되며 미국의 금리 인상 종료를 암시하기도 한다.

기자의 Pick

슬프지만 믿지 못할 IMF 시절 금리

IMF 위기로 온 나라가 어지러울 때가 불과 25년여 전이다. IMF가 한국 경제에 내린 처방책 중 하나가 높은 금리였다. 금리가 높아지자 기업들이 대출 원리금을 상환하지 못하면서 줄도산이 일어났다. 반면 예금 금리도 올라 은행들은 다시는 못 볼 것 같은 이자를 제시했다.

1998년 초, 1년 정기예금 금리가 20%에 육박했다. 3년 동안 유지할 경우 65%의 이자를 준다는 곳도 있었다. IMF에서 금융기관에 높은 BIS비율(자기자본비율)을 요구하면서 금융기관들은 저마다 돈을 끌어 모아야 했다. 당시에 후순위 채권을 발행하면서 제시한 수익률이 5년 기준 100%에 달했다. 1,000만 원을 은행에 예치하면 5년 뒤 2,000만 원을 준다는 얘기다. 이때 현금을 쥐고 있던 사람이라면 은행 이자에 혹했을 것이다.

은행들의 고금리 전략은 생각보다 성공을 거두지 못했다. 일단 금융기관들이 문을 닫는 경우가 생기면서 은행에 돈을 넣는 것이 두려운 일이 돼버렸기 때문이다. 게다가 온 나라가 난리였으니 현금을 쥐고 있는 사람도 많지 않았다. 설혹 현금이 있다 해도 은행 대신 폭락한 부동산을 사들이는 데 투자했다.

27.
부채

'빚'에도 좋은 빚과 나쁜 빚이 있다

세계적 베스트셀러인 《부자 아빠, 가난한 아빠》[1]의 저자인 로버트 기요사키 Robert T. Kiyosaki는 이렇게 말했다.

"이 세상에는 부자로 만들어주는 좋은 빚과 가난하게 만드는 나쁜 빚이 있다."

사람마다 빚을 지는 이유는 천차만별이지만 그의 말대로라면 빚이라고 다 나쁜 것만은 아니다. 대체 어떤 빚이 좋은 빚일까? 흔히 빚이라고 부르는 대출 및 융자는 약속기간 안에 돌려줘야 하는 부채다. 자산은 수익을 만들지만 대출은 이자와 수수료 등 비용을 발생시킨다. 약속기간 안에 대출을 상환하지 못하거나 이자를 제때 내지 못하면 연체이자가 붙어 빚은 급속도로 늘어난다. 잘못하면 실제 빌린 원금보다 더 많은 돈을 갚아야 하는 경우도 생긴다.

이런 빚의 기본 개념을 고려하여 빚의 종류를 나눈다면 나에게 도움이 되느냐 되지 않느냐가 기준이 될 것이다. 생활을 보다 윤택하게 해준다면 '좋은 빚'일 것이고 반대로 삶을 피폐하게 만든다면 '나쁜 빚'일 것이다. 그런 의미에서 좋은 빚은 빌린 대출이자보다 높은 수익을 가져다주고 나쁜 빚은 수익은커녕 매월 이자만 발생시킨다.

투자나 생산과 관련한 대출은 가치를 만들어주거나 보다 많은 가치가 증가할 것이라는 기대감을 준다. 착한 빚은 투자수단이며 미래가치를 창출할 수 있다는 기대감을 상승시킨다. 공제 혜택을 받을 수 있는 빚도 좋다. 적당한 금액이라는 전제에서 주택담보대출은 순자산[2]을 늘리는 데 도움이 된다. 주택담보대출을 받아 집을 구입한 뒤 빚을 갚는 것은 적어도 자산을 지키거나 늘리는 데 유리한 방법이기 때문이다. 이런 빚은 길게 볼 때 풍요로운 삶과 부를 가져다줄 수 있기에 좋은 빚이다.

학자금 대출도 여기에 속한다. 가난 때문에 교육받을 수 있는 권리를 박탈당할지도 모를 위험을 해소해주고, 졸업 뒤의 수익을 기대하게 해주는 빚이기 때문이다. 회사나 개인사업자가 은행에서 받는 기업대출 또는 사업자대출은 투자를 수단으로 생산력을 증가시켜준다. 투자이익을 창출한다는 점에서 좋은 빚이 될 수 있다.

자산 가치 감소하는 곳에 빚지지 말라

나쁜 빚에는 어떤 것이 있을까? 나쁜 빚은 구매 즉시 소비돼 가치를 상실하거나 가치가 급락하는 빚, 또는 미래에 가치 상승을 기대하기 어려운 빚, 상대적으로 높은 이자를 물어야 하는 빚이다. 주로 삶의 질을 높이기 위해 소득 수준을 초과해서 생기는 빚으로 나중에 비용을 회수할 수 없는 경우가 대부분이다.

예를 들어 소비성 물건을 구입하거나 서비스(휴가나 여행 같은)를 즐기기 위해 생긴 신용카드 대금은 나쁜 빚이다. 카드 할부결제로 대형 냉장고와 대형 TV를 무리해서 구입했다고 하자. 이런 가전제품의 가치는 시간이 갈수록 계속 떨어지고, 매월 갚아야 하는 카드빚은 떨어지는 가치와 상관없이 그대로 유지된다. 혹시 연체라도 된다면 높은 이자율 때문에 갚아야 할 대금은 점점 눈덩이처럼 불어나게 되고 점점 가정경제를 압박하게 된다.

시간이 갈수록 그 가치가 서서히 사라지는 대표적인 물건이 자동차다. 보통 자동차는 할부대출로 구입하는데 필요 이상으로 좋은 자동차를 구입했다면? 자동차는 수익을 생산하기는커녕 구입한 즉시 자산가치가 감소하기 시작한다. 재테크 측면에서 보면 나쁜 자산이고 여기서 생긴 빚은 나쁜 빚에 속한다.

생산하는 수익은 없지만 할부 금융사에 비싼 대출이자와 할부수수료를 지불하는 비슷한 경우라면? 나쁜 빚이라고 보면 된다. 여기서 새어나가는 비용은 회수할 길이 없다. 나쁜 빚은 자산을 늘리는 데 방해가 된다.

물론 빚에는 이중성이 있다. 자산 가치를 위한 좋은 빚도 시기를 잘못 만나면 나쁜 빚이 될 수 있다. 학자금 대출은 미래를 위한 투자일 수도 있지만 일각에서는 '복지라는 가면을 쓴 금융상품'이라고 비판한다. 졸업을 하고 취직난을 겪게 된다면 빚을 안고 사회에 나서는 상황이 오히려 늪으로 작용할 수 있다. 주택담보대출도 마찬가지다. 집을 사고 난 뒤 집값이 침체기에 들어선다면 오히려 마이너스 자산에 이자 비용까지 감내해야 한다. 전문가들은 "빚의 성격이 좋든 나쁘든 빚을 둘러싼 환경을 고민하고 관리하는 데 고민할 필요가 있다"고 말한다.

---

1 부자 아빠, 가난한 아빠 Rich Dad Poor Dad　일본계 미국인인 로버트 기요사키가 쓴 《부자 아빠 가난한 아빠》 시리즈는 재테크 분야의 고전으로 손꼽힌다. 전 세계 수천만 명의 사람들이 가지고 있던 돈에 대한 인식을 바꿔놓은 밀리언셀러다. 국내에서도 300만 부가 판매됐다.

2 순자산　자산에서 부채를 뺀 개념이다. 5억 원짜리 아파트를 현금 2억 원과 대출 3억 원으로 구입했다면 자산은 5억 원, 부채는 3억 원, 순자산은 2억 원이다. 자산을 늘리는 것도 중요하지만, 더 중요한 것은 순자산의 규모다.

28.
국가부채

**매번 위기인데
부채는 왜 안 줄어드나**

빚이 늘어나면 가계경제나 국가경제가 어려운 건 당연한 일이다. 자본주의 사회에서 적정 수준의 빚은 불가피하지만, 뭐든 과유불급이다. 코로나19 전후로 세계 주요 국가들의 부채 수준은 심하게 증가했다. 각국 정부가 경제 침체를 방지하고자 대규모 재정 지출을 시행한 결과다.

'트레이딩 이코노미' 집계에 따르면 코로나19 이전인 2019년과 2023년 세계 주요 국가들의 국내총생산GDP 대비 정부 부채 비율은 대부분 증가했다. 미국은 100%에서 108%로, 중국은 57%에서 83.4%로, 일본은 230%에서 255%로 늘었다.

우리 상황은 어떨까? 같은 자료에서 우리나라의 국내총생산 대비 정부 부채 비율은 35.9%에서 46.9%로 증가했다. 부채비율이 낮아 보인다고 안심하긴 이르다. 증가폭으로만 보면 우리나라의 증가폭이 주요 국가들보다 높다.

기본적으로 부채 증가는 향후 재정 건전성에 대한 우려를 낳는다. 우리나라는 한 가지 더 위험요인을 갖고 있다. 고령화 사회로 접어드는 시점이라는 것이다. 고령화 사회로 접어든 국가들은 복지 지출 증가로 인해 부채 부담이 가중될 수 있다.

부채가 이렇게 늘어난 건 처음 있는 일이 아니다. 2007년과 2008년 글로벌 금융위기가 전 세계를 덮치면서 세계 주요국들의 부채가 늘어난 전례가 있다. 이때 주요국들은 금융위기를 막기 위해 금리를 낮춰서 불을 끄려 했다.

"이자 부담을 줄일 테니 부채를 활용해 소비든 투자든 돈을 좀 굴려라." 의도는 적중했다. 부동산 경기가 살아났고, 건설 경기는 경제 성장률을 떠받치는 버팀목이 되었다. 그런데 그렇게 늘어난 부채를 두고, 이번에는 부채가 많이 늘어서 걱정이라고 하면 모순도 이런 모순이 없다. 해법을 제시해 놓고 문제를 푸는 꼴이다.

늘어난 부채를 줄이는 건 어렵다. 오늘부터 대출을 모두 금지한다? 이것도 가능한 방법은 아니다. 자산을 팔아서 부채부터 갚아라? 빚 없는 세상이 오기 전에 지옥문이 열릴 것이다. 자산을 판다고 내놓으면 제값에 살 사람도 없다. 결국 부채 문제를 해결하기 위해서는 인위적으로 부채를 확 줄이기보다는, 부채라는 폭탄이 터지지 않게 뇌관을 잘 관리하는 것이 중요하다.

갚을 능력이 없는 사람이 많은 부채를 안고 있는 건 터지기 직전의 폭탄을 안고 있는 것과 같다. 부채를 갚을 능력이 있는 사람이 더 많은 부채를 안고, 갚을 능력이 떨어지는 사람은 부채를 줄여가는 부채의 순조로운 이동이 필요하다.

그러나 그 누구도 금리를 올릴 용기는 없다

그러기 위해서는 확인해야 할 통계가 있다. 전 세계 부채 총량이 얼마인지, 국내 총부채가 얼마인지 하는 통계는 활용도가 떨어진다. 오히려 부채 관리가 어려운 사람들이 보유한 전체 부채가 얼마인지를 파악하는 게 더 절실하다.

취약층의 부채가 많이 늘지 않도록 관리하는 것도 중요하지만, 무조건 그들의 부채를 줄이는 것만 연구할 게 아니라 그들이 부채를 기반으로 사들인 자산(아파트 같은)의 가치를 높이는 것도 접근법이 될 수 있다. 그렇게 할 수 없는 계층의 부채는 이전시키는 게 중요하다. 이들이 부채를 갚도록 만들고, 그렇게 남은 자본을 좀 더 관리할 능력이 있는 쪽으로 자연스럽게 이전하는 게 부채라는 폭탄이 터지지 않게 하는 해법일 수 있다.

그럼 어떤 부채가 위험한 폭탄인지 알 수 있는 방법은 없을까? 간단한 방법이 있다. 금리가 오르면 된다. 높아진 금리를 견디지 못하는 사람들은 폭탄이 터질까 봐 두려울 것이다. 이들이 폭사하기 전에 자산을 내놓으며 부채를 해결하려 한다면, 그 자산을 좀 더 건강한 쪽에서 넘겨받을 수 있다. 그렇게 넘어가는 게 부채의 이전 과정이다.

문제는 그 누구도 용기가 없다는 것. 정부나 기업, 가계 모두 부채가 많은 상황에서 이런 부채 이동의 선순환을 꾀하며 금리를 올리는 용기를 쉽게 내기 어렵다. 이것이 바로 부채가 줄지 않는 이유다.

국가가 증가한 부채를 해결하는 방법에는 여러 가지가 있으며, 일반적으로 세수 확대, 지출 축소, 경제 성장 촉진, 화폐 정책 활용 등의 조합을 통해 관리한다. 각 방법에는 장단점과 부작용이 있으므로 신중한 접근이 필요하다.

기자의 Pick

중국과 가계부채의 상관관계

2024년 중국의 가계부채는 중국 국내총생산GDP의 62% 수준이다. 100%에 근접한 한국과 비교했을 때 양호해 보이지만 증가율이 가파르다는 게 문제다. 기업부채나 정부부채의 증가 속도보다 빠르다. 주된 이유는 주택담보대출 때문이다. 중국 내 부동산 가격이 급등하면서 모기지대출이 늘었고 최근에는 카드대출까지 증가했다.

왜 중국의 가계부채가 문제가 될까? 일단 시기가 안 좋다. 원래 가계부채가 증가세였지만 미국과의 무역전쟁으로 경기 하강이 일어나고 있고 실업률도 점점 높아지고 있다. 중국 내외의 모든 경제적 상황이 가계부채와 긴밀하게 연동하고 있다. 문제는 요즘 중국 부동산 시장이 예전만 못하다는 것이다. 토지 경매 유찰 사태도 적지 않고 도시 개발 프로젝트가 중단된 것도 많다. 만약 중국의 집값 하락이 공급 과잉으로 본격화된다면? 중국 내 가계자산 가운데 주택이 차지하는 비중은 2024년 기준 50%로 다른 국가들에 비해 높은 편이다. 주택 가격이 내려가고 금리라도 오른다면 서민 경제 자체가 흔들릴 게 뻔하다. 게다가 중국은 개인파산 제도도 없어 일단 생긴 빚은 죽을 때까지 따라다닌다.

29.
인플레이션과 스태그플레이션

베네수엘라에서 살아남기

극심한 경제난과 정국 혼란에 휩싸인 베네수엘라를 탈출하는 사람들이 늘고 있다. 미주기구(OAS)은 2019년에 이미 베네수엘라 인구의 16%에 달하는 460만 명이 국경을 넘은 것으로 추정하고 있다. 이런 가운데 2013년 우고 차베스Hugo Chavez 대통령의 뒤를 이어 집권한 니콜라스 마두로Nicolas Maduro 대통령은 2019년 1월 10일 두 번째 임기를 시작했다. 마두로 대통령의 두 번째 임기는 초반부터 요동쳤다. 베네수엘라 수도 카라카스에서 국가방위군 27명이 마두로 대통령의 퇴진을 요구하며 쿠데타를 시도했으며, 야권이 장악한 베네수엘라 국회는 대통령 재임을 불법이라 선언했다. 최대 주변국인 미국은 강력한 경제제재를 가하고 있다.

수많은 베네수엘라 국민들은 국가를 포기하고 '차라리' 난민의 길을 선택하고 있다. 대부분이 지독한 인플레이션[1]과 그로 인한 생활고를 견디지 못한 이들이다. 베네수엘라의 악명 높은 인플레이션은 매해 그 강도를 더해가고 있는 것으로 보인다. 2019년엔 인플레이션이 9585.50%까지 올랐다. 2018년 인플레이션 13만%보다는 낮지만 여전히 살인적인 물가상승률을 보인다. 달걀 두 판을 사려면 한 달 치 월급을 내야 하는 지경이다. 알려진 바에 따르면, 베네수엘라에서 제대로 먹고 살기 위해선 최저임금의 16배를 벌어야 하며, 가계 평균 수입의 72%가 식량 구입에 사용된다.

원유 매장량 세계 1위 국가에서 식량이 모자라고 아사자가 빈번히 발생하는 국가가 됐다. 베네수엘라의 살인적 인플레이션은 역설적으로 석유 의존적 경제구조에서 기인한 것이란 분석이 나온다. 2014년 유가 폭락과 시추 기술의 한계로 인한 석유 생산량이 감소했는데, 베네수엘라 정부는 풍부한 석유 자원의 수출을 중심으로 고착화된 기형적 경제구도를 극복해내지 못했다. 마두로 대통령은 이 문제를 타개하기 위해 자국 화폐인 볼리바르 화폐를 계속해서 찍어냈는데, 이 선택은 살인적인 인플레이션으로 돌아와 현재의 베네수엘라 상황을 만들어냈다.

사실 인플레이션 자체가 한 나라의 경제에 마냥 부정적인 것은 아니다. 예측 가능한 수준의 적당한 인플레이션은 경제활동에 활력을 불어넣어준다. 생산요소[2]에 드는 비용보다 생산물의 가격이 더 많이 오르게 되면, 기업은 생산을 늘리려 한다. 더 많은 이윤을 기대할 수 있기 때문이다. 기업이 생산을 증가시키려면 고용이 확대돼야 하고, 이는 소득을 증가시켜 지출의 확대로 이어질 수 있다. 결과적으로 인플레이션으로 인해 총공급과 총수요가 함께 촉진될 수 있다.

1,000만% 물가상승은 현실에서 가능하다

문제는 예측할 수 없는 극심한 인플레이션이다. 이것은 경제 전체에 여러모로 부정적인 영향을 미칠 수 있는데, 특히 자원의 비효율적 배분과 소득의 불공평한 분배를 유발하는 원인이 되기도 한다. 인플레이션이 일어나면 화폐 가치는 하락하고, 상대적으로 실물 가치는 상승한다. 그러다 보니 생산에 기여한 만큼 분배가 일어나야 함에도 불구하고, 화폐를 보유한 사람은 손해를 보고 부동산이나 보석 등 실물을 가진 사람은 이익을 보는 현상이 나타난다. 이런 상황에서 노동의 대가를 화폐로 받는 근로소득자나 연금을 받아 생활하는 사람, 금융자산 소유자는 불리하다. 그들이 보유한 화폐 가치가 하락하면서 급여와 연금 등 재산이 감소하는 효과를 겪게 되기 때문이다.

반대로 실물자산 소유자는 가지고 있는 부동산, 보석과 같은 재산 가치가 상승하는 효과를 얻게 된다. 대개 부유한 사람들은 실물자산을 많이 가지고 있고, 상대적으로 저소득층 중에는 근로소득자가 많다는 점에서 인플레이션은 빈부격차를 심화시킬 수 있다. 또한 돈을 빌린 사람(채무자) 입장에서는 갚아야 할 돈의 가치가 떨어져 이익을 얻게 되고, 빌려준 사람(채권자) 입장에서는 손해를 보게 된다.

　이 밖에도 인플레이션이 발생하면 금융자산보다 실물자산을 갖는 것이 유리하기 때문에 저축은 감소하고, 토지 등에 대한 투기가 증가하여 건전한 성장을 저해하는 원인이 되기도 한다. 인플레이션은 국내에서 생산된 재화와 서비스의 가격이 전반적으로 상승하게 되는 것을 의미한다. 결국 국내에서 생산된 수출품의 가격이 다른 나라의 경쟁 제품들에 비해 상대적으로 비싸진다. 수출품에 대한 외국인의 수요는 감소하고, 수입품에 대한 내국인의 수요는 증가하여 경상수지가 악화될 가능성이 높다.

　베네수엘라는 현재 통상의 인플레이션을 뛰어넘은 초인플레이션[3] 상황이다. 하지만 인플레이션이 으레 불러오는 경제효과 중 하나인 고용촉진 효과는 크지 않다. 베네수엘라의 2018년 실업률은 25%를 넘어섰다. 높은 실업률과 높은 인플레이션이 동시에 일어나는 스태그플레이션[4]이다. 스태그플레이션은 물가상승과 이로 인한 국민소득 감소가 경제활동 전체를 위축시키며 실업 증가로 이어지는 악순환을 의미한다. 스태그플레이션의 원인에 대한 통일된 정설은 없지만, 경제학에서는 석유 및 원자재 파동 등과 같은 공급 충격과 지속적인 총수요관리 정책에 따른 예상 인플레이션 상향 조정 등을 원인으로 보고 있다.

　살인적 물가와 떨어지지 않는 실업률, 국내 정치 분열과 주변국의 경제 압박, 내우외환(內憂外患)이 겹치며 베네수엘라 경제는 파국으로 치닫고 있다. 이 상태는 당분간 나아지지 않을 것으로 전망되는 가운데, 국제통화기금IMF은 향후 베네수엘라 인플레이션이 최대 1,000만%까지 올라가 경제상황이 더욱 악화될 것으로 내다봤다.

~~~~~~~~~~~~~~~~~~~~

1 인플레이션inflation 화폐 가치가 하락하여 물가 수준이 전반적으로 상승하는 현상이다. 수요 확대로 인해 발생하는 '수요 견인 인플레이션'과 다른 하나는 원자재 등의 비용 상승이 총공급을 감소시키면서 발생하는 '비용 인상 인플레이션'이 있다.

2 생산요소 재화와 서비스 생산에 투입되는 경제자원. 전통적으로 생산요소는 자연자원인 토지, 인적자원인 노동, 생산된 물적자원인 자본으로 분류할 수 있다. 이런 전통적 분류에, 생산조직을 편성하고 통제하는 기업가능력을 제4의 생산요소로 더해야 한다는 주장도 나오고 있다.

3 초인플레이션hyper inflation 연율로 따져 수백%로 진행되는 아주 높은 인플레이션을 말한다. 물가가 극단적인 속도로 상승하는 현상이며 대표적인 경우가 제1차 세계대전 이후의 독일, 20여 년 전의 남미, 최근의 러시아와 베네수엘라의 상황이다. 물가가 매우 빠르게 오를 것이라는 사람들의 기대심리를 바로잡아야 진정시킬 수 있지만 여간해서는 경제주체들의 기대심리를 바꾸기가 쉽지 않다는 게 문제다.

4 스태그플레이션 스태그네이션stagnation과 인플레이션inflation의 합성어로, 경기가 침체하여 생산활동이 위축되고 실업률이 높음에도 불구하고 높은 인플레이션이 일어나는 현상을 말한다. 스태그플레이션보다 경기불황과 저성장 구도가 더 장기적으로 이어지는 경우는 슬럼프플레이션slumpflation이라고 한다.

30. 토핑 경제

기성제품에 '개성' 한 스푼!

마라탕, 요아정, 크록스, 다이어리의 공통점은? 바로 소비자가 자신의 취향대로 '커스터마이징customizing' 즉 원하는 대로 주문제작할 수 있다는 점이다. 요즘 이런 커스터마이징 개념이 산업 전반으로 확산하면서 일상에서도 쉽게 누릴 수 있는 서비스가 되고 있다.

그 배경엔 더 이상 규격화된 제품에 만족하지 않는 소비자들의 수요가 자리 잡고 있다. 현대 소비자들은 자신의 개성을 표현하고, 자신만의 특별한 경험을 추구하는 맞춤형 소비방식을 선호한다. 필요에 따른 단순한 구매 행위가 아니라 자신이 선택한 옵션으로 완성된 제품에서 얻는 경험 자체가 중요해졌다.

이러한 변화는 단순한 트렌드를 넘어, 오늘날의 경제와 기업 전략에 큰 영향을 미치게 되었다. 시장의 브랜드들은 더 창의적이고 개인화된 경험을 제공하려 노력 중이며, 이러한 흐름 속에 등장한 것이 '토핑 경제Topping Economy'다.

토핑 경제란 고명을 의미하는 '토핑'과 '경제'를 합친 단어다. 단어 그대로 피자에 토핑을 더하듯 상품과 서비스에 다양한 부가 요소(토핑)를 더해 나만의 개성을 표현하겠다는 소비자 심리가 반영되었다. 토핑이 핵심 경제 요소로 부상한 현상이 담긴 신조어다. 김난도 서울대 소비자학과 교수가 2025년 트렌드를 전망하며 내놓은 10개의 소비 키워드 중 하나이기도 하다. 김 교수는 이 책에 "도우로 동조하고 토핑으로 차별화한다"라며, "피자의 핵심이 토핑인 것처럼 '나만의 상품'을 만들 수 있느냐가 소비의 중요한 요소가 됐다"라고 설명했다.

오늘날의 소비자들은 자신만의 창의성을 발휘해 같은 물건이라도 개성 있게 꾸며 자신만의 물건으로 만들고자 하는 욕구를 숨기지 않는다. 최근의 산업 트렌드를 분석한 연구에 따르면, 최근 이런 개인화된 제품 수요가 증가하는 이유는 자기만의 개성이 드러나는 아이템을 바라는 소비자들이 늘고 있기 때문이라고 한다. 이것은 특히 소비 주체의 전면으로 나선 MZ세대의 특성에 부합한다. MZ세대는 남들이 사는 것을 나도 사고 싶은 동시에 차별화하고 싶은 욕망이 있으며, 특색 있는 제품을 소유함으로써 자기 정체성을 느낀다고 한다.

이런 변화는 획일성과 표준화로 상징되는 대량생산 시대를 지나 취향이 세분화하고, 각자의 개성을 표현하는 것이 중요한 '초개인화 시대'로 접어들고 있다는 것을 의미한다. 개성의 표출과 개인의 경험이 중요해진 시대에, 기성품만으로는 사람들의 욕구에 대응하기 어렵다. '토핑 경제'라는 키워드가 뜨게 된 배경이 이것이다.

美 젠지 사로잡아 100년 역사에 한 획 그은 스탠리 텀블러

토핑 경제는 다양한 경제 분야에서 활성화되고 있다. 요거트 아이스크림이나 마라탕 같은 식음료(F&B) 시장, 다양한 지비츠로 신발을 꾸밀 수 있는 브랜드 '크록스' 같은 의류 및 잡화 시장, '다꾸(다이어리 꾸미기)' 열풍을 몰고 온 학용품 시장 등 산업 전반에 걸쳐 있다.

그 가운데 토핑 경제 개념의 도입으로 제품 생산 라인에 활기를 불어넣은 눈에 띄는 사례가 있다. 바로 텀블러로 유명한 '스탠리'다. 무려 100년이 넘는 역사를 자랑하는 미국의 텀블러 브랜드 스탠리는 원래 튼튼하고 볼드한 외형, 블랙과 카키 등 밀리터리한 디자인으로 주로 남성들에게 인기가 많았다.

그랬던 스탠리가 최근 미국의 젠지(Gen Z) 사이에서 가장 '핫'한 아이템으로 떠올랐다. SNS에 자동차 화재에서도 멀쩡한 스탠리 영상이 뜨고, 인플루언서들의 '스탠리 텀블러 꾸미기' 영상이 퍼지기 시작하면서 젊은 여성과 학생 소비자에게도 인기 있는 제품이 되었다.

스탠리 측에서 소비자층의 확대와 새로운 소비 트렌드에 재빠르게 대처한 것도 한몫했다. 30여 가지의 다양한 색상과 함께 빨대부터 파우치까지 스탠리를 꾸밀 수 있는 여러 액세서리를 내놓으면서 그야말로 제2의 전성기를 맞이했다. 젠지들은 자신의 취향에 맞는 스탠리를 만들고, 그 과정에서 스탠리 제품에 더 애착을 가지게 되었다. 이런 과정을 거치며 스탠리는 기성세대뿐만 아니라 새로운 소비세대인 젠지까지 끌어안으며 화려하게 제2의 전성기를 맞이하게 된 것이다.

토핑 브랜드의 특징으로 몇 가지를 꼽을 수 있다.

첫 번째는 쉬운 접근성이다. 고가의 제품 서비스가 아니라 우리 주위에서 쉽게 보고 접할 수 있다는 장점이 있다. 실제로 토핑 경제가 활성화된 제품들은 손쉽게 살 수 있는 수준의 가격대를 형성하고 있는 경우가 많다. 소비자의 취향 변화에 따라 언제든 바꿀 수 있도록 말이다. 합리적인 가격은 개인화 경험으로의 진입장벽을 낮추는 요소가 된다.

두 번째는 제품 제작에 소비자 참여를 위한 여지를 남겨두는 것이다. 제품의 마지막 퍼즐을 소비자에게 넘겨줌으로써, 제품이라는 베이스 위에 소비자들이 원하는 토핑을 직접 커스텀할 수 있게 여지를 두었다. 제품 디자인 공모전이나 아이디어 제안 프로그램처럼 소비자를 브랜드의 공동 창작자로 만들기도 한다. 자신이 직접 디자인에 참여한 제품이 실제로 출시되는 경험은 소비자에게 큰 자부심을 느끼게 하는 동시에, 해당 브랜드에 대한 강한 애착을 형성시킨다. 이러한 참여형 마케팅 전략은 브랜드 이미지와 가치를 강화하고, 소비자들이 브랜드를 자신의 일부로 인식하게 만드는 중요한 방법이기도 하다.

세 번째는 다양한 브랜드와의 호환성이다. 특정 제품 안에서만 커스터마이징할 수 있는 게 아니라, 다양한 브랜드와 호환될 수 있도록 한다면 당연히 커스텀 자유도가 상승한다. 이를 위해 다양한 브랜드 간의 협업이 이뤄지기도 한다. 대표적인 예가 신발 브랜드인 크록스다. 크록스 샌들에 끼워 개성을 표출하는 일종의 액세서리인 '지비츠'는 크록스에서 생산하는 것도 있지만, 다른 브랜드에서도 크록스용 지비츠를 만들어 판매한다.

아이스크림 회사인 배스킨라빈스, 패스트푸드 회사인 맥도날드, 캐릭터 회사인 산리오 등에서도 크록스와 협업하여 자신들의 아이덴티티를 담은 특별한 지비츠를 생산한다. 타 브랜드와의 호환성은 결국 소비자의 선택 폭을 넓히고, 자기가 좋아하는 브랜드에 대한 충성도를 강화하는 결과로 이어진다.

<u>이처럼 토핑 경제는 소비자와 기업 모두에게 큰 이점을 제공한다. 소비자는 자신만의 개성을 반영한 특별한 제품 경험을 할 수 있고, 기업은 이를 통해 브랜드 충성도를 높여 새로운 시장을 개척할 수 있는 것이다. 토핑 경제를 통해 형성된 소비자와 제품 간의 애착은 결국 브랜드와의 강한 유대감으로 이어지고, 제품을 장기적인 성공으로 이끈다.</u>

토핑 경제는 단순한 트렌드가 아니라 미래 경제의 중요한 방향성을 제기하는 흐름이 되었다. "브랜드와 소비자가 함께 제품을 만들어가는 맞춤형 경험은 시장에서 성공을 좌우할 중요한 요소가 될 것"이라는 큰 교훈을 시장에 남겼다. 소비자가 직접 참여해서 상품을 해석하고, 개성 있는 제품을 만들어가는 토핑 생태계, 어떻게 발전할지 앞으로가 궁금하다.

31. 요소소득

수도권은 앞으로도 블랙홀일까

수도권은 모든 걸 빨아들인다. 수도권이란 단어의 어원을 거슬러 올라가면 1950년대 미국의 지리학자인 가트맨J.Gottman이 사용한 메갈로폴리스Megalopolis에 도달한다. 그는 당시 미국 동부의 보스턴에서 워싱턴에 이르는 지역을 모두 묶어 1억 명의 인구 밀집 지역으로 분류했다. 그가 묶은 지역은 자동차로 8~9시간 거리에 있는 범위였다.

그의 시각대로라면 통근권에 약 2,500만 명이 살고 있는 우리 수도권은 진정 메갈로폴리스라고 불러야 한다. 게다가 경제적으로 그렇다. 수도권이 블랙홀이라고 불리는 첫 번째 이유는 여기에 모든 경제적 자원이 몰리기 때문이다.

2018년 산업연구원KIET에서 펴낸 '지역 소득 역외 유출의 결정

요인과 시사점'이라는 자료를 보면 수도권으로 유출되는 지역 소득 규모를 짐작하는 데 도움이 된다. 2016년에 지방에서 서울로의 <u>요소소득</u>[1] 유입액은 40조 3,807억 원에 달했다. <u>요소소득이란 거주지 기준 근로소득과 기업소득을 더한 값에서 발생지 기준 근로소득과 기업소득을 차감한 값이다.</u> 지방에서 서울로 자본이 이전한 것과 비슷한 개념이다. 서울 다음으로 지역 소득 유입액이 많은 곳은 경기도(21조 9,464억 원)였다. 흔히 수도권으로 분류되는 서울과 경기도의 소득 유입 합계는 62조 3,271억 원(전체의 18.7%)에 달했다. 나머지 광역시도의 유입액을 모두 합친 액수(23조 2,225억 원)와 비교해도 약 2.7배에 달했다.

지방에서 벌어들인 돈이 수도권으로 가는 '빨대' 현상은 생각보다 심각하다. 소득 유출 지역의 경우 요소소득 유출액이 지역 소득에서 차지하는 비중이 상당히 높다. 충남이 22.5%, 울산이 19.1%, 충북이 18.4%, 경북이 17.6%였다. 이만큼의 돈이 대부분 수도권으로 빠져나가기에 지역 경제가 입는 타격은 매우 크다. 게다가 시간이 지날수록 유입되는 액수가 더 커지는 것도 문제다. 심지어 지역균형 발전을 위해 고부가가치 산업을 유치한 지역의 경우도 소

득 유출이 심하다. 산업과 인력의 매치가 이루어지지 못했기 때문인데, 지역 내에서 인력 공급이 이루어지지 못하니 타지에서 수급해야 한다. 대부분 이런 인력은 수도권에서 나온다.

요소소득으로 더욱 부유해지는 수도권

자, 반대로 보자. 흉가 체험에서나 볼 법한 폐가를 이제 지방에서는 쉽지 않게 볼 수 있다. 2024년을 기준으로 사람이 살지 않는 빈집인 공가(空家)는 105만 채나 된다. 우리나라 전체 주택의 6.6%가 빈집이다. 여기서 따져봐야 할 게 소멸위험지수²다. 소멸위험지수가 높은 곳은 더 심각하다. 소멸위험 진입지역의 공가 비율은 12.8%, 소멸고위험 지역의 경우는 15.9%라는 연구도 있다. 10집 중 1집 이상이 빈집이라는 얘기다.

빈집이 늘어나면 지방은 쪼그라들고 결국에는 소멸할 수밖에 없다. 기존 산업단지는 매력을 잃고 쇠퇴할 것이고 젊은이들은 일자리를 찾아 고향을 떠나야 한다. 생산가능 인구가 줄어들고, 집을 구매해야 할 사람들이 줄어드니 빈집이 늘고 출산할 사람들이 없어지니 폐교 숫자도 증가하게 된다.

이런 현상은 세수 감소로 직결된다. 하지만 생산가능 인구가 떠난 자리에 고령층만 남게 되면서 복지서비스 수요는 늘어난다. 인구는 줄었다고 해도 사회안전망은 가동돼야 한다. 세수는 줄고 복지는 유지돼야 하니 지방 도시의 재정 상황은 열악해진다. 부동산의 자산 가치는 떨어지고 매력을 잃은 지역은 더 매력을 잃게 되며 그나마 남아 있던 생산가능 인구는 또다시 고향을 등질 것을 고민하고 행동으로 옮겨야 할지도 모른다.

이렇게 떠나간 생산가능 인구, 청년들은 대부분 수도권으로 향한다. 식상하지만 청년의 수도권 집중 이야기다. 이미 압축적인 근대화 과정에서 수도권은 블랙홀처럼 20~30대 인구를 빨아들였다. 특히 20대 인구를 빨아들이고 있다. 20대 청년은 서울로 향하고 30대가 되면 경기도로 빠져나가는 일이 벌어진다. 서울의 높은 집값 때문이다. 그래도 수도권을 벗어나진 않는다.

그나마 남아 있던 지방의 대학생들도 점점 매력을 잃어가는 도시를 등지고 고향을 떠날지 모른다. 지방 소재 대학이 어려워지는 것과 비례해 지방 경제도 활력을 잃는 건 당연한 일이다. 지방에서 기회가 줄어들면 청년들은 더더욱 서울로 모이게 된다. 청년 인구가 빠져나가면 지방의 집값은 하락한다. 지방의 자본가들은 아마도 고민하게 될 것이다. 수익 내기가 어려우니 지방을 떠나 서울이나 경기도에 있는 똘똘한 한 채에 투자하는 게 낫기 때문이다. 똘똘한 주택과 건물은 계속 주목받을 것이고 집값은 떨어지기보다 오를 가능성이 높아진다.

단지 예상일 뿐이지만 실제로 그렇게 흘러가고 있다. 비수도권에 투자해도 모든 자원이 수도권으로 몰리는 상황인데 오히려 수도권에 각종 인프라 투자가 활발한 것도 팩트다. 대표적인 게

GTX(수도권 광역급행철도)[3]다. GTX가 개통되면 수도권의 외형이 팽창하여 거대 도시권이 되고, 구도권 주변 집값이 크게 오를 가능성이 높다는 전망은 수도권 블랙홀이 앞으로 쉽게 사라지지 않을 거라는 예상과 동의어다.

~~~~~~

1 요소소득 노동, 토지, 자본 따위의 생산요소에 대하여 보수로 받는 임금, 지대, 이자 따위의 소득을 뜻한다.

2 소멸위험지수 가임여성 인구수를 65세 이상 노인 인구수로 나눈 지표다. 이 수치가 낮을수록 인구 감소로 인해 소멸위험이 높은 기초단체로 분류된다. 0.2 미만일 경우 '소멸고위험 지역', 0.5 미만일 경우 '소멸위험 진입지역', 1.0 미만일 경우 '소멸주의단계'다.

3 GTX 수도권을 빠른 속도로 연결하는 광역급행철도다. 수도권 외곽에서 서울 도심 주요 3개 거점역인 서울역·청량리역·삼성역을 방사형으로 교차하여 30분대에 연결한다. A노선, B노선, C노선 총 3개 노선을 추진 중이다.

32.
주택 점유 양극화

집은 많은데 내 집은 없다

남산에서 서울 시내를 내려다보면 고층 아파트들이 즐비하다. 이렇게 집이 많은데 정부는 집을 더 짓겠다고 하고 집 없는 사람들은 여전히 많다. 2024년 자기 소유의 집에 직접 사는 비율인 자가점유율은 고작 57%정도에 불과하다.

'고작'이란 표현이 붙은 까닭은 주택 보급률이 2008년에 이미 100%를 넘었고, 2017년에는 103.3%가 되었기 때문이다. 모든 가구가 집 한 채씩 가질 수 있을 만큼 주택이 보급되어 있다는 얘기다. 서울의 주택 보급률도 100%에 근접하고 있다.

주택 보급률은 주택 수와 일반가구 수를 나눈 비율이다. 가구 수에 비해 주택 수가 얼마나 되는지를 보여주는 지표다. 자가점유율이 전체 가구의 53%에 불과하다는 건 실거주용으로 쓰이는 주택이 절반을 약간 넘는 정도라는 것을 의미한다. 그럼 나머지는? 임대용으로 보는 게 타당하다. 40%가 넘는 주택들이 다주택자의 몫이란 뜻이다. 보통 선진국들의 자가점유율은 60%대를 유지하고 있다. 미국은 64.2%, 영국은 63.4%, 일본은 61.9%, 프랑스는 64.9%, 캐나다는 66.5%다. 한국의 자가점유율은 이에 비해 현저히 낮다. 임대인 수가 상대적으로 많다는 얘기다.

보급률은 100%가 넘는데 내 집이 없다? 주택 점유에도 양극화가 일어났기 때문이다. 한 사람이 여러 채의 주택을 소유하고 있다면 주택 보급률은 바뀌지 않지만 자가점유율은 떨어진다. 1주택자의 양도세 비과세[1] 요건에 2년 이상 거주를 추가하는 등 정부의 부동산 정책은 실수요자 중심으로 돌아가고 있는데, 이런 노력은 주택 소유의 양극화를 줄이고 자가점유율을 높이려는 시도다.

통계에서도 이런 현상을 볼 수 있다. 가장 최신판인 2023년 주택소유 통계를 보면 개인이 소유한 주택은 1,674만 2,000호로 총 주택의 85.7%를 차지하며, 22년 1,643만 2,000호에 비해 31만 1,000호(1.9%) 증가했다. 무주택 가구는 961만 8,000가구(43.6%)다.

무주택자에서 주택 소유자가 된 사람은 71만 9,000명이다. 이 중 주택 한 채를 취득한 사람은 69만 5,000명으로 96.8% 대다수를 차지한다. 반면 유주택자에서 무주택자가 된 사람은 30만 6,000명이다. 한 채에서 두 채로 늘린 사람은 24만 4,000만 명이지만, 두 채 이상에서 한 채로 줄인 사람은 18만 4,000명이다. 유주택자가 다시 주택을 사는 경우가 더 많았던 셈이다.

이런 현상은 그 이전에도 감지할 수 있었다. 2015년 자료를 보면 주택을 2채 이상 보유한 다주택자는 187만 9,000명으로 2014년보다 무려 15만 8,000명(9.2%)이나 증가했다. 2012년 163만 2,000명이던 다주택자는 2013년 169만 3,000명으로 3.8% 증가했고, 2014년에는 172만 명으로 전년보다 1.6%가 늘었다. 2015년에 전체 주택 보유자는 3.1% 증가했지만 다주택자는 이보다 훨씬 급격하게 늘어 9.2%나 많아졌다.

서울의 주택 소유율은 절반도 안 돼

집값이 가장 비싸다는 서울의 가구 주택 소유율은 2017년에 49.1%로 절반이 안 된다. 울산(63.7%)이나 경남(62.5%), 경북(60.8%) 등과 비교해도 한참 뒤떨어진다. 보급은 100%에 가까운데 소유는 50%가 안 되는 건 결국 누군가가 더 가지고 있다는 뜻이다. 전국에서 다주택자 비중이 가장 높은 곳의 부동의 원톱이 강남구(21.7%)라는 건 주택이 새로 공급되는 경우 부유층들 역시 집을 한 채라도 더 샀다는 얘기다.

다주택자가 늘어날수록 부동산 양극화도 커진다. 특히 수도권 등에 부동산을 보유한 자산가의 재산 가치는 상대적으로 훨씬 많이 오른다. 전국 2주택 이상 다주택자 중 약 4분의 1은 서울에 거주한다. 서울이나 수도권의 부동산 가격이 오를수록 그 혜택은 소수에 집중될 수밖에 없는 구조다. 부동산이 뛸수록 구매 접근성은 떨어지고, 공급이 이루어지더라도 가진 사람이 더 사게 되는 경우가 반복되면서 집은 많아도 내 집이 없는 사람이 줄지 않았다.

한때 다주택자가 임대사업자로 등록하면 종합부동산세나 다주택자 양도소득세 중과 등의 규제를 피하는 방법이 있었다. 새로 집을 산 투자자는 담보인정비율LTV이나 총부채상환비율[2] 등의 규제를 받지 않고 집값의 70~80%까지 대출받는 게 가능했다. 집을 담보로 또 집을 사고 집을 장기간 보유하는 임대사업자가 늘어나자 시장에 매물이 줄어드는 부작용이 생겼다. 다주택자가 오랫동안 주택을 보유하는 동안 집값 상승세와 맞물렸고 주택담보대출 규모도 계속 늘어났다. 모든 게 물고 물린 채 돌아가면서 무주택자 입장에서는 '내 집 없는 시절'이 더 오래 지속된 셈이다.

---

1 양도세 비과세 1가구 1주택자가 집 한 채를 2년 이상 보유하고 있다가 양도할 경우 양도차익에 대한 양도소득세는 내지 않는다. 9억 원 미만의 경우만 해당하는데, 실거래가 기준이다.

2 총부채상환비율 금융부채 원리금 상환액이 소득에서 차지하는 비율을 의미한다. 빌리는 사람의 소득으로 상환 능력을 판단한다. (해당 주택담보대출 연간 원리금 상환액+기타부채의 연간 이자 상환액)÷연소득

33. 대출금리

달라진 코픽스를 알고 대출받으세요

당신은 '코픽스cost of fund index'에 얼마나 관심을 두고 있나. 대출금리의 변동 기준은 코픽스다. 은행에서 대출을 받을 때는 '코픽스 금리'에 개별별 가산금리[1]를 더해 대출금리가 정해진다. 즉 대출금리의 뼈대가 되는 게 코픽스고 가산금리는 살이 되는 셈이다.

코픽스는 시중은행 8(농협, 신한, 우리, SC제일, KEB하나, 기업, 국민, 한국씨티)이 시장에서 조달하는 8개 상품(정기 예·적금, 상호부금, 주택부금, CD, RP, 표지어음매출, 금융채) 자금을 조달하는 데 들인 평균비용을 가중평균한 평균금리다. 은행이 10조 원의 예금을 연 2%에 받아 연 4% 이자를 받고 대출해주었다고 치자. 이 은행이 10조 원을 조달할 때 든 비용은 금리 2%다. 시중은행 모두 돈을 조달하는 데 이처럼 비용을 지불했을 것이다. 이때의 평균금리가 코픽스로, 우리나라 변동금리의 기준이 된다.

돈을 빌린 값을 따져야 하니 은행들이 들인 비용은 코픽스를 구성하는 핵심이다. 그런데 어떤 비용이든 비싼 것도 있고 싼 것도 있다. 예를 들어 코픽스에 적용되는 8개 상품의 이자가 비싸다고 하자. 금융당국이 여기에 코픽스 계산 방식을 바꿔 손을 대기로 했다. 보통예금과 같은 요구불 예금과 수시 입출식 저축성 예금은 이자를 거의 주지 않아 비용이 적게 든다. 정부나 한국은행에서 온 차입금도 저비용 자본이다. 그동안 고비용 재료만 포함시켰던 방식에서 저비용 재료를 집어넣기로 했다. 이렇게 되면 코픽스의 계산법이 달라지고 그 수치도 전체적으로 낮아지게 된다. 코픽스가 낮아진다면? 대출이자도 낮아진다. 우리나라 전체 가계대출 잔액은 약 1,800조 원에 달하며, 이 중 68%가 변동금리 대출이다.

기대효과 1,000억과 1조의 차이

정부 발표를 두고 절대 손해 보지 않는 곳이 은행이다. 아무런 변수가 없는 상황에서 정부가 코픽스를 바꿨으니 이대로라면 변동금리가 내려가고 은행의 이익은 줄어들 것이다. 대출이자는 코픽스에 개인별 가산금리를 더해 정해지는데 하나는 정부가, 하나는 은행이 결정권을 가지고 있다. 개인별 가산금리를 조금씩 만져 코픽스의 하락분을 보충한다면? 그래서 코픽스가 내려도 가산금리가 올라 대출금리에 변동이 없을 것이라는 비관론도 나온다.

긍정론과 부정론이 공존하지만 바뀐 코픽스가 적용된 뒤에 대출을 받으면 손해 볼 일은 없다. 신규취급액 기준 코픽스 적용 시점은 보통 매월 15일에 공시된 금리를 기준으로 한다. 이 금리는 다음 달 16일부터 신규 대출에 적용된다. 기존 코픽스로 대출받은 사람은 대출일로부터 3년이 지나면 중도상환 수수료 없이 새 코픽스로 갈아탈 수 있다. 운이 좋으면 낮은 금리가 적용될 것이고, 그렇지 않더라도 지금의 금리와 별반 다르지 않게 빌릴 수 있다.

정부는 금융소비자의 이자절감 효과가 일어날 것이라고 기대하고 있다. 추산하는 절감액은 약 1,000억~1조 원 정도다. 추산액의 최소 최대 간극이 10배나 되는 것이 이채롭다. 제도를 바꿨지만 시장이 어떻게 반응할지 불확실한 면이 크기 때문에 금융당국도 짐작하기 쉽지 않은 모양이다.

정부가 새로운 코픽스를 발표한다고 끝나는 게 아니다. 은행이 새로운 코픽스와 연동한 대출상품을 다양하게 내놓아야 소비자가 선택할 수 있고 개별 가산금리를 억제해야 절감효과를 누릴 수 있다. 그런데 이익이 줄어든 은행들이 얼마나 적극적으로 대출상품을 권장할지 알 수 없다. 소비자가 적극적으로 새로운 코픽스 대출상품으로 갈아타기에 나서야 정부가 기대하는 최대치의 효과를 얻을 수 있을 것이다.

금융위원회[2]가 추산한 이자절감의 최소 규모 1,000억 원은 어떻게 나왔을까? 기존 잔액기준 코픽스와 연동한 변동금리 대출상품은 연간 36조 원 규모다. 이걸 모두 새로운 코픽스 상품으로 바꿨을 때를 가정했다. 수정한 계산법에 따라 코픽스 금리가 0.27%포인트 낮아지면 약 1,000억 원의 절감효과가 생긴다. 그럼 최대 규모인 1조 원은? 기존 잔액기준 코픽스[3]와 연동한 변동금리 가계대출의 절반가량인 235조 원, 기업대출의 30% 정도인 167조 원이 새로운 코픽스 상품으로 대출을 갈아탔을 때 얻을 수 있는 절감효과다.

정부는 은행 이익이 당장은 축소될 수 있어도 장기적으로는 은행의 신뢰도가 높아질 것이라는 논리로 은행을 설득 중이다. 제도를 개선했으니 은행들이 새로운 상품을 준비해 적극 나서주길 원하는 것이다. 속이 부글부글 끓을 은행의 선택에 새로운 대출금리의 높낮이가 달렸다.

---

1 가산금리 은행이 대출 등의 금리를 정할 때 내부적 기준에 따라 덧붙이는 금리다. 업무원가와 법적비용, 위험 프리미엄, 목표이익률, 가감조정금 등으로 구성된다. 산정 기준이나 과정은 비공개로 은행마다 다르다.

2 금융위원회 보통 '금융위'라고 부른다. 금융정책, 외국환업무 취급기관의 건전성 감독 및 금융 감독에 관한 업무를 수행하는 중앙 행정기관이다. 과거 금융감독위원회에서 정책 기능을 담당했다가 감독 기능을 분리하여 현재의 금융감독원이 되었다.

3 잔액기준 코픽스 코픽스는 신규 취급액 기준 코픽스와 잔액기준 코픽스 2종류가 있다. 신규 취급액 기준 코픽스는 은행들의 월중 신규로 조달한 지수산출 대상 자금에 적용된 금리를 가중평균한 금리지수고, 잔액기준은 은행들의 월말 지수산출 대상 자금조달 잔액에 적용된 금리를 가중평균한 금리지수다.

34.
DSR

깐깐한 DSR 시대에 대출받기

은행에서 대출을 받을 때는 약자를 잘 알아야 한다. LTV_{Loan To Value Ratio}(담보인정비율)나 DTI_{Debt To Income}(총부채상환비율)는 기본이고 이제는 DSR도 알아야 할 때가 왔다. 주요 시중은행들이 2018년 10월 31일을 기점으로 DSR_{Debt service Ratio}(총부채원리금상환비율)[1]을 가동했기 때문이다. 모두들 DSR이 시행되면서 대출받기가 이전보다 어려워졌다고 말한다. 그리고 실제로도 그렇다.

DSR을 왜 가지고 나왔나

가계부채 때문이다. 가계부채가 문제라는 말, 수없이 나왔는데 실제로 빨간불이 들어왔다. 국내 가계가 은행 대출 등의 이자를 갚는 데 드는 지출비용이 매달 10만 원을 넘어섰다. 월 이자 10만 원 돌파는 처음 있는 일이다. 특히 주의 깊게 봐야 할 것은 증가 추세다. 통계청 자료를 보면 DSR이 시행되기 전인 2018년 2분기(4~6월) 국내 가구의 이자비용 지출액은 직전 해 같은 기간보다 26.5%나 급증했다. 가계소득은 눈곱만큼 늘어나는데 이자비용은 눈덩이처럼 불어난 게 문제였다. 2018년 2분기 국내 가구 월 평균소득은 직전 해 같은 기간보다 4.2% 늘었다. 반면 이자비용은 26.5% 늘었다.

정부가 내놓은 DSR의 정체

정부는 가계소득에 비해 이자비용이 급증하니 LTV나 DTI를 엄격하게 적용하는 것만으로 가계부채 급증세를 막을 수 없다고 판단했다. 그래서 들고 나온 것이 DSR, 총부채원리금상환비율이다. 언론에서는 DSR이 등장하기 전에 정부가 내놓을 수 있는 무기 중 가장 강력한 수단이라고 표현했다. <u>DSR은 개인의 1년 소득을 기준으로 책정한다. 소득에서 가계대출 원금과 이자 상환액이 차지하는 비율을 따진다.</u>

연봉 4,000만 원의 직장인 고길동 씨의 경우를 예로 들어보자. 그는 주택대출과 자동차대출을 받은 상태다. 1년간 내는 원금과 이자를 모두 합쳐보니 3,600만 원이다. 소득이 분모가 되고, 갚아야 할 원리금이 분자가 되니 길동 씨의 DSR은 90%가 된다. DSR 규제에 따라 시중은행은 DSR 70%가 넘으면 위험대출로, 90%가 넘으면 고위험대출로 분류하고 있다. 길동 씨는 이미 고위험대출 영역에 들어 있는 셈이다.

DSR이 왜 끝판왕일까

DSR 전에는 DTI(총부채상환비율)가 있었다. DSR은 일단 전세보증금 담보대출, 예적금 담보대출 등도 부채로 산정한다. DTI에는 부채로 포함되지 않았던 종목들이다. 게다가 DSR 계산법은 DTI와 다르다. DTI와 DSR 모두 평가에 주택담보대출의 원리금 상환액을 포함한다. 차이점은 기타 대출이다. 예를 들어 자동차대출이 있다면 DTI에서는 이자 상환액만 포함하지만 DSR에서는 원금까지 포함한다. 채무자의 상환능력을 훨씬 보수적이고 꼼꼼하게 확인하는 셈이다. 게다가 DTI는 주택담보대출에만 적용했지만 DSR은 자영업대출을 제외한 모든 가계대출에 똑같이 적용한다.

DSR 시대에 대출받는 법

이렇게 대출 환경이 힘들어진 만큼 DSR을 잘 파악해야 대출을 받을 때 좀 더 유리한 고지에 있을 수 있다. 일단 알아야 할 건 DSR의 소득이 어떻게 산정되느냐다. DSR을 낮춰야 대출을 많이 받을 수 있으니 분모인 연소득 증빙을 열심히 해야 한다. 근로소득이 있다면 증빙소득[2]과 인정소득, 신고소득으로 나누어서 확인하고 근로소득이 없다면 국민연금이나 건강보험료, 임대소득 등을 제시해 인정받을 수 있는 소득을 늘려야 한다.

가지고 있는 부채를 어떻게 상환하고 있느냐는 DSR 비율에서 매우 중요하다. 대출이 있다면 기본으로 대출 상환을 길게 설정하여 DSR 비율을 낮추는 게 유리하다. 아무래도 대출기간이 길수록 원금과 이자의 액수가 줄어들기 때문이다. 예를 들어, 기존에 가지고 있던 주택담보대출이 원금 일시상환 상품이라면 전액 분할상환 상품보다 DSR 비율에서 불리하게 적용받을 가능성이 높다. DSR 부채를 산정할 때 원금 일시상환일 경우 대출 총액에서 대출기간을 나누는데, 여기서 적용받는 기간이 최장 10년이다. 반면 전액 분할상환은 기간에 제한이 없다. 10년 이상으로 설정한다면 DSR을 좀 더 낮출 수 있을 것이다.

여러 은행을 다니며 발품을 파는 것도 필요하다. 정부는 위험대출의 경계선인 DSR 70% 초과 대출의 경우 시중은행은 15%, 지방은행은 30%, 특수은행[3]은 25% 이내로 관리하도록 했다. 시중은행에서 못 받은 대출을 지방은행에서는 받을 수도 있는 것이다. 시중은행이라고 해도 은행별로 DSR 관리에 들어가는 기준이 다를 수 있다는 점도 포인트다. 정부가 15% 이내 관리를 제시했더라도 A은행은 10%를 넘자마자, B은행은 15%에 거의 육박해서야 대출을 옥죌 수도 있다. 은행별로 DSR 관리 기준이 다르다는 점을 기억해둘 필요가 있다.

---

1 DSR DSR=(주택대출 원리금 상환액+기타 대출 원리금 상환액) / 연간 소득

2 증빙소득 소득금액이 기재된 객관적인 자료로 합산한 소득으로 근로소득 원천 징수 영수증, 소득금액 증명원, 사업소득 원천 징수 영수증 등을 활용한다. 인정소득은 국민연금, 건강보험료 등을 이용해 추정한 소득이다. 신고소득은 소득의 대략적 규모를 유추할 수 있는 자료를 바탕으로 추정하는 소득으로 신용카드 사용액 등이 대표적이다.

3 특수은행 일반은행과 대립되는 개념으로 현재 영업 중인 특수은행은 한국산업은행, 한국수출입은행, 중소기업은행, 농업협동조합중앙회와 수산업협동조합중앙회의 신용사업 부문이다.

35. 신용등급

정말로 중요한 '신용등급'의 모든 것

국민 빚쟁이인 가수 이상민의 사례 한 토막. 그는 고정 출연하는 SBS 예능 프로그램 〈미운우리새끼〉에서 자신의 신용등급을 공개한 적이 있다. 직접 은행을 찾아가서 신용카드를 발급받으려고 했지만 아무 성과 없이 발길을 돌려야 했다. 은행이 내세운 발급 거절 이유는 한국신용정보원에 등재된 압류 및 연체 기록 때문이었다. 거액의 빚을 갚아나가고 있는 이상민 씨는 그 기록을 없애지 못하면 신용카드를 발급받지 못한다. 그는 "신용등급을 10등급에서 8등급까지 올리는 게 너무 힘들었다"고 말했다. 한번 떨어진 신용등급을 회복하려면 엄청난 인내와 노력이 필요하다.

살다보면 신용카드도 필요하고 대출도 받아야 한다. 그런데 신용등급에 발목이 잡혀 금융생활에 제약을 받는 사람들이 적지 않다. 신용등급이 낮은 사람들은 제1금융권[1]인 은행에서 대출을 받지 못해 제2금융권에 가서 높은 금리로 대출을 받아야 한다. 신용등급 관리가 매우 중요한 이유다.

신용등급은 개인의 신용정보를 분석해 1년 내 신용위험이 발생할 가능성을 수치화한 것이다. 1~1000점으로 점수화해 1~10등급으로 구분하고 있다. 점수(등급)가 낮을수록 건실하고 높을수록 위험이 크다는 걸 뜻한다.

보통의 직장인은 3~4등급에 많이 포진해 있다. 신용카드 연체 없이 사용 실적이 쌓이거나 연체 없이 대출금을 잘 상환하는 세월이 길수록 신용등급은 점점 올라간다. 신용을 평가할 근거가 빈약한 사회초년생은 보통 5~6등급에서 출발하는데, 단기 연체 경험이 있어도 5~6등급이 될 수 있다. 7~8등급은 연체기간이 길거나 대출이 과도한 경우가 많다. 보통 제1금융권에서 대출이나 신용카드를 발급받는 기준은 주의 수준인 7등급 이상이다. 위험 수준인 9~10등급이 되면 저축은행과 같은 제2금융권에서도 대출을 받기 어려울 수 있다.

신용평가사[2]는 평가 기준으로 여러 가지를 살펴본다. 연체 이력 여부, 신용카드나 신용대출 등 신용거래 종류, 그리고 활용 실적 등이 평가에 중요하게 반영된다. 신용평가사로 유명한 나이스평가정보와 KCB(코리아크레딧뷰로)의 평가요소를 보면 지금 언급한 항목들의 비율이 절반 이상을 차지한다. 이 외에도 소득 대비 부채 수준이나 신용카드 사용기간 등도 평가요소다. 물론 이런 요소들을 일률적으로 적용하진 못한다.

　신용평가사가 내린 개인정보가 1등급이라고 해서 은행에서도 1등급이 되는 건 아니다. 은행이나 카드사는 신용평가사의 평가에 은행 내 거래실적 등을 더해 자체 평가를 한다. 이렇게 조합한 평가로 대출이자 수준을 결정한다. 신용평가사는 개인의 금융정보만을 가지고 있지만 은행 등 금융사는 고객의 직업 등 식별화된 정보를 보유하고 있기 때문이다.

'신용등급이 낮네요' = '당신의 부실 위험이 높네요'

신용등급 관리를 위해서는 무엇부터 해야 할까? 내 신용등급부터 알아야 한다. 과거만 해도 '신용등급을 조회하면 신용등급이 떨어진다'는 얘기가 있었다. 하지만 요즘은? 상관없다. 내 상태를 아는 게 우선이고 정부도 그걸 권장한다. 한국신용정보원, KCB, 나이스평가정보에서 4개월에 1번씩, 1년에 3회까지 무료로 신용등급을 조회할 수 있다. 등급을 조회하면 신용카드 개설, 채무 불이행, 단기 연체, 공공정보, 금융질서 문란, 채무보증, 대출, 단기 카드대출(현금서비스), 채무조정, 신용조회 정보와 함께 종합적인 신용평점 및 등급 등을 볼 수 있다.

　신용등급 관리의 기본은 절대 연체를 하지 않는 것이다. 합리적인 소비가 필요한 대목이다. 연체 기록은 불이익이 크다. 급전을 쓰기 위해 제2금융권이나 카드론을 이용하는 것도 주의해야 한다. 개인 부실 정도가 크다고 판단하는 근거가 된다. 이용이 잦거나 대출금액이 많으면 신용등급도 가파르게 떨어지게 된다. 일단 이런 고금리 대출금부터 해결해야 신용등급 받기가 유리하다.

만약 신용등급이 낮다면? 올리면 된다. 어렵다곤 하지만 이상민 씨처럼 특별한 경우가 아니라면 노력으로 올릴 수 있다. 금융감독원과 KCB에서는 매년 '신용관리 체험단'이라는 프로그램을 운영하고 있다. 지원자를 선정해 신용등급 관리방법을 모르는 사람들을 코칭하고 실제로 결과를 이끌어내고 있다. 2018년에 프로그램에 참여한 한 30대 여성은 5년 전까지만 해도 신용등급이 3등급이었지만 현금서비스를 과도하게 받는 바람에 7등급까지 떨어졌다. 그 여성은 체험단에 참여해 카드 사용을 적절히 억제했고 여유자금으로 대출을 상환하여 7주 만에 신용등급을 <u>4등급으로 올렸다.</u>[3]

신용이 있다는 걸 증거로 남기는 게 중요한 사회초년생들은 금융거래 실적을 만드는 게 좋다. 적어도 6개월 이상 통신 및 공공요금을 연체 없이 납입한 내역을 신용평가사에 제출하면 등급을 올릴 수 있다. 만약 당신이 신용을 회복하고 있는 중이라면 주거래은행을 통해 금융거래를 꾸준히 지속해야 한다. 급여 이체나 적금 가입, 각종 공과금 자동이체 등 다양한 금융서비스 이용 기록을 남기면 도움이 된다.

2019년부터 정부도 신용등급 평가를 바꿨다. 과거에는 1~10등급으로 나누는 바람에 부당한 경우가 종종 발생했다. 예를 들어 신용점수가 664점인 사람은 단 1점 차이로 6등급이 아닌 7등급이 되는 것이다. 특히 1,800만 명이 넘는 사람들이 4~6등급에 몰려 있었다. 이런 불합리함 때문에 점수제로 개편했다. 또 은행, 저축은행, 대부업체 등 대출금을 빌린 금융업 종류를 기준으로 신용평가를 실시하던 것을 이제는 각 대출금리 기준으로 평가한다.

1 제1금융권 우리나라의 금융기관 중 자금중계를 담당하는 예금은행을 가리킨다. 우리가 흔히 아는 특수은행, 일반은행, 지방은행, 외국계은행, 인터넷전문은행 등이 여기에 속한다. 제2금융권에는 보험회사나 카드회사, 캐피탈, 상호저축은행 등이 포함된다. 제3금융권은 제도권 밖 사금융을 말하는데, 공식적으로 쓰지 않는 단어다.

2 신용평가사 나이스평가정보 신용정보는 저축은행과 P2P, 대부업권 등 주로 대출기관에서 많이 활용된다. 다양한 대출상품을 비교하거나 조회하고 싶다면 나이스평가정보의 신용평가를 알고 가면 좋다. 반면 카드사들이 신용카드 발급을 위해 신용평가 정보를 활용할 때는 KCB를 활용하는 것으로 알려져 있다.

3 신용등급 4등급 신용평가 4등급의 경우 나이스평가정보에서는 805~839점, KCB에서는 768~831점에 해당된다. 1등급의 경우 커트라인이 나이스평가정보에서는 900점, KCB에서는 942점이다.

36.
증여

**부동산 대책이 강화될수록
활발해지는 부동산 증여**

부동산 대책과 주택 증여는 밀접한 상관관계를 가지고 있다. 세제 정책과 시장 규제에 따라 증여는 증가하거나 감소하는 경향이 있다. 예를 들어 문재인 정부 때인 2020년, 정부가 다주택자 종부세와 양도소득세 강화 정책을 발표하자, 세금 부담을 줄이기 위해 다주택자들이 증여를 선택했다. 양도세 중과로 인해 매도보다 증여가 유리해졌기 때문이다. 또한 전월세에 대한 규제도 강화하자 임대 소득자들도 부담이 커져 증여를 통한 절세 전략이 증가했다.

그 결과 다주택자들은 매도 대신 가족에게 증여하는 방식으로 세금 부담을 줄이려 했다. 실제로 2020~2022년 증여 건수는 역대 최고치를 기록했다. 특히 한국부동산원 자료에 따르면 2022년의 주택 증여 건수는 9만 4,856건으로, 전체 주택 거래량 중 증여 비중이 10.2%로 역대 최고치였다. 주택 거래량 감소에도 불구하고 증여 비중이 증가했다는 점에서 더 주목할 만한 수치다.

다주택자라면 선택지가 많지 않았다. 첫 번째는 그냥 '안고 죽는' 것이다. 두 번째는 양도세를 내고 파는 것이다. 세 번째는 배우자나 자녀에게 증여하는 것이다. 꽤 많은 사람이 세 번째 방법을 택했다. 과거에는 증여하기 위해 어떻게든 '꼼수'를 부렸지만, 이제는 그것도 쉽지 않다. 그래서 세무서에 증여세[1]를 내면서 물려주는 방법이 많아졌다.

긍정적으로 보면 세상이 이전보다 투명해졌다고 볼 수 있다. 불편한 시선으로 보면 증여가 이렇게 많을 정도로 부의 쏠림과 대물림이 존재한다는 증거이기도 하다. 결과적으로 정부의 '압박'이 부의 대물림만 가속화한 셈이다.

증여가 가장 많이 이루어진 서울을 집중해서 보자. 서울의 25개 자치구 중에서도 집값이 비싼 곳에서 증여 현상이 도드라졌다. 2020년부터 2022년까지 서울시 내에서 주택 증여가 가장 많이 이루어진 지역은 강남구다. 특히, 2021년 1월부터 11월까지 강남구에서 2,417건의 증여 거래가 발생해, 이전 연간 최다 기록인 2020년의 2,193건을 넘어섰다. 2021년 1월부터 11월까지 서울 전체 증여 건수(11,838건) 중 동남권 4구(강남·서초·송파·강동)가 54.0%(6,391건)를 차지하였으며, 그중에서도 강남구가 1,417건으로 구별 최다 건수를 기록했다.

이러한 통계는 다주택자들의 세 부담 증가로 인해 매매보다는 증여를 선택하는 경향이 강남구를 중심으로 나타났음을 보여준다. 고가 주택이 많은 지역의 증여가 활발했다는 결론을 내릴 수 있다. 현장에서는 자식에게 증여한 것보다 부부간 증여가 많다고 보고 있다.

사실 증여 건수가 늘어난 이유는, 양도세를 내느니 증여하는 쪽이 훨씬 절세 효과가 크기 때문이다. 서울의 3주택 이상 보유자는 한 채라도 매도하면 최고 62%, 2주택 보유자는 최고 52%에 달하는 양도세를 내야 한다. 양도세 부담이 이렇게 크니 차라리 보유 주택을 줄여 절세하는 방법으로 증여를 택하는 것이다.

증여 중에서 가장 유리한 게 부부간 증여다. 예를 들어 남편이 공시가격[2] 12억 원짜리 아파트를 보유하고 있는데, 아내에게 지분 50%를 넘겨준다면? 부부간 비과세 한도인 6억 원을 서로 나눠 갖게 되니 종합부동산세[3]를 안 내도 된다. 종부세는 가구 단위가 아닌 개인 단위로 부과된다. 한 집에 두 사람이 각각 세금 고지서를 받게 되니 나눌수록 그들에겐 이익이다.

시장에 나올 주택이 가족 품으로 가는 '부작용으로' 증여 건수가 증가하는 데는 또 다른 의미가 있다. 증여를 선택한 사람들은 집값이 떨어질 거라고 예상하지 않는다는 점이다. 비록 지금은 침체기지만 장기적으로 서울 집값이 우상향한다고 생각해서 배우자나 자녀에게 증여하는 걸 택한다. 언젠가 집값이 추가 상승할 것이라는 기대가 매도보다 증여를 택하게 만들었다. 이런 흐름이 많아지면 결국 주택거래 건수에 영향을 주게 되고, 증여만 계속 늘어나

시장을 침체시킨다. 가진 자들끼리 서로 물려주고 거래하는 일이 도드라지게 된다.

앞서 가져왔던 통계는 문재인 정부 출범 이후 견지해 온 보유세 강화 등 다주택자 규제의 결과다. 그로 인해 많은 이들이 임대사업자 등록이나 증여를 실행에 옮긴 것으로 보인다. 여기에 정부가 편법·불법 증여 단속을 강화한 것도 증여 건수 감소에 일부 영향을 준 것 아니냐는 분석도 나온다. 방향이 어떻든 부동산 대책과 증여의 흐름은 밀접하게 움직이고 있다.

반면 2023년부터는 정부가 증여 취득세율을 12%까지 인상하면서 증여가 줄어들었다. 여기에 증여 후 보유세 부담(재산세, 종부세) 증가로 인해 세금 절감 효과가 낮아졌다. 즉 양도세 중과나 종합부동산세 인상 같은 부동산 규제가 강화되면 증여가 증가하고, 취득세 인상이나 보유세 부담과 같은 증여 관련 세금 부담이 증가하면 증여는 감소한다.

---

1 증여세 증여에 의해 재산이 무상으로 이전되는 경우에 부과되는 세금이다. 과표 1억 원 이하에 대한 상속·증여세 세율은 10%이고 5억 원 이하, 10억 원 이하는 각각 20~30%다. 50억 원의 초과분은 50%다.

2 공시가격 토지지가 산정의 기준이 되는 가격이다. 주택 공시가격은 건설교통부가 단

독주택과 다가구주택, 50평 미만의 연립주택에 적용한다. 공시가격 인상으로 과표가 바뀌면 상속·증여세가 늘어날 수 있다.

3 종합부동산세 다주택자, 1주택자의 주택 공시가가 각각 6억 원, 9억 원을 넘으면 내야 하는 세금이다. 다주택자 종부세 과세표준(세금부과 기준)은 공시가 중 6억 원 초과분에 공정시장가액비율 85%를 곱해서 구한다. 여기에 0.5~3.2% 세율을 곱하면 종부세가 산출된다.

37.
공시가격

**공시가격 높인
정부의 근심**

오랫동안 22억 원이던 단독주택이 32억 원이 된다면? 사실 이 정도 액수의 고가 주택은 우리나라에 많지 않다. 정부가 주택의 공시지가를 높이기로 결정하면서 단독주택의 공시가격은 평균 17.75%가 올랐다. 공시가격은 부동산에 세금을 매기는 기준이 된다. 정부는 내 집이나 땅이 얼마인지 대략 가격을 정하고 재산세나 상속세 등을 매길 때 공시가격을 활용한다. 공시가격을 올렸다는 것은 세금을 제대로 걷겠다는 의지를 표현한 것과 같다.

현재 아파트 같은 공동주택과 단독주택의 공시가격은 국토교통부 산하 한국감정원이 전담해 매긴다. 공시가격은 국토부의 책임이다. 국토부에서는 전국 3,268만 필지를 대표하는 50만 필지를 뽑아 가격을 정한다. 그러면 지방자치단체가 그 가격을 토대로 개별 공시가격을 정한다.

정부는 이게 불합리하다고 봤다. 전국적으로 아파트와 공동주택은 실거래가 반영률이 68%, 단독주택은 51%가 조금 넘는 수준인데, 단독주택은 같은 시세의 아파트에 비해 20% 가까운 세금을 덜 내고 있었다. 특히 고가 단독주택은 실거래가 반영률이 30%대로 떨어진다. 비싼 주택일수록 세금을 덜 내고 있었다는 얘기다. 정부는 조세 형평과 정의를 위해 공시가격을 올렸다고 설명했다.

여기서 의문이 생긴다. 왜 공시가격은 실거래가보다 낮을까? 아파트도 실거래가와 비교해 60%대에 불과하다. 단독주택의 경우 30~50% 정도다. 정부가 매기는 공시가격이 시세보다 싼 이유를 알려면 공시지가제도의 도입 배경을 살펴볼 필요가 있다.

지금의 제도가 만들어진 것은 1989년 노태우 정부 때다. 당시 지가 체계는 부처마다 달랐다. 건설부는 기준지가, 내무부는 시가표준액, 국세청은 기준시가를 매겼다. 이렇게 서로 달랐던 지가제도를 하나로 통일하여 만든 것이 공시지가제도다.

이렇게 정부의 공시가격이 등장하자 당시 부동산 보유층을 중심으로 반대가 심했다. 그들의 기준에서 공시가격은 최대한 낮게 정해져야 했다. 공시가격이 높으면 그만큼 세금을 더 내야 하기 때문이다. 당시 정부 입장에서도 공시가격이 낮은 것이 유리했다. 노태우 정부가 내세운 주택 200만 호 건설 계획을 실현하기 위해서는 막대한 넓이의 토지 수용이 필요했는데, 공시가격이 낮으면 그만큼 사업비를 줄일 수 있었기 때문이다. 공시가격은 시장의 부동산 상승을 반영하지 못한 상태에서 시작됐고 매번 상향 조정을 고려할 때마다 거센 반발에 직면했다.

2018년 7월 국토교통부 관행혁신위원회에서는 "현재 부동산 가격 공시제도가 현실과 괴리돼 있다"며 현실화할 것을 요구했다. 또 실거래가 반영률이 주택 유형, 지역, 가격별로 다른 점을 지적했다. 고가 단독주택은 50%에 불과한데 아파트는 70%에 육박하고, 강남은 60%인데 강북은 70%인 현실을 비판했다. 권고안이 나오고 1년 6개월이 지나서야 공시가격에 메스를 가한 셈이다.

공시가격 기준 삼는 60여개 항목에 생긴 변화

올바른 세금 부담을 실현한다는 점에서 공시가격 상승은 '정의'에 가깝다. 하지만 현실화가 됐을 때 부담은 없을까? 일단 복지제도가 영향을 받을 수 있다. 현재 재산세[1]를 내는 기준은 3억 원인데, 이 언저리에 있는 부동산 소유자 중 소득이 없는 노인층이 문제다. 공시가격 인상은 부동산 관련 세금에만 영향을 주는 게 아니다. 건강보험료와 기초노령연금, 기초생활보장 등의 복지분야(10개), 각종 부담금 산정 기준(4개), 정부정책에 따른 행정 목적(21개), 공적·사적 평가, 부동산 평가(20개) 등 약 60여개 항목에 공시가격이 활용된다. 복지제도의 기준도 공시가격이다. 공시가격이 오르면 기초노령연금과 기초생활보장, 장학금 지원 등 복지혜택이 끊기는 탈락계층이 생긴다.

　보유 주택의 공시가격이 20% 오르면 서울에서 기초연금²을 받는 74만 9,874명 가운데 1만 1,071명이, 30%가 오르면 1만 9,430명이 연금 지급 대상에서 제외된다. 경기도에서도 20% 인상일 경우 1만 2,681명이, 30% 인상일 경우 2만 1,137명이 연금을 받지 못하게 된다. 소득 없이 증세를 감당해야 하는 층들이 받을 충격은 정부 입장에서도 고민거리다.

　상가 임차인들의 충격은 또 다른 고민거리다. 상업용 건물의 시세 반영률이 38%에 불과하다는 지적에 대해서 정부는 보완하겠다는 뜻을 내비쳤다. 조만간 상업용 건물의 공시가격 상승을 예고한 상황이다. 만약 상업용 공시가격을 인상하면 건물주가 늘어난 세금 부담을 임대료 인상으로 해결할 가능성이 높다. 상가임대차보호법에 따라 임대료 인상은 5% 이내로 제한받지만 어떤 형태로든 임차인에게 조세 부담이 전가될 수 있다.

　각종 규제로 거래가 급감한 부동산 시장도 심리적 위축이 가중된다. 공시가격 상승 폭이 클 것이란 전망에 부동산 보유자들의 심적 부담감은 이미 커진 상황이다. 세금이 늘고 대출이 조여지는 상황에서 공시가격이 상승할수록 거래량이 늘 순 없다. 부동산 시장의 안정화가 거래절벽³을 뜻하는 게 아니기 때문이다. 다주택자가 아닌 1주택자까지 위축되면서 가계가 지갑을 닫는 상황을 말하는 전문가도 있다. 출발부터 뒤틀린 공시가격을 고치기 위해서는 고려해야 할 나비효과가 너무 많다.

1 재산세 6개월 이상 보유한 토지, 주택, 일반 건축물과 선박 및 항공기를 소유한 이들이 과세표준율을 달리해 내는 세금이다. 실질적 소유자가 기준이기 때문에 등기 날짜가 아니라 잔금 완납일 또는 전 주인과의 합의에 의해 사용할 수 있게 된 날이 기준이 된다.

2 기초연금 따로 소득이 없고 부동산만 갖고 있을 경우 서울의 부부는 공시가격 기준 4억 4,208만 원 이하, 단독 가구라면 3억 1,680만 원 이하여야 기초연금을 받을 수 있다.

3 거래절벽 부동산 거래 자체가 이루어지지 않는 현상이다. 거래절벽으로 시장의 가격 조정 기능이 상실되면 결국 가격절벽으로 이어지게 된다는 주장도 있다.

38. 사재기의 경제학

밴드왜건 효과로 생긴 대세 따르기

코로나19의 확산으로 세계 전역에서 생필품 사재기 현상이 나타났다. 그런 가운데 미국에선 기이한 풍경이 벌어졌다. 사람들이 너나 할 것 없이 마트로 달려가 닥치는 대로 두루마리 휴지를 사들이기 시작한 것이다. 모든 대형마트의 두루마리 휴지와 갑 휴지 판매대가 텅 비었고 일부 지역에선 키친타월까지 동이 났다. 마지막 남은 휴지를 사기 위해 실랑이를 벌이는 일도 비일비재했다. 사재기 문제가 심각해지자 트럼프 대통령은 코로나19 확산 국면에서 필수 대응 물품 사재기 및 바가지요금을 방지하는 행정명령에 서명하기까지 했다.

그런데 '휴지대란'은 미국에서만 발생한 것이 아니다. 코로나19 공포가 덮친 호주, 일본, 뉴질랜드, 홍콩 등에서도 비슷한 일이 벌어졌다. 홍콩에서는 한 마트 직원이 휴지를 옮기던 중 복면강도에게 위협을 당해 휴지 600개를 도난당했다. 호주의 한 대형마트에서는 휴지를 놓고 싸우던 소비자들이 흉기를 꺼내드는 사건까지 발생했다.

왜 하필 휴지인 걸까? 휴지가 일상생활에 꼭 필요한 물품인 것은 맞다. 위생적으로 생활하기 위해 분비물이나 오물을 닦아내는 휴지는 어쩌면 '필수템'일지도 모른다. 하지만 마스크나 손세정제과 달리 휴지는 바이러스 차단에 직접적인 관련이 없다. 게다가 휴지는 대부분의 국가가 자체적으로 생산해내는 물품이다. 몇몇 가짜뉴스의 보도와는 다르게 생산량도 충분하다. 그런데도 사람들이 휴지를 사재기하는 이유는 무엇일까.

세계 곳곳에서 나타난 이 기묘하리만치 비합리적인 소비현상을 설명하기 위해 전문가들은 심리학적 접근을 들고 나왔다. 전문가들은 사람들이 비상상황에서 두루마리 휴지에 집착하는 이유를 설명하기 위해 군중심리 등 심리학적 이해가 필요하다고 말한다. 이때 등장하는 용어가 바로 밴드왜건bandwagon 효과다. 밴드왜건은 축제에서 흔히 볼 수 있는 행렬에 등장하는 마차나 자동차를 말한다. 행렬의 가장 앞에서 밴드를 태우고 행렬을 이끌며 흥을 돋우는 역할을 한다. 이 단어가 경제학으로 옮겨와 다른 사람의 소비행태에 영향을 받는 소비자들의 모습을 가리키는 말로 사용되었다. 어떤 재화나 상품에 대해 수요가 많아지기 시작하면, 이 경향을 쫓아가는 새로운 소비자들이 나타나 전체적인 수요의 증가를 가져온다는 것이다. 그러니까 밴드왜건 효과는 유행을 따르거나, 주위 사람들과의 관계에서 배제되지 않기를 원하는 사람들의 심리에서 유발되는 현상인 셈이다.

코로나19 휴지대란은 심리적 현상?

다시 휴지 이야기로 돌아가보자. 《전염병의 심리학》의 저자 스티븐 테일러Steven Taylor 브리티시컬럼비아대 교수는 휴지대란을 두고 "다른 사람들이 사니까 따라 사는 밴드왜건 효과가 일어나고 있다"고 분석했다. 사람들이 휴지가 실질적으로 바이러스 예방 효과가 없고 생산 중단의 위험이 없다는 것을 머리로는 알면서도, 텅텅 비어가는 판매대를 보면 불안감이 생겨 자신도 모르게 휴지를 카트에 쓸어 담는다는 것이다. CNN은 "바이러스와의 전쟁에서 무기력감을 느낀 사람들이 부피가 큰 휴지를 쌓아 놓으며 '할 일을 했다'는 든든함을 느끼는 점도 휴지대란에 일조했다"고 분석했다.

소비자들이 왜 휴지에 집착하는지에 대한 명확한 답은 없다. 코로나19 사태 이후 일부 국가에서 벌어지는 휴지대란은 여러모로 기이한 측면이 있어서인지, 이 현상을 설명하기 위한 다양한 분석이 나오고 있다. 일부 소비심리 전문가들은 통조림이나 손세정제보다 자리를 많이 차지하는 휴지가 사라진 휑한 선반 사진이 소비자들의 위기의식을 더 자극한다고 설명하기도 한다. 다른 전문가는 위생과 직결된다는 분석도 내놨다. 미국 주간지 《타임》은 "먹고 자고 배설하는 것이 인간의 기본적인 욕구인데 그중에서도 인간을 냄새나지 않는, 위생적인 상태로 유지시켜주는 도구가 바로 휴지"라며 휴지대란의 배경을 찾았다. 바루크 피쇼프Baruch Fischhoff 카네기멜런 대학교 교수는 자신의 트위터에 "음식이 떨어지면 다른 음식을 먹으면 되지만 휴지는 그게 불가능하다"며 "대체재가 없다는 이유"로 사람들이 휴지 사재기에 나섰다고 설명했다.

　이해할 수 없는 사회 현상에 대해 딱 들어맞는 설명을 찾기란 쉽지 않은 법이다. 휴지 사재기 뒤에 어떤 군중심리가 작용했는지는 모를 일이지만, 코로나19가 불러온 사회적 패닉 어택panic attack 임은 분명해 보인다.

39.
젠트리피케이션

젠트리피케이션의 역습

'이태원 터줏대감'으로 잘 알려진 방송인 홍석천은 요식업 사업가로서 한때 매장을 10개까지 늘릴 정도로 승승장구했다. 2019년 1월 그는 언론을 통해 "이태원에 열었던 레스토랑 2곳을 잇달아 폐업한다"고 밝혔다. 평소 이태원, 경리단길 지역을 '예찬'하며 이 일대를 기반으로 사업을 확장했던 그였지만, 뛰는 땅값 앞에 결국 고개를 숙이고 말았다. 그가 가게들을 폐업하게 된 배경에 크게 자리한 것은 바로 임대료였다.

한 요식 사업가의 폐업이 별일 아닐 수도 있다. 하지만 그가 언론과 자신의 SNS를 통해 수차례 언급한 '젠트리피케이션[1]'이란 단어는 주목할 만하다. 앞서 2018년 10월, 그는 SNS를 통해 이태원 경리단길의 젠트리피케이션을 지적하며 아쉬움을 토로했다. "경리단길은 이태원 다음으로 거리 자체가 브랜드가 된 곳이지만 건물주의 과도한 월세 인상, 턱없이 부족한 주차공간 등으로 인해 청년들의 아이디어와 열정이 가득했던 가게들이 떠나거나 망해버렸다"는 게 그의 말이다.

젠트리피케이션은 원래 구도심이 번성해져 중산층 이상의 사람들이 그곳으로 몰리는 현상을 말한다. 이 과정에서 구도심의 임대료가 오르고 결국 구도심 원주민이 밖으로 내몰리는 현상까지 지칭하게 됐다. 소득 수준이 낮은 예술가 집단이 주거지를 형성한 곳이 점차 미학적·관광적 가치가 상승하면서 젠트리피케이션이 진행되는 경우가 많다. 가난한 예술가들의 거주지가 부유층의 '힙한' 주거공간으로 업그레이드되는 셈이다.

<u>한국의 젠트리피케이션도 비슷한 형식으로 진행되고 있다. 값싼 작업공간을 찾아 예술가들이 어떤 장소에 정착하고 그들의 활동을 통해 지역의 문화 가치가 상승하면, 개발자들이 들어와 이윤을 획득하는 방식으로 이뤄지는 것이 일반적이다.</u> 가난하지만 개성 있는 화가, 조각가, 의상 디자이너, 액세서리 디자이너, 목수, 사진작가, 인디밴드 등이 모여 독특하고 예술적인 공동체 문화를 만들었던 서울 홍익대학교 인근과 망원동, 상수동, 삼청동, 신사동 가로수길, 경복궁 옆 서촌, 경리단길, 성수동 등이 대표적인 젠트리피케이션 사례다.

이들 지역은 젊은층을 중심으로 '핫 플레이스'로 여겨지며 소비문화의 중심으로 떠올랐다. 이 지역에서만 누릴 수 있었던 독특한

분위기를 만들어내던 카페 등이 유명해져 유동 인구가 늘어나자 가맹점을 앞세운 기업형 자본들이 밀고 들어왔다. 상권의 수요가 늘면서 자연스럽게 임대료가 올랐고, 원래 이 지역에 거주하며 '힙'한 분위기를 만들어냈던 가난한 예술가들은 임대료가 더 싼 외곽으로 밀려났다.

유행에 밀려난 지역은 '독'이 된다

유행이란 것이 그렇듯 '핫 플레이스'는 트렌드세터들에 의해 계속 변해간다. 이태원 지역만 봐도 그렇다. 이태원역을 중심으로 한 이태원 구도심 지역의 임대료가 상승하면서 경리단길 상권이 새롭게 조성된 바 있다. 천정부지로 치솟은 임대료로 예술가들이 경리단길 쪽으로 밀려난 것이다. 이제 예술가들은 여기에서도 짐을 싸서 나가고 있다.

 젠트리피케이션은 통계에서도 드러나고 있다. 어떤 지역의 젠트리피케이션 수준을 가늠해볼 수 있는 척도는 임대료 상승 폭과 공실률[2]이다. 실제로 젠트리피케이션의 대표 지역으로 꼽히는 곳에선 가파른 임대료 상승과 평균치를 웃도는 공실률을 보였다. 국토교통부에 따르면 2015년 상반기부터 2017년 상반기까지 2년 동안 임대료가 가장 크게 오른 상권은 서울의 경리단길이다. 이 기간에 경리단길 임대료는 10.16% 상승했다. 성수동은 6.45%, 홍대는

4.15%, 가로수길은 2.15% 상승했다.

　젠트리피케이션의 또 다른 대표 지역인 삼청동도 서울에서 공실률 1위를 기록했다. 한국감정원이 발표한 '서울특별시 상가 임대차 정보 및 권리금 실태조사'(2017년 6월 30일 기준)에서 이 지역은 17%(12월 첫째 주 기준)의 공실률을 기록했다. 서울 전체 공실률 6.9%보다 2배가 넘는 수치다. 지난해 한경닷컴과 토지·건물 실거래 플랫폼 '밸류맵'이 소상공인진흥공단 상권 주요 데이터에 등록된 삼청동 일대의 상가를 전수 조사한 결과도 비슷했다. 삼청동에 위치한 193개 상가 중 33개가 공실로 나타났다. 공실률 17%가량으로 5곳 중 1곳은 비어 있는 셈이다. 한국감정원이 조사한 지역별 공실률 통계에 따르면, 2019년 1분기 서울 신사역 소규모 상가 공실률은 18.2%, 이태원 중대형 상가는 24.3% 수준이다. 이곳들은 젠트리피케이션 현상이 진행되고 있는 대표적인 곳이다.

　'공간'이 곧 '돈'인 산업사회에서 젠트리피케이션은 어쩌면 불가역적인 변화다. 집값이 오르면 임차인은 맞는 가격을 찾아 외곽으로 나가는 것이 자연스러운 흐름이다. 문제는 급격한 젠트리피케이션이다. 손 쓸 수 없이 빠르게 진행되는 젠트리피케이션으로 피해를 입는 자영업자가 속출할 수 있기 때문이다. 정부는 젠트리피케이션 방지책으로 30년 넘게 영업한 도소매 점포나 음식점들을 지원하는 '백년가게' 사업을 내놨지만, 아직까지 큰 실효를 거두지 못하고 있다.

1 젠트리피케이션gentrification 신사 계급을 뜻하는 '젠트리'에서 파생된 이 말은 1964년 영국 사회학자 루스 글래스Ruth Glass가 런던 도심의 황폐한 노동자들의 거주지에 중산층이 이주해오면서 지역 전체의 구성과 성격이 변하자 이를 설명하면서 처음 사용한 개념이다.

2 공실률 상가나 건물 등이 얼마만큼 비어 있는지를 나타내는 비율이다. 정부에서 공식적으로 조사해 발표하는 지표는 아니지만 실물경기의 흐름을 파악할 수 있는 단초를 제공한다. 건물의 전용면적을 기준으로 산출하고 있다.

40.
글로컬리제이션

세계화와
현지화의 짝짜꿍

코로나19 확산으로 증시 침체가 이어지던 2020년, 오리온의 주가가 큰 폭으로 상승해 눈길을 끌었다. 매출액과 영업이익의 가장 큰 비중을 차지하는 중국 사업이 성장하고 있기 때문이었는데, 그 배경엔 오리온의 대표 상품인 초코파이의 현지화 전략이 있었다. 베리류를 잼으로 만들어 먹는 것에 익숙한 러시아에선 라즈베리, 체리, 블랙커런트 맛 초코파이를 내놓으며 매출 성장을 이끌어냈다. 중국에서는 차를 즐겨 마시는 중국 소비자들의 입맛에 맞춘 '초코파이 마차'를, 진한 초콜릿 맛을 선호하는 베트남에서 '초코파이 다크'를 출시했다. 이렇게 적극적인 현지화 전략을 통한 세계 시장 매출을 증대하는 전략이 바로 글로컬리제이션glocalization이다. 글로컬리제이션은 세계화globalization와 지방화localization의 합성어로 세계화와 현지화 전략을 동시에 진행하는 기업의 경영기법을 통틀어 말한다.

'세계화'가 국경 개념이 허물어지는 오늘날의 세계적 현상을 가리키는 말이라면, '지방화'는 지방이 경제활동의 중심이 되는 추세를 반영하는 말이다. 그러니까 글로컬리제이션은 세계화를 추구하면서도 현지 문화에 적응하고 현지 고객의 특성과 욕구를 만족시키기 위한 경영전략인 셈이다.

글로컬리제이션이란 개념을 기업 경영에 처음으로 도입한 사람은 일본의 전자제품 기업 소니의 창업자이자 명예회장인 모리타 아키오盛田昭夫였다. 모리타 회장은 소니가 유럽 시장에 진출할 때 "유럽 시장에서 받아들여지려면 먼저 유럽 기업이 되라"며 유럽 지사에 일본 본사의 권한을 대폭 위임하고, 현지 공동체에서 좋은 시민이 되도록 노력하라고 지시한 것으로 유명하다.

아키오 회장이 세상을 떠난 지 20년이 넘은 지금, 글로컬리제이션은 여전히 주효한 기업의 생존전략이다. 종전에 많은 학자들과 경영인들은 세계화를 외쳤지만, 해당 지역의 문화에 잘 접목시킨 기업만이 세계화에 성공했다는 것을 수많은 기업들이 실례로 보여줬다. 맥도날드는 인도에서 쇠고기나 돼지고기를 뺀 햄버거를 판매했고, 사우디아라비아의 항공사는 남녀 좌석을 구분하는 마케팅 전략을 가져와 성공적으로 현지 시장에 안착했다. 제품 생산뿐만 아니라 문화 산업에 있어서도 글로컬리제이션 전략은 주효하다. 대중문화 전문가들은 스티븐 스필버그Steven Spielberg의 〈인디아나 존스〉 시리즈나 조지 루카스의 〈스타워즈〉 시리즈 같은 영화들이 범세계적으로 성공한 이유를 두고 서구, 아시아, 라틴아메리카 등 다양한 로컬 문화에서 공통적인 신화적인 요소를 영화의 소재와 플롯에 도입한 데서 찾기도 한다.

반대로 해외시장으로 진출한 기업 중 현지화를 경시했다 실패를 맛본 사례도 적지 않다. 세계 최대 유통업체인 월마트가 대표적이다. 한국 진출 9년 만에 뼈아픈 철수를 해야 했던 월마트는 미국식 할인점 방식을 고수하다 한국형 할인마트와의 경쟁에 밀려 실패했다. 철수 당시 조 해트필드Joe Hatfield 월마트 아시아 사장은 한국 소비문화에 대한 이해가 부족했음을 시인했다.

글로컬리제이션의 목표는 결국 기업의 이윤 극대화다. 현지 기업과 경쟁하면서 국가별 이익을 극대화하기 위해 현지화란 옷을 입는 셈이다. 성공적 글로컬리제이션이란 기업의 핵심기술을 기반으로 현지인의 요구를 철저히 충족시키는 것이다. 전문가들은 성공적인 글로컬리제이션의 조건으로 다음의 것들을 제시한다. 우선 현지 국가 또는 지역의 문화와 법률, 제도, 소비자의 기호 변화를 잘 파악하고 적응해야 한다는 점이다. 부품과 인력의 현지 조달 등 생산 분야에서의 현지화와 유통 시스템·연구개발·마케팅 분야의 현지화를 이룰 수 있다면 더욱 좋다. 나아가 현지 공동체와 조화로운 관계를 형성해 현지 소비자의 거부감을 일으킬 가능성을 최소화하고, 현지 시장의 요구에 신속·정확하게 대응해야 한다는 점이다.

인터넷과 멀티미디어 등 정보통신기술이 발달하면서 국가 단위의 개념이 사라지는 오늘날, 소비자들과 기업은 세계를 하나의 시장으로 인식하고 행동한다. '생각은 글로벌하게, 행동은 로컬하게'란 철학을 담은 글로컬리제이션은 당분간 세계 시장으로 진출을 꾀하는 기업들의 경영 지침으로 이어질 전망이다.

41. 탄소배출권

기업들은 이산화탄소를 산다

겨울이 춥지 않다. 눈도 내리지 않는다. 그런데 유럽에서는 이상 한파에 폭설 등 기상이변이 발생한다. 왜 이런 일이 벌어지는지 구체적으로 설명은 못하더라도 원인이 무엇인지는 모두가 안다. 온실가스로 인한 지구온난화 때문이다.

지구의 온도 상승을 1.5도 이내로 유지하면 지구온난화를 막을 수 있다. 1.5도의 변동 폭을 지키기 위해 주요국들은 각고의 노력을 하고 있다. 이 문제는 환경의 영역이자 과학의 영역이다. 때로는 경제의 영역이기도 하다. 이미 오래전부터 많은 국가들은 온실가스의 과다한 배출을 억제하기 위해 환경규제를 강화했다. 이게 한 국가만 노력한다고 해결될 문제가 아니니 국제적인 논의도 이루어졌다. 머리를 맞대고 고민을 거듭한 끝에 나온 제도 중 하나가

탄소배출권 거래제다. '거래'라는 말이 들어간 걸 봐도 환경의 영역이 경제의 영역으로 전환된 제도다.

탄소배출권 거래제는 1997년 일본에서 태어났다. 교토에서 열린 유엔기후변화협약[1] 제3차 당사국 총회에서 도입됐다. 세계 38개국은 온실가스 감축 목표를 부여받고 이행하기로 했는데, 이행이란 게 뜻한 대로 되지 않을 수도 있으니 유연함을 제공하기 위한 수단이 필요했다. 그게 바로 탄소배출권 거래제다.

유엔기후변화협약은 이산화탄소, 메탄, 이산화질소, 과불화탄소, 수소불화탄소, 육불화황 등을 온실가스로 규정했다. 탄소배출권은 이들 온실가스를 배출하는 주체(주로 기업)가 할당받은 만큼의 탄소를 배출할 수 있는 권리이다. 할당량을 초과하거나 절감한 양은 매매, 즉 거래할 수 있다.

거래시장은 있지만 거래량은 적다

탄소배출권은 국가별로 부여된다. 국가는 배출권의 대부분을 기업에 할당한다. 탄소배출권 거래도 대개 기업들 사이에서 이루어진다. 여기서 기업은 선택지를 갖는다. 기업마다 온실가스 감축에 드는 비용은 다르다. 그래서 따져보게 된다. 만약 온실가스를 줄이는 데 드는 비용이 탄소배출권을 구입하는 비용보다 적다면? 그러면 감축에 힘을 쏟고 여유가 생긴 탄소배출권을 판매하는 게 이득이다. 그 반대라면? 그냥 탄소배출권을 구입한 뒤 온실가스를 배출해버리는 게 효율적이다. 결국 지구온난화 문제도 비용을 두고 고민하게 되는 현실이다.

어떤 기업이 탄소배출권을 구입해서 탄소를 펑펑 배출하는 건 상관없다. 어차피 전 지구적으로 어느 정도 온실가스를 줄일 것인지를 정하고 그것을 지키는 게 중요하다. 어느 국가가, 또는 어느 기업이 얼마만큼 온실가스를 줄이는지는 별개 문제다. 무엇보다 중요한 건 글로벌 기준 온실가스 총량을 줄이는 것이다. 아시아에서 늘더라도 유럽에서 그만큼 줄여서 밸런스를 맞춘다면 어디가 늘었고 어디가 줄었는지를 따질 필요가 없다. 그래서 국가와 기업 사이에 탄소배출권 거래제가 성립될 수 있다.

우리나라에서는 2015년부터 탄소배출권 거래제가 시행됐다. 정부는 2018년 10월 말에 온실가스 배출권거래제 제2차 계획기간(2018~2020년)의 탄소배출권[2] 허용량을 대상업체 591곳에 통보했다. 할당량은 대부분 무상이다. 하지만 2019년부터는 할당량의 3%를 경매 방식으로 구입해야 한다.

그런데 거래시장에 나오는 배출권이 많지 않다. 쓰고 남은 배출량이 많지 않아서 내놓지 못하는 경우도 있다. 또 여유 배출분이 시장에 나와야 거래를 할 수 있는데 막상 시장에 나오지 않는 경우도 적지 않다. 기업들이 이월하기 때문이다. 유동성이 부족하니 거래량도 적고 공급이 부족하고 수요는 많아 탄소배출권 가격[3]이 높게 형성되어 있다. 2015년 1톤당 1만 1,007원이던 탄소배출권은

2017년 12월에 2만 879원까지 올랐고 2018년에도 2만 원대를 웃돌았다. 2022년 초 3만 원대 중반까지 치솟았다가 이후 급락세를 보였다. 2023년 8월 기준 1만 1,178원으로 하락하더니 이후 하락세를 이어가고 있다.

　기업들이 여유 배출분을 팔지 않고 다음 해로 넘기는 이월을 관행처럼 지키는 이유는 뭘까? 시장에서는 약 60%가 넘는 탄소배출 여유분이 이월되는 것으로 본다. 기업들이 배출권을 쥐고 시장에 내놓지 않는 이유는 앞으로 배출권 거래가격이 오를 것에 대한 염려와 정부의 탄소배출권 정책의 불확실성 때문이다. 아직 거래 시장 자체가 불명확하다 보니 일단 보수적으로 접근하며 리스크에 대비하려는 경향이 강해서 생긴 일이다.

---

1 유엔기후변화협약 지구온난화를 방지하기 위해 이산화탄소를 비롯한 온실가스의 배출을 제한하기로 세계 각국이 동의한 협약이다. 그 자체적으로 법적 구속력이나 강제성이 없기 때문에 협약 이후 체결된 시행령인 교토의정서가 국제적으로 더 많이 인용된다.

2 탄소배출권 2021~2023년 우리나라가 가진 탄소배출권 총수량은 연평균 약 6억 1,600만 톤이며, 2024~2025년에는 연평균 약 5억 9,900만 톤을 할당할 예정이다.

3 탄소배출권 가격 2015년 톤당 1만 2,044원이던 탄소배출권 가격은 2022년 초 톤당 3만 원대 중반까지 올랐다가 이후 급락해 2023년 8월 기준 1만 1,178원으로 하락세를 보였다.

42. 기업집단

혜택보다 규제가 많은 대기업 지정

삼성전자나 현대자동차는 누구나 고개를 끄덕일 만한 대기업이다. 그런데 이름을 들었을 때 '대기업인가?'라고 생각할 만한 애매한 기업도 있다. 대기업은 보통 머릿속에서 규정한다. 규모 있고 유명한 기업이 일반적으로 생각하는 대기업이다. 누군가에게 딱 "여기까지"라고 말할 만한 정확한 기준을 묻는다면, 대답하기 쉽지 않다.

공정거래위원회는 매년 상반기에 나름의 기준으로 대기업을 정한다. 공정거래위원회(공정위)는 매년 일정 기준을 충족하는 기업집단을 공시대상기업집단과 상호출자제한기업집단으로 지정하여 관리한다. 둘 다 대기업이라고 볼 수 있지만 공정위가 분류하는 기준은 좀 더 구체적이다.

공정위는 매년 5월 1일을 기준으로, 자산 총액이 5조 원 이상인 기업집단을 공시대상기업집단으로 지정한다. 지정된 기업집단은 기업집단 현황, 대규모 내부거래, 주식 소유 현황 등을 공시해야 한다.

두 번째로 공정위는 자산 총액이 10조 원 이상인 기업집단을 상호출자제한기업집단으로 지정한다. 이들 기업집단은 상호출자[1] 및 순환출자, 채무보증 등이 제한되며, 총수 일가 사익편취 규제 대상이 된다.

2024년 5월 1일 자로 공정위는 82개 기업집단(소속회사 3,076개)을 공시대상기업집단으로, 이 중에서 자산 총액 10조 원 이상인 47개 기업집단을 상호출자제한기업집단으로 지정했다. 이러한 지정은 매년 기업집단의 자산 규모와 구조 등을 고려하여 조정되며, 공정위는 이를 통해 시장의 공정한 경쟁 환경을 조성하고자 한다.

정부가 대기업이라고 정하면 '핸디캡'을 받게 된다는 뜻이다. 상황이 이러니 자산 총액 5조 원 언저리에 있는 기업들은 대기업으로 지정되느냐 마느냐가 초미의 관심사다. 직원들은 "나 대기업 다녀"라고 말하는 게 기쁠 수 있어도, 경영진은 '대기업이 안 됐으면……' 하고 바랄 수 있다.

독과점 막기 위해 '특별관리'

대기업에 대한 핸디캡은 왜 존재할까? 공정한 시장경쟁을 위해서다. 경마를 생각해보자. 특정 경주마의 능력이 너무 탁월하면 경마의 박진감과 흥미가 떨어진다. 그래서 잘 달리는 말에게는 일정 무게를 추가하는 핸디캡(부담중량)을 준다. 공정한 경쟁을 위해서다.

기업활동도 마찬가지다. 규모가 큰 대기업이 전횡을 부리면 자율경쟁이 어렵다. <u>일감 몰아주기</u>[2]가 대표적이다. 계열사끼리 내부거래를 하고, 그 거래의 이익을 총수 일가에 몰아준다면? 그 자체도 시장을 교란시키는 행위지만 거래를 대체할 수 있는 중소기업의 성장 기회도 잃게 된다.

규제를 받으면 당연히 기업활동이 자유롭지 못하다. 그래서 기업 입장에서는 대기업으로 지정되는 게 즐거운 일이 아니다. 그래서 등장한 것이 중견기업들의 '피터팬 증후군'이다. 규모가 커질수록 지원은 줄고 규제만 많아지니 대기업이 되지 않으려 정체하거나 퇴보하는 기업도 있다. 이 현상은 중소기업에도 나타난다. 기업이 성장해야 사회 전체에 긍정적인 효과가 날 텐데, 오히려 정체를 택해버리니 정부 입장에서도 머리 아플 수밖에 없다.

이런 규제에 대해 기업들의 반발도 거세다. 시대가 달라졌는데 1980년대에 만들어진 규제를 고집하는 게 잘못됐다는 것이다. 이제는 세계를 전장으로 싸워야 하는데 규모가 커질수록 규제가 많다는 건 규모의 경쟁력을 방해하는 요소가 될 수 있다. 국내 경쟁을 위한 규제가 세계 경쟁에서는 오히려 장애물이 된다는 얘기다.

대기업 지정 기준점도 논란이다. 기준은 <u>자산 총액</u>[3] 5조 원이다. 규제 대상 기업을 처음 지정한 1987년에는 자산 4,000억 원이 기준이었다. 2002년에는 자산 2조 원 기준으로 바꾸었고, 2008년에서야 5조 원 기준이 됐다. 2008년과 비교하면 지금의 경제규모가 더 커졌으니 지정 기준을 더 높여야 한다는 주장이 나오고 있다. 기준이 낮으면 규제되는 기업 숫자도 많아진다. 형평성 논란도 생긴다. 자산이 300조 원이 넘는 삼성전자와 2019년에 처음으로 대기업이 된 5조 원짜리 대기업이 똑같은 규제를 받을 순 없지 않느냐는 것이다. 자산 규모에서 체급 차가 60배가 나는데 핸디캡은 동일하게 받는 게 타당하지 않다는 게 요점이다. 그래서 대기업 지정 기준을 10조 원으로 올리자는 주장이 계속 나오고 있다.

---

1 상호출자 A사가 B사에 출자하고, B사가 A사에 출자하여 두 기업이 서로의 주식을 보유하게 된다. 기업집단의 계열사 간에 행해지는데 경영의 효율성을 높이고 위험을 분산할 수 있다는 장점이 있지만 경쟁 제한과 경제력 집중 문제 등 심각한 문제가 발생하기도 한다.

2 일감 몰아주기 공식적으로 '사익편취'라고 부른다. 그동안 계열사들의 차고 넘치는 일감을 지렛대 삼아 손쉽게 재산을 불리고 2세들을 위한 대물림의 도구로 사용해왔다.

3 자산 총액 기업 회계상의 자산은 자본의 구체적인 존재 형태를 말한다. 유동자산, 고정자산, 이연자산(기업이 장래의 효익을 기대하고 행한 특정 항목의 지출) 등이 있다.

43. 지주회사

유행처럼 번지는 지주회사 만들기

재벌기업들의 고질적 문제는 순환출자로 대표되는 기형적 지배구조다. 순환출자는 총수 일가가 핵심계열사 지분만 가지고 있으면 순환출자를 통해 계열사 전체를 좌지우지할 수 있는 방식이다. 그래서 순환출자를 일컬어 '1%의 마법'이라고 부르기도 한다. 국내 최대 기업인 삼성그룹의 경우 삼성물산의 지분이 삼성전자와 삼성생명을 거쳐 계열사를 통해 다시 삼성물산으로 돌아오는 순환출자 구조였다. 사실 이것도 많이 정리된 것이지만 과거 이재용 삼성그룹 부회장 일가는 순환출자의 출발점이었던 에버랜드의 대주주 자격으로 그룹 전체를 지배했다.

순환출자의 위험은 1997년 외환위기를 거치며 크게 부각됐다. 당시 대기업들은 국제통화기금IMF 권고에 따라 부채비율을 낮추기 위해 유상증자로 자본금을 높였다. 각 계열사가 유상증자에 참여하면서 주식을 인수해 순환출자 고리가 생겼다. 그러나 순환출자는 가공 자본을 형성해 총수 일가의 지배력 확대를 뒷받침한다는 비판에 직면했다. 또한 한 회사가 위험에 빠지면 그룹 전체가 동시에 흔들리는 치명적 단점이 드러났다. 또 순환출자로 연결된 기업들은 사업상 무관함에도 불구하고 지분을 가지고 있다는 이유로 서로 자금을 지원했다. 이런 단점들 때문에 2013년 이후 순환출자 구조에 대한 정부 제재가 본격화됐다.

순환출자의 위험성을 재빨리 파악하고 선제적으로 지주회사[1] 체제로 전환한 것이 LG그룹이다. 별세한 LG그룹 구본무 회장은 지배구조를 지주회사와 자회사 간 수직적 출자구조로 단순화함으로써, 자회사는 사업에 전념하고 지주회사는 사업 포트폴리오 등을 관리하는 선진적 지배구조 시스템을 구축했다. 이는 LG 계열사들이 출자 등 다른 부분에 신경 쓰지 않고 사업에만 매진할 수 있는 계기를 마련한 것으로 평가받고 있다.

순환출자 고리가 순식간에 사라지다

LG그룹 이후 국내에서도 순환출자 구조를 해소하고 지주회사 체제로 전환하는 기업이 점점 늘어났다. 특히 공정거래위원회가 이 문제에 적극적으로 개입했다. 공정거래위원회가 발표한 2024년 공시대상기업집단 지배구조 현황에 따르면, 순환출자 고리는 2018년 5월 이후 완전히 해소되어 현재 존재하지 않는다. 이는 2017년 9월 공정거래법 개정으로 신규 순환출자가 금지되고, 기존 순환출자에 대한 해소 노력이 지속된 결과다. 이러한 조치는 기업 지배구조의 투명성을 높이고, 경제력 집중을 완화하기 위한 목적을 가지고 있다.

정부가 지주회사 체제를 독려하는 이유는 간단하다. 총수 일가가 가지고 있는 지분만큼만 영향력을 행사하고 책임도 지라는 것이다. 즉 지배와 책임을 동일시한다는 의미다. 순환출자 구조 아래서 총수 일가는 크게 지배하고 책임은 작게 졌었다.

회사 전체적으로 봐도 지주회사 체제는 효율적 경영이 가능하다. 지주사 전환 시 자회사별 사업부문 분리로 경영전략에 따라 매각이나 인수 등이 수월해진다. 부실 계열사가 생길 경우 '꼬리 자르기'가 가능해진다는 얘기다. 부채 건전성도 개선된다. 실제로 국내 지주사의 평균 부채비율은 일반 기업에 비해 낮은 수준을 유지한다. 공정거래위원회에 따르면 국내 지주사는 193개(2017년 9월 기준 · 2019년 1월 기준 173개)로 평균 부채비율은 38.4%다. 공정거래법상 규제 수준인 200%보다 크게 낮은 수준이다.

그런데 재벌들이 누군가. 재벌기업은 지주회사 체제에서도 나름의 편법을 동원해 지배력을 유지하는 꼼수를 취한다. 공정위가 조사한 자료에 따르면 지주회사 체제로 전환하는 과정에서 인적분할과 현물출자[2]를 동원한 이른바 '자사주의 마술'을 통해 총수 일가의 지분율이 일부 기업의 경우 4배 이상 높아진 것으로 나타났다. 인적분할은 분할회사의 주주들이 지분율대로 신설 법인의 주식을 나눠 갖는 방식의 기업분할을 말한다. 예를 들어 지주사와 사업회사(신설 법인)로 분리할 때 인적분할을 적용하면 기존 주주들은 지분율만큼 신설 법인의 주식을 배정받는다. 이 과정에서 의결권이 없는 자사주는 의결권이 있는 주식으로 바뀌게 된다. 이후 총수 일가는 늘어난 신설 법인 주식을 지주회사 주식으로 바꾸는 현물출자를 통해 지분 매입 없이 지배력을 강화한다. 재벌들의 이런 모습을 보면 '뛰는 놈 위에 나는 놈이 있다'는 속담이 떠오를 수밖에 없다.

---

1 지주회사 다른 회사의 주식을 소유해 사업활동을 지배하는 것을 주된 사업으로 하는 회사다. 지배회사 또는 모회사라고 부르며 자회사의 주식을 전부 또는 일부 지배가 가능한 한도까지 매수해 기업을 합병하지 않고 지배하는 회사를 말한다.

2 현물출자 회사 설립이나 신주 발행 시 금전 외의 재산, 예를 들어 영업용 토지, 건물, 특허권 등을 출자하여 주식을 배정받는 것을 말한다. 주식회사에서는 현금출자를 원칙으로 하지만 회사 설립 또는 신주 발행 시에는 예외적으로 현물출자를 인정하고 있다.

44.
리테일테크

**'소매점+기술'이 대체하는
새로운 유통업**

스타트업의 트렌드는 투자의 트렌드라 할 수 있다. 어디가 투자를 많이 받는지 살펴보면 기업들이 어떤 기술을 이식하고 싶어 하는지 짐작할 수 있기 때문이다. 2018년 세계 63개국에서 1,804개의 관련 분야 스타트업이 약 736억 달러의 투자를 받았다. 어떤 산업과 밀접하기에 돈이 모였을까? 1,804개 분야의 정체는 리테일테크Retailtech다.

리테일Retail은 소매점, 테크Tech는 기술, 즉 리테일테크는 소매점과 기술을 합한 것이다. 주변에서 흔히 볼 수 있는 편의점을 생각해보자. 대표적인 편의점인 GS25와 세븐일레븐은 요즘 스마트 편의점 만들기에 열을 올리고 있다. 여기서 말하는 스마트 편의점은 사실상 무인 편의점으로, 직원이 응대해야 할 일 중 상당 부분을 기술이 대체한다. 어떤 기술을 적용하느냐가 차이 날 뿐이다.

GS25는 매장 출입과 결제에서 안면 인식 기술을 적용했다. 매장에 출입할 때 출입문에 있는 카메라가 안면을 인식하고, 결제할 때도 안면 인식을 사용할 수 있다(일반 신용카드도 사용 가능하다). 세븐일레븐은 정맥 인증 기술을 적용했다. 정맥은 사람마다 굵기나 모양 등이 다른데, 이걸 식별해 바이오 인증[1]으로 활용했다. 손바닥을 올리면 모든 게 해결된다. 안면 인식이나 정맥 인증 모두 사전 등록이 필요하다.

단순하게 편의점만 비교했지만 리테일테크는 좀 더 다양하고 넓은 범위에서 존재하고 있다. 리테일테크가 유통산업에 혁신을 가져다주는, 심지어 게임 체인저가 될 것이라는 전망은 국내외 가리지 않고 제기된다. 물론 앞서 언급한 돈이 모이는 이유이기도 하다. 유통의 각 단계에 필요한 모든 영역에 기술을 적용해 효율성을 극대화하는 게 리테일테크의 목표다.

물건을 살 때의 순서를 생각해보자. 나에게 필요한 것이 무엇인지 생각하고 검색하여 리뷰를 읽은 뒤 가격을 비교하고 최종 결제한다. 결제과정에서는 쿠폰은 없는지, 카드 청구할인은 없는지 알아보고 적용한다. 배송이 언제 되는지도 중요하게 살펴봐야 한다. 이렇듯 하나의 물건이 창고나 매장에서 소비자에게 도착하기까지 거치는 수많은 단계에 리테일테크가 적용되었다.

게임 체인저라 부르고 돈이 모인다

이미 유통업체들은 이 기술에 사활을 걸고 있다. 앞으로 리테일테크 적용 여부에 따라 경쟁에서 패배할 수도 있다는 위기감까지 안고 있다. 왜냐면 꽤 상당한 기술을 담은 매장들이 속속 등장하고 있어서다. 특히 미국이 발빠르게 움직이고 있고, 아마존은 무인점포 '아마존고'를 선보였다.

아마존고는 리테일테크가 어떻게 세상을 바꿀 수 있는지 짐작하게 해준다. 일단 고객은 아마존고 앱을 스마트폰에 설치한 다음 QR코드를 찍고 매장에 들어간다. 매장 곳곳의 카메라 센서는 사람들을 관찰하고 그들이 고른 물건을 추적한다. 카메라 센서의 집념 덕에 사람들은 계산할 때 줄을 서서 대기하거나 셀프 계산대에서 바코드를 찍지 않아도 된다. 들어올 때처럼 자연스레 나가면 된다. 자동으로 결제되기 때문이다. 컴퓨터 영상 인식과 인공지능 딥러닝 등 여러 리테일테크 관련 기술이 이런 현실을 만들었다.

과거 유통산업은 소매점을 거미줄처럼 엮으며 유통망을 지배하던 곳이 차지했다. 그런데 인터넷과 모바일 시대를 거치면서 그런 전통의 강자들은 시장 지배력을 잃어갔다. 심지어 토이저러스[2]처럼 파산한 곳도 등장했다. 이런 변화를 주도하는 건 아마존, 알리바바처럼 기술로 무장한 e커머스 기업들이다. 과거에는 영업력과 마케팅이 강자의 조건이었다면 이제는 기술이 주요 무기가 됐다. 그러다 보니 유통업계가 IT기업들이 뛰어드는 각축장으로 변하게 되었다.

스타트업들 중에는 리테일테크를 현실로 만들어주는 기업도 있지만 반대로 리테일테크를 적용하기 어려운 곳을 도와주는 기업도 있다. 아날로그 체질을 개선해주며 적응을 돕는데, 이런 서비스도 속속 등장하고 있는 모양이다. 리테일넥스트라는 스타트업은 오로라Aurora라는 장치를 오프라인 매장 천장에 설치한다. 오로라는 아마존고의 센서 카메라 같은 역할을 하고, 매장에 들어온 고객들의 움직임을 주시한다. 오로라가 취합한 데이터는 인공지능을 활용해 분석되며 고객의 동선에서 의미 있는 해석을 찾아낸다. 리테일넥스트는 그렇게 취합된 데이터를 바탕으로 매장에 개선점을 알려준다.

핀드롭 같은 곳은 리테일테크의 활용 범위가 비단 매장 안에서만 이루어지지 않는다는 걸 보여준다. 콜센터에서는 고객을 확인하기 위해 생년월일이나 주민번호 등의 개인정보를 요구한다. 이렇게 확인하는 과정에서 많은 시간이 소모된다. 수많은 고객을 상대할수록 버리는 시간은 더 많아진다. 핀드롭은 음성인식 기술로 고객을 인증한다. 이렇게 되면 콜센터의 상담처리 시간이나 통화 비용이 감소한다. 음성인식을 사용하는 스마트한 기업이라는 이미지도 얻을 수 있다. 핀드롭은 무려 2억 달러가 넘는 투자를 유치하는 데 성공했다.

전통의 오프라인 유통기업이 어려움을 겪자 한때 '소매업의 종말'이라는 표현도 나왔다. 과거의 소매업은 점점 사라지고 있지만 새로운 방식의 소매업이 빈자리를 채워가고 있다. 리테일테크가 점점 활용될수록 이를 적극적으로 활용한 곳과 그렇지 못한 곳의 차이는 점점 벌어질 수밖에 없다. 효율성에서 극적인 차이를 보여 주기 때문이다. 온라인에 접속하지 않는 아날로그형 인간이 21세기를 자연스럽게 살아가기 어려운 것과 비슷하지 않을까.

---

1 바이오 인증 하나 이상의 고유한 신체적, 행동적 형질에 기반하여 사람을 인식하는 방식을 가리킨다. 신체적 특성으로는 지문, 홍채, 얼굴, 정맥 등이 있으며 행동적 특성으로는 목소리, 서명 등이 있다.

2 토이저러스 Toys"R"Us 전 세계 37개국 750여 개 매장과 245여 개의 라이선스 매장을 가진 세계적인 장난감 매장. 2017년 9월 미국 토이저러스 본사가 파산보호신청을 냈다. 국내에서는 롯데마트가 라이선스 매장을 운영 중이다.

45. 메세나

문화예술 활동 지원의 경제학

'떴다' 하면 공연장 전석을 매진시키는 '핫'한 피아니스트 조성진. 2015년에 세계 최고의 권위를 인정받는 쇼팽 국제 피아노 콩쿠르에서 한국인 최초로 우승하며 이름을 알린 그가 11세 때 처음으로 정식 독주회를 열었다는 사실을 아는 사람은 많지 않다. 그의 데뷔 무대로 알려진 2005년 독주회의 뒤에는 금호아시아나문화재단의 후원이 있었다. 또 다른 기업의 꾸준한 후원도 그를 키우는 데 일조했다. 문화예술과 교육연구에 지원을 아끼지 않는 것으로 잘 알려진 자강산업의 민남규 회장이 2009년부터 매년 2,000만 원가량을 후원해왔다. 그의 재능을 알아보고 든든하게 후원해준 기업들 덕분에 조성진의 재능은 꽃 피울 수 있었다.

문화예술 분야의 커리어를 이어가는 데는 많은 비용이 든다.

스포츠 분야도 마찬가지다. 아무리 뛰어난 기량을 가진 운동선수도 개인 돈만으로 훈련을 이어가기엔 무리가 있다. '피겨 여제' 김연아도 선수 생활 초반에 재정적 어려움을 겪어 피겨 생활을 접을 뻔했고 국내에 제대로 된 연습장이 없어 놀이동산 내 아이스링크를 전전하던 시절도 있었다. 김연아는 2007년 KB국민은행이 3억 원의 후원금을 지원하고, 이후 삼성전자의 후원과 광고로 안정적인 여건이 형성되면서 한층 기량을 끌어올릴 수 있었다.

김연아와 조성진이 가시적인 결실을 맺기까지 그들의 재정적 버팀목이 돼준 것은 기업의 메세나[1] 활동이다. 기업 메세나는 이익을 추구하는 기업들이 공익사업 및 문화예술 사업에 다양한 형태의 재원을 지원해 문화발전을 도모해가는 것을 의미한다. '메세나'란 고대 로마의 외교관 가이우스 마이케나스Gaius Maecenas(프랑스 발음으로 메세나)[2]의 이름에서 유래했다. 그는 정치 전면에 나서는 대신 권력의 배후에서 충실한 조언과 비밀 교섭을 맡았던 '숨은 정치인'이었다. 그는 가문 대대로 내려온 막대한 부를 기반으로 베르길리우스, 호라티우스 등 수많은 문인들을 후원했다. 1966년 미국 체이스 맨해튼 은행의 회장 데이비드 록펠러David Rockefeller가 기업의 사회공헌 예산 일부를 문화예술 활동에 할당하면서 가이우스 마이케나스의 이름을 따왔고, 현대적 의미의 메세나란 개념이 등장하게 되었다.

이윤 추구 집단의 非이윤 추구 이유

기업이익을 문화예술산업에 환원하는 기업 메세나. 기업은 이윤을 추구하는 집단이다. 기업은 메세나 활동으로 아무런 이득도 얻지 못하면서 단순히 사회 환원 의무만 이행하는 것일까? 그렇지 않다. 일반적으로 기업은 비용에 비해 수익이 날 때 투자를 한다. 분명 메세나가 기업에 이익을 주는 것이 있기 때문에 기업 메세나가 이루어지는 것이다. 메세나 활동은 기업에도 나쁘지 않은 '투자'다.

기업이 태생적으로 이윤 추구를 목표한다지만, 지나치게 이기적인 기업활동은 오히려 소비자들의 반감을 살 수 있다. 소비 수요가 있어야 기업활동도 의미 있다. 소비자들에게 부정적인 기업 이미지는 장기적으로 해당 기업의 수익 창출 기회를 떨어뜨린다. 긍정적 기업 이미지와 평판을 수립하기 위한 좋은 방법 중 하나가 바로 메세나 활동이다. '착한 기업'이란 평판을 쌓아 충성심 높은 소비자를 확보할 수 있기 때문이다. 그러니까 기업의 메세나 활동은 기업의 고객 마케팅을 위한 전략적 선택인 측면도 있는 셈이다.

메세나 활동을 통해 기업은 기업 이미지 제고라는 점 외에도 추가적인 효과를 얻을 수 있다. 우선 메세나 활동이 사업영역과 더해지면 더 큰 시너지를 낼 수 있다. 가장 대표적인 사례가 서울 소재 인쇄출판회사 성도GL의 경우다. 2005년 한국메세나협회가 조사한 바에 따르면, 2004~2005년에 중소 제조업체 이직률은 19%였다. 성도GL에서는 직원들에게 지속적인 문화예술 프로그램을 실시한 결과, 2002년 22%였던 이직률이 2005년 2%로 떨어졌다. 낮은 이직률은 조직의 안정화와 생산성 향상으로 이어졌다. 나아가 이 회사의 메세나 활동은 직장 내 창의적 사고와 커뮤니케이션 환경을 조성하는 등 기업문화를 혁신했다. 노사화합과 애사심 고취 등 직원 만족도도 증가했다.

또 후원하는 예술인을 활용해 직접적으로 홍보나 마케팅도 할 수 있다. 김연아 선수와 KB국민은행의 오랜 파트너십이 대표적인 사례다. 세계적 신발업체 버켄스탁과 후원 예술단체와의 제품 디자인 콜라보(협업)도 좋은 예다.

기업 입장에서 메세나를 통해 얻는 가장 바람직한 효과는 장기 고객층 확보다. 기업이 만들어내는 제품과 서비스는 결국 소비자에게 이미지로 전달되어 소비된다. 잠재고객들이 해당 기업에 대해 좋은 이미지를 갖게 되고, 이것은 미래의 소비에 직간접적으로 영향을 준다. 단기적으로는 경제적 파급효과를 예측하기 어렵지만, 장기적으로는 충성고객을 만들어갈 수 있다. <u>메세나는 사회를 풍요롭게 하면서도 기업의 장기적 생존을 가능하게 하는 도구다.</u> 모든 메세나 활동이 장기적 이득을 염두에 두고 하는 것은 아니겠지만, 기업으로선 자연스럽게 발생하는 장기적 이익을 마다할 이유도 없는 것이다.

기업 메세나 활성화는 정부 입장에서도 나쁘지 않다. 정부가 감당해야 할 문화예술 자본 양성의 몫을 기업이 부담해주기 때문이다. 문화 인프라는 점점 더 중요한 사회적 자본이 되고 있다. 프랑스의 석학 기 소르망Guy Sorman은 "문화적 가치는 국제경쟁에서 갈수록 중요한 역할을 할 것이며 앞으로 글로벌 경쟁은 문화경쟁으로 바뀔 것"이라고 말한 바 있다. 문화 인프라와 그것을 소비하기 위해 필요한 문화적 소비자 양성엔 막대한 자본이 요구된다. 한정된 국가 예산으론 빠듯한 일이라서 기업이 나름의 역할을 해야 하는 부분이다. 국가가 메세나 활동을 하는 기업에 세제 혜택을 주며 장려하는 이유다.

~~~~~~~~~~~~~~~~~~~~~~~~~~~~~~~~~~~~~

1 메세나mecenat 대가를 바라지 않고 문화예술 활동을 지원하는 개인이나 기업, 또는 이러한 활동. 1960년대 중반 미국에서 기업의 예술후원회가 발족하면서 이 용어를 처음 쓴 이후 퍼져나갔다. 이제는 기업의 예술·문화·과학·스포츠에 대한 지원뿐 아니라 각종 공익사업에 대한 지원활동을 두루 나타내는 말이 됐으며, 기업의 홍보·마케팅 수단으로 활용되기도 한다.

2 가이우스 마이케나스 Gaius Maecenas 아우구스투스의 충실한 조언자 역할을 했던 정치가이자 외교관이자 시인. 아그리파와 함께 옥타비아누스 황제를 보좌했고 문화예술인 지원을 통해 로마 문화의 황금시대인 팍스 로마나를 열어제친 일등공신이었다.

46. 블랙 프라이데이

블랙 프라이데이를 해도 기업은 남는다

미국에서 11월 넷째 주 목요일은 추수감사절이다. 그 다음날인 금요일은 블랙 프라이데이Black Friday로, 1년 소비의 최대 20%가 이루어진다는 마법 같은 '쇼핑의 날'이다. 미국에서는 이 주부터 크리스마스와 새해까지 대규모 세일을 실시한다.

블랙 프라이데이에는 마치 박람회처럼 각종 판매전략이 등장한다. 평균 20~30% 세일이 이뤄지지만 도어 버스터[1]로 50~60%대의 할인도 등장한다. 소비자를 매장으로 유인하기 위해 고급 옷이나 전자제품 같은 고가 제품을 파격 할인가에 내놓기도 한다. 로스 리더[2] 마케팅이다. 평소라면 엄두도 못 냈을 제품이지만, 확 낮아진 판매가에 소비자들은 지갑을 열게 된다. 블랙 프라이데이가 있는 4분기는 기업의 실적을 좌우하는 시기. 미국의 제조, 서비스,

유통업계는 이 시즌에 맞춰 돌아간다 해도 과언이 아니다. 그런데 기업들은 왜 이렇게 파격적인 할인행사를 하는 걸까? 겨우 제품의 생산단가만 맞출 수준으로 가격을 낮춰서 파는 게 무슨 이익이 되기에?

블랙 프라이데이 뒤의 경제학은 그것이 탄생한 국가, 미국의 기업문화와 밀접하게 관련되어 있다. 미국의 경제구조에서 기업을 평가하는 주요 잣대 중 하나는 바로 현금의 흐름, 캐시 플로cash flow다. 기업의 영업활동은 현금 유입cash inflow과 유출cash out flow 이 두 과정으로 설명할 수 있다. 캐시 플로는 기업 자금관리의 문제로, 기업 경영에서 중요시된다. 기업활동에 투입되는 자본의 형태는 비난 현금만이 아닌 다양한 형태를 띤다. 하시만 이 사산들도 결국 재화·서비스란 형태로 판매된다. 그리고 판매과정에는 현금의 흐름이 수반된다. 현금의 정체는 기업활동 부진을 의미한다.

재고stock는 현금의 정체를 의미한다. 때문에 미국 기업이 가장 두려워하는 것은 재고다. 하지만 기업활동을 하면서 재고는 피할 수 없다. 누구도 물품의 수요를 정확하게 예측할 수 없기 때문이다. 재고를 처리하는 방식은 '땡처리'말고도 있다. 기업은 한 지역에 쌓인 재고를 다른 지역으로 이동시켜 판매하는 법을 선택할 수도 있다. 서울에서 안 팔린 제품을 시차를 두고 제주도에서 판매해 재고를 처리하는 식이다.

여기에 미국이란 특수한 상황이 작용한다. 미국은 983만 3,517 제곱킬러미터라는 거대한 면적을 자랑한다. 재고를 다른 지역으로 이동시키는 것보다는 손해를 보지 않는 선에서 최대한 처리해버리는 게 기업 입장에서 이득이다. 재고 처리비용만큼을 뺀 가격으로 물건을 팔아 치워 손에 현금을 쥐는 게 더 중요하다는 것이다. 거대한 북미대륙 위엔 5억 9,486만 명이 살고 있다. 물건을 소비할 수 있는 인구는 충분한 상황이다. 이런 배경을 등에 업고 탄생한 블랙 프라이데이는 재고를 털어내면서 기업이 취할 수 있는 이익을 최대화하기 위해 장치다.

오프라인의 금요일에서 온라인의 월요일로

물론 재고 처리 외에도 블랙 프라이데이는 국가 경제에 긍정적 영향을 주는 면이 있다. 바로 소비 진작이다. 국가의 경제 성장을 가늠하는 2개의 축은 수출과 소비다. 이 가운데 내수가 경제의 상당수를 차지하는 미국에서 '소비자의 소비Consumer Spending'는 중요하다. 미국은 거대한 땅덩어리에 막대한 인구, 소비의 핵심 계층인 중산층의 평균소득 수준도 높은 편인 국가다. 때문에 내수 진작만으로도 미국 경제는 어느 정도 굴러갈 수 있다. 미국인의 국내 소비는 경기 회복세로 이어지는 지름길이다. 반대로 국내 소비 감소는 미국 경제에 치명타로 작용한다.

과거 미국 상인들이 기업 장부에 적자는 빨간색 잉크로, 흑자는 검은색 잉크로 표기했다고 한다. 추수감사절 시즌만 오면 그동안 적자를 보던 기업들이 오래간만에 검은색 잉크로 표기한다는 데서 블랙 프라이데이란 명칭이 유래했다는 설이 있는데, 이 에피소드 역시 블랙 프라이데이가 미국인들의 소비력과 밀접한 관련이 있음을 시사한다. 비단 블랙 프라이데이가 아니더라도 할인정책은 대표적인 소비자 유인책이다. 내수를 활성화하고, 소비 진작 등의 효과를 목적으로 한다. 한국 정부가 코리아 세일페스타를 도입한 배경도 여기에 있다.

온라인을 통한 해외직구가 수월해지고 해외경험을 쌓은 인구가 증가하면서, 언제부턴가 한국에도 블랙 프라이데이가 등장했다. 해외직구 사이트들은 블랙 프라이데이에 맞춰 전 세계 소비자를 공략한다. 이런 소비 흐름에 발맞춰 한국 정부도 나섰다. 2015년부터 미국 블랙 프라이데이를 벤치마킹해 코리아 세일페스타를 대대적으로 진행하고 나섰다. 목적은 미국 정부와 같았다. 내수 진작과 경기 활성화, 소상공인 지원 등이다.

하지만 미국과는 다른 소비 시장의 특성으로 인해 원래 취지가 무색하다는 평가가 나오고 있다. 무엇보다 한국 내수시장이 얼어붙은 것은 단순히 비싼 물건 값 때문이 아니라 경기가 좋아질 것이란 기대감이 적기 때문이다. 불안정한 부동산 시장과 노동시장에 대한 고려 없이 물건 값만으로 내수시장을 활성화하는 것은 애초부터 한계가 있다는 지적이다. 여기에 눈 가리고 아웅 식의 할인행사 등에 소비자들은 이미 실망한 상태다.

최근 들어 블랙 프라이데이의 원산지인 미국에서도 '블랙 프라이데이 소비 기류가 예전 같지 않다'는 우려가 나오고 있다. 이런 변화엔 정보통신IT 기술의 발달로 인한 소비패턴의 변화가 한몫한 것으로 보인다.

점점 더 많은 사람들이 오프라인에서 물건을 사지 않고 있다. 오프라인 매장에서 물건을 본 뒤 스마트폰, PC 등으로 가격 검색을 해보고 온라인 구매를 한다. 온라인에선 블랙 프라이데이 기간이 아니라도 최저가를 찾아 구입할 수 있다. 상품 판매의 국경이 사라진 것처럼 가격 경쟁에서도 국경이 무의미해졌다.

여기에 블랙 프라이데이와 경쟁하는 강력한 할인행사가 하나 더 등장했다. 추수감사절 다음 월요일인 '사이버 먼데이[3]'다. 온라인 휴일 쇼핑 시즌인 셈이다. 사이버 먼데이는 판매 면에서 블랙 프라이데이를 빠르게 따라잡고 있다. 미국 전국소매연맹NRF의 통계에 따르면, 블랙 프라이데이 주말의 매출은 2012년 이후 꾸준히 감소했다. 반면 사이버 먼데이 매출은 늘고 있다.

그럼에도 불구하고 블랙 프라이데이의 셈법은 여전히 유효하다. NRF에 따르면, 2017년 블랙 프라이데이 주말 동안 1억 7,400만 명이 1인당 평균 335.47달러를 썼다. 6,600만 명 이상이 블랙 프라이데이 하루 동안 쇼핑을 했다. 이런 이유로 원래 11월 넷째 주 금요일 단 하루만 최대 폭의 할인행사를 하던 블랙 프라이데이는 '블랙 위켄드Black Weekend'로 확장돼가고 있다. 점차 오프라인에서 온라인으로 이동해가는 소비시장. 미국의 제품 및 유통업체는 갈수록 영악해지는 소비자들이 직접 매장에서 소비할 수 있는 모멘텀momentum을 찾고 있다. 소비자들이 소비에 대한 죄책감 없이 소비하는 시즌인 블랙 프라이데이는 기업들에게 여전히 유용한 기회다.

---

1 도어 버스터 Door Buster 짧은 기간 안에 정해진 상품들을 아주 낮은 금액으로 판매하는 세일 정책.

2 로스 리더 Loss Leader 원가 또는 일반 판매가보다 훨씬 싼 가격으로 판매하는 상품을 말한다. 유통업체들이 세일 등 **특별한 판매행시를** 할 때 손님을 매장으로 유혹하기 위한 상품이란 뜻에서 유인상품 또는 미끼상품이라고 부른다.

3 사이버 먼데이 Cyber Monday 미국의 추수감사절 연휴 후 첫 월요일. 연휴를 보내고 일상으로 돌아온 소비자들이 컴퓨터 앞에서 온라인 쇼핑을 즐김에 따라 온라인 매출액이 급등한 데서 유래했다.

47. 원플러스원 상품

1+1 상품을 파는 건 남는 장사?

누구나 공짜를 좋아한다. 1개 가격에 2개의 물건을 살 수 있는 기회를 마다할 이가 얼마나 될까? 현대 경제학은 늘 합리적 소비자를 상정한다. 이론적으로 이상적인 소비자는 만족도와 유용성, 그리고 가격에 근거하여 구매 결정을 내린다. 현대 마케팅은 이 합리적 소비자의 틈새를 교묘하게 파고든다. '원플러스원(1+1)' 마케팅은 소비자의 주머니를 열게 만드는 대표적인 방법이다. 'Buy One Get One', 일명 BOGO(보고)[1]라 불리는 이 전략은 만족도, 유용성, 가격을 저울질하는 합리성이란 철벽을 무너뜨린다. 공짜를 좋아하는 인간의 보편적 심리를 겨냥한 심리 마케팅인 셈이다.

소비자 입장에서 보자. 물건을 1개 가격에 2개를 살 수 있으니, 무려 50%라는 엄청난 할인을 받게 된다. 필요했던 물건을 원플러스원에 구입한다면, 만족도나 효용성, 가격 등 모든 면에서 합리적 소비를 할 수 있을 것 같다. 하지만 원플러스원의 진정한 '마법'은 충동구매 유발에 있다. 원플러스원 마케팅은 본래 소비자가 의도하지 않았던 물품을 구매하게 하여 기업의 판매량을 올리는 효과를 가져온다. 누구나 진열대에서 1+1 사인이 붙어 있는 것을 보고 구매 계획이 없던 제품을 충동적으로 산 경험이 있을 것이다. '합리적인' 소비자는 애초 하지 않아도 될 지출을 한 것이 되지만, 뭔가 이득을 본 것 같은 뿌듯함을 느낀다.

원플러스원 상품에 대한 소비자의 선호도는 이미 많은 마케팅 연구 결과 입증됐다. 미국 미네소타 주립대 경영대학 칼슨 스쿨 연구신은 물건을 쌀 때 뭔가를 더 얹어주면 물건 구매율이 올라간다는 것을 확인했다. 다시 말해, 사람들은 같은 물건을 할인된 가격에 사는 것보다 원래 가격을 지불하면서도 공짜로 뭔가를 받아가는 것을 더 좋아한다. 미국의 마케팅 전문 기관AMG의 연구에 따르면, 미국 소비자 응답자의 66%가 각종 할인행사 가운데 원플러스원을 가장 선호한다. 공짜로 물건을 취득하는 기분이라는 게 연구 대상자들의 응답이었다. 뜻밖의 '득템'을 한 것 같은 기분을 느끼는 것이다. 사실상 같은 반값 할인이라고 해도 원플러스원의 메커니즘을 더 선호하는 이유다.

재고 처리와 현금 수익까지 1석 2조

기업 입장에선 어떨까? 1개를 사면 1개를 더 준다는 전략은 얼핏 보기에 기업이 손해를 보면서 소비자를 위한 전략을 펼치는 것 같다. 하지만 많은 기업들이 원플러스원을 하는 이유는 간단하다. 기업은 이렇게 팔아도 손해 보지 않기 때문이다.

원플러스원 전략의 진가는 이 마케팅을 통해 기업도 이득을 본다는 것이다. 실제로 원플러스원은 수량이 많이 남은 물건을 '떨이'로 저렴하게 팔기 위한 목적으로 시작됐다. 이 전략은 재고를 효율적으로 처리하면서 현금 흐름까지 만들어낸다. 원플러스원 행사를 하면 기업 입장에선 '0개'였던 매출이 '1개'의 판매로 이어진다. 기업이 제조원가를 손해 보지 않는 선에서 가격이 책정됨은 물론이다. 미국의 유명 백화점 메이시Macy's의 원플러스원 마케팅 실험을 보자. 메이시는 2014년 2분기에 온라인 및 오프라인 매장에서 매주 원플러스원 행사를 진행했다. 그 결과 이 시기에 전년 동기대비 3%의 성장을 기록했다.

원플러스원 행사로 인해 기업이 보는 이득은 더 있다. 홍보효과다. 실제로 기업이 원플러스원으로 판매할 경우, 상품과 가격에 따라 '반값 할인' '50% 할인'에 비해 더 큰 선전 효과를 누릴 수 있다는 연구가 있다. 매출을 발생하게 한다는 점에서 실질적 효과는 같지만, 미끼 상품을 통해 손님을 유인해 다른 상품까지 판매하는 효과까지 톡톡히 누릴 수 있다는 것이다. 많은 업체들이 새로운 상품이 출시됐을 때 원플러스원 행사를 하는 이유가 여기에 있다. 이제 원플러스원은 현대 마케팅에서 빠질 수 없는 중요 전략으로 자리 잡았다.

　마케팅 전문가들은 이 전략이 소비자의 한계효용²을 파고들며 성공적으로 자리 잡았다고 분석한다. 당신이 피자를 먹을 때, 피자 한 조각까지는 꿀맛이지만 두 조각부턴 배가 불러오면서 만족도가 조금씩 떨어진다고 치자. 당신에게 피자의 한계효용은 한 조각이다. 한계효용의 법칙에 따르면, 재화의 소비량이 일정 수준을 넘어서면 소비량이 증가할수록 그 재화의 한계효용이 감소한다. 당신은 평소라면 피자 한 조각으로 만족했을 테지만 피자가게에서 피자를 원플러스원으로 판매한다면, 피자 두 소삭을 먹으며 한 조각을 먹었을 때보다 약간 높은 만족감을 느낄 것이다. 피자가게 입장에선 한 번에 두 조각을 소진하면서 두 조각만큼의 매출을 올릴 수 있다.

　최근에는 원플러스원 마케팅에서 한 단계 더 진화한 전략이 나타났다. 바로 '투플러스원(2+1)'이다. 말 그대로 같은 물건 2개를 사면 1개를 더 주는 것이다. 소비자는 2개의 가격으로 3개를 사게 된다. 사실 1개당 33%의 세일 효과를 얻는 것이므로 만족스러운 소비다. 만족스러운 건 기업도 마찬가지다. 1개만 팔 수 있던 물건을 2개나 팔게 됐으니. 기업은 결코 손해 보는 장사를 하지 않는다.

　일부 기업에선 원플러스원, 투플러스원 행사를 악용하기도 한다. 지난해 공정거래위원회는 대형마트 3사에 대해 소비자를 기만한 원플러스원 행사를 했다며 과징금 및 시정명령을 내렸다. 공정위는 대형마트 3사가 사전에 제품 가격을 대폭 인상한 뒤 원플러스원 행사를 진행해 마치 반값으로 상품을 판매하는 것처럼 거짓 광고를 했다고 봤다. 그러니까 소비자는 원플러스원 행사라는 눈가림에 속아 제값을 내고 물건을 과소비한 셈이다.

---

1 BOGO_{Buy-One-Get-One} 한 개를 사면 한 개를 더 주는 마케팅 전략.

2 한계효용_{Marginal Utility} 어떤 재화 소비량의 추가단위분 혹은 증분으로 얻는 효용이다. 여기서 효용은 소비에서 얻는 주관적인 욕망 충족의 정도를 말한다. 즉 어떤 상품을 한 단위 추가 소비함으로써, 소비자가 얼마나 더 만족할 수 있느냐를 뜻하는 것이라고 볼 수 있다.

48.
PB상품

**소비자는 가성비를,
기업은 경쟁력을 얻는다**

최근 몇 년 동안 소비 트렌드의 핵심 키워드는 '가성비'였다. '가격 대비 성능비'의 준말은 이제 가격에 비해 품질이 좋은 상품을 찾는 합리적 소비의 키워드가 됐다. 마트에는 가성비를 자극하는 물건들이 널려 있다. 바로 PB[1]라고 부르는 제품이다. 인터넷에는 '가성비 최고 PB상품들' '3대 대형마트 PB 과자 혜자템' 등 가성비를 자극하는 글들이 돌고 돈다.

　PB상품은 유통업계 입장에서도 효자다. 요즘 한국 유통업계는 PB에 꽂혔다. 처음에는 감자칩 같은 과자나 간단한 생활용품을 내놓다가 점점 라면과 우유, 욕실용품과 청소용품, 침구 등으로 확대했다. 이마트가 출시한 '노브랜드'는 TV까지 내놓았다. 이제는 PB상품이 1,000여 가지가 넘는다고 하니 전성시대라고 말해도 될 정도다.

　PB상품의 역사는 의외로 길다. 1960년대 신세계백화점이 자체 제작한 남성 와이셔츠를 PB상품의 유래로 본다. 하지만 그 후 오랫동안 지지부진했다. 유통업계는 본연의 업무인 유통에 올인하기에도 바빴으니 PB를 만드는 데 관심을 쏟을 여력이 없었다. 수십 년간 우리 주위에 급속히 늘어난 마트 네트워크를 보면 알 수 있다. 어느 순간, 유통업계는 한계에 봉착하게 된다. 당연한 일이다. 전국 어디를 가도 마트나 <u>SSM</u>[2]을 쉽게 볼 수 있다. 골목상권과 마찰도 생기니 더 깊숙이 들어가는 것도 쉽지 않다.

　게다가 출산율도 낮아지고, 인구도 줄고 있다. 인구 구조도 변했다. 수십 년 새 혼자 사는 1인 가구가 늘었다. 일하는 여성이 늘어나니 가정에서도 식습관이 과거와 달라졌다. 20~30대의 주머니도 가벼워지고 그들의 소비 패턴은 더욱 합리적이 됐다. 마트에서 대량으로 구매하는 사람이 예전만큼 많지 않다. 1~2인 가구의 증가와 소비 패턴의 변화로 주요 대형마트 매출은 최근 10년간 저성장 추세를 보이고 있다.

유럽에는 PB상품이 절반이다

같은 제품을 몇백 원 할인한다고 해도 소비자들의 구매를 끌어내기가 쉽지 않다. 상품 앞에 서서 최저가를 검색해본 뒤 "이건 인터넷에서 사자"라며 발길을 돌리는 사람들을 유인하려면 할인 폭이 커야 한다. 그렇지 않으면 온라인과의 가격경쟁에서 이길 수 없다. 이제 스마트폰이나 PC처럼 싸게 구입할 수 있는 창구는 너무나 많다. 게다가 경쟁업체가 국내에만 있는 것도 아니다. 아마존이나 알리바바와 같은 바다 건너 업체와도 싸워야 한다.

이렇듯 성장이 정체되니 변화를 꾀해야 했고, 그렇게 등장한 것이 PB상품이다. PB는 유통업체가 반격을 가할 수 있는 최고의 무기다. 유통업체와 제조업체가 직접 거래하기 때문에 물류비, 중간 유통마진 등이 빠져서 가격을 획기적으로 낮출 수 있다. 가격 경쟁에서 오프라인 유통업체가 온라인과 맞장 뜰 수 있게 해준다. 직접 상품을 보고 구매할 수 있다는 것도 장점이다. 제삭은 협력업체가 하되 품질 이외의 부분은 최소화시켜 가격 경쟁력을 유지한다. 유통업체는 그동안 쌓아온 브랜드 밸류를 상품에 투영시키는 형태로 분업하면 된다. 그 결과는 생각보다 놀라웠다. 이마트의 경우 PB브랜드인 '노브랜드'와 '피코크'를 운영 중이다. 2022년 '피코크'의 매출액은 4,200억 원으로 전년(4,000억 대)보다 증가세다. '노브랜드'의 매출액은 2015년 234억에서 2023년 1조 3,800억 원으로 급성장했다.

우리나라의 PB산업은 이제 막 꽃을 피우기 시작했다. 대형마트 3사의 PB상품 점유율은 20% 정도다. 반면 유럽이나 미국의 경우는 매장의 절반 정도를 PB상품이 채우고 있다. 보통은 유럽을 PB산업이 가장 활발한 곳으로 본다. 영국 식품 유통업체인 세인즈베리는 19세기부터 시작했을 정도다. PL제조사협회 PLMA에 따르면, 2016년을 기준으로 PB가 차지하는 비율이 스페인 53%, 영국 46%, 독일 45%, 프랑스 44% 정도다.

유럽에서 PB산업이 발달할 수 있었던 것은 역설적이게도 경제가 좋지 않아서다. 스페인이 1위인 이유는 남부 유럽의 장기적인 경제 침체가 한몫했다. 스페인은 유럽에서 실업률이 가장 높고 경제위기를 논할 정도로 불황이 오랫동안 이어지고 있어서 '저렴한 가격'을 장점으로 내세우는 PB상품이 매력적인 환경이다. PB 시장 점유율 1위인 것도 이런 경제적 맥락에서 이해하면 된다.

유럽의 주요 유통업체들이 물건 전체를 PB상품으로만 채우는 'PB 전문점'을 운영하는 형태로 변하고 있는 것도 주목할 만한 점이다. 영국의 막스앤스펜서[3]는 전 매장 제품을 PB로 채운다. 독일 저가 할인점인 알디 역시 PB 비율이 90%가 넘는다. 최근 이마트가 '노브랜드' 매장을 전국적으로 차근차근 늘리는 것, '노브랜드' 가맹 사업에 진출하려고 하는 것도 이런 흐름을 좇고 있는 셈이다. 유통업과 제조업의 경계가 점점 흐릿해지고 있다.

---

1 PB 한국에서는 유통업체의 자체 상표를 PBPrivate Brand라고 부르지만, 글로벌 시장에서는 PB 외에도 여러 용어가 혼용된다. 스토어 브랜드Store Brand부터 하우스 브랜드House Brand, 프라이빗 레이블Private label 등이 있다. 미국에서는 주로 프라이빗 레이블을 사용한다. PB의 반대 개념으로는 일반 제조사 상표National Brand가 있다.

2 SSM 대규모 유통기업에서 체인 형식으로 운영하는 슈퍼마켓으로 대형 슈퍼마켓, 슈퍼 슈퍼마켓이라고 부른다. Super Supermarket의 약자로 SSM이라고 한다.

3 막스앤스펜서 의류·신발·가정용 잡화·식품 등을 판매하는 영국의 소매업체다. 국내에 300개 이상의 점포를 전개하는 것 외에도 약 30개국에 프랜차이즈점을 가지고 있다. 직원 수는 영국에만 약 6만 3,000명, 해외까지 합치면 약 8만 명에 이른다.

49.
환율

외환시장의 수요와 공급에 따라 결정되는 화폐 가치

욜로YOLO. 'You Only Live Once'를 줄여서 부르는 이 신조어는 소소하지만 확실한 행복(소확행), 일과 생활의 균형(워라밸)으로 진화하며 새로운 소비 트렌드로 자리 잡았다. '나 자신을 위해 살라'라는 의미의 욜로는 우리나라에서 마케팅 용어로 사용되면서 '지금 당장 일상의 굴레에서 벗어나 여행을(그것도 해외여행을) 떠나라'라는 의미로 변질됐다. 동기가 무엇이든지 "욜로!"를 외치며 해외로 떠나는 여행자 수는 증가했다. 여행을 떠나기 전에 반드시 파악해둬야 하는 것이 날씨와 환율일 것이다.

환율은 두 나라 화폐 간의 교환 비율이다. 외국 화폐 1단위의 가격을 우리나라 화폐로 표시한 것인데, 보통 외환거래 시 미국 달러화를 많이 사용하기 때문에 미국의 1달러가 우리나라 화폐 얼마와 교환될 수 있는지 표시하는 방법을 많이 사용한다. 환율이 1,100원이라면 1달러가 원화 1,100원과 교환된다. 여행지에서 돈을 펑펑 썼는데도 돈이 남고, 아껴 써도 지출이 커져 자꾸만 지갑 문을 닫는 것도 모두 환율 때문에 생기는 일이다.

쉽게 설명하자면, 환율은 외국 화폐라는 상품에 붙은 '가격'이다. 시장에서 수요와 공급에 의해 상품 가격이 결정되는 것처럼 환율도 외환시장에서 외화의 수요와 공급에 의해 결정된다. 일반적인 수요·공급 곡선에서와 마찬가지로 환율이 오를수록 외화 수요량은 감소하고 공급량은 증가한다. 외화의 수요보다 공급이 많은 초과 공급 상황에서는 환율이 하락하고, 반대로 초과 수요 상황에서는 환율이 상승한다. 외화의 수요량과 공급량이 같아지는 지점에서 환율이 결정되는데, 이때의 환율이 균형환율이다.

그렇다면 환율에 영향을 주는 요소는 뭘까? 역시 외환시장에서의 수요·공급 곡선을 생각하면 된다. 먼저 외환시장에서 수요 곡선의 이동을 생각해보자. 이때는 원화보다 외화가 필요한 경우로, 국민소득 증가로 인한 수입 증가, 해외여행 증가, 외국에 대한 투자 증가 등은 외화에 대한 수요를 증가시켜 수요 곡선이 오른쪽으로 이동해 환율이 상승하게 된다. 반대로 외화보다 원화가 더 필요한 경우, 즉 외화 공급 곡선이 움직이는 경우는 언제일까? 수출 증가, 외국인의 국내 여행 증가, 외국인의 국내 투자 증가 등이 외화 공급 곡선을 오른쪽으로 이동시키는 요인이다. 결과적으로 환율이 하락하는 요인이다.

환율 상승은 원화의 평가절하

환율은 수출입, 물가 등 경제 전반에 큰 영향을 끼친다. 환율이 상승하면 원화는 달러화에 비해 떨어진다. 이를 원화 가치의 '평가절하'라고 부른다. 환율이 1,000원에서 2,000원으로 올랐다면, 이전보다 1달러를 구입하기 위해 더 많은 원화를 지불해야 한다. 반대로 우리나라에서 2,000원에 판매되는 상품이 외국에서 2달러에 판매되다가 원화가 평가절하되면 1달러에 판매된다. 즉 환율 상승으로 수출가격이 하락하는 것이다. 국내 시장에서 수입상품의 가격은 2배로 상승할 것이다. 결국 환율 상승은 수출 증가와 수입 감소로 이어진다. 이것은 경상수지 개선으로 이어지지만, 정부나 기업이 외국에서 빌린 외채가 있다면 상환 부담이 커지게 된다.

반대로 환율이 하락하면 상대적으로 수출상품의 가격이 오르고, 수입상품의 가격은 낮아진다. 결과적으로 수출은 감소하고 수입이 증가하며, 국내 기업들의 생산이 감소하고 고용이 축소되지만 외채 상환 부담은 감소된다.

해외거래를 하는 사업자가 아니라면, 환율의 기본 원리만 이해하고 있어도 일상생활에 큰 문제가 없을 것이다. 해외여행을 앞두고 발 빠르게 환율을 체크하고 환전할 정도면 충분하다. 미리미리 환율을 파악해 환전만 잘해도 여행의 첫 단추를 기분 좋게 꿸 수 있다. 때때로 환차익[1]으로 '보너스'를 얻은 듯한 기분도 낼 수 있다.

환전은 시중은행이나 환전소에서 하면 된다. 출국 직전 공항이나 여행국의 환전소에서도 할 수 있다. 장소에 따라 환전 수수료가 다르므로 환전 시 우대율을 잘 알아보면 수수료를 아낄 수 있다. 환전 수수료는 '매매 기준율[2]'과 '현찰로 살 때의 환율'의 차액을 말한다. 매매 기준율이 달러당 1,070원이고 현찰로 살 때 환율이 1,088.73원이라면 환전 수수료는 18.73원이 된다. 50% 환율 우대를 적용하면 1달러를 1,079.37원으로 환전할 수 있다.

숙련된 여행자들은 국내에서 사전에 환전하는 것이 수수료를 절약할 수 있는 방법이라고 말한다. 일반 환전소는 환율에 따라 수수료의 변동이 심하고 수수료가 임의로 책정되기도 하기 때문이다. 환전 수수료는 은행마다 다르지만 기본적으로 인천공항 환율은 비싼 편이다. 수수료 환전 우대를 하는 주거래 은행이나 시중은행의 이벤트를 이용하는 게 가장 합리적이다.

---

1 환차익 사용 화폐가 바뀔 때 환율이 상승하거나 하락함에 따라 얻게 되는 이익이다.

2 매매 기준율 해당 은행이 정하는 그 시간대의 환율. 은행마다 외화를 사는 시간과 거래량, 거래한 환율이 달라 매매 기준율이 다르며 하루에도 수시로 변한다.

50. 상품권

제작단가는 낮고 만족도는 높다

현금 5만 원과 백화점 상품권 5만 원권의 금전적 가치는 같지만 받는 사람은 사뭇 다른 느낌일 것이다. 상품권을 선물받은 사람은 여러 사용처 또는 상품을 마음대로 쇼핑할 수 있다. 원치 않는 선물을 받아 어떻게 처리할 것인지 고민할 필요가 없는 것이다. 상품권은 주는 사람 입장에서도 편리한 점이 많다. 누군가에게 직접 돈을 건넬 때 올 수 있는 '민망한' 상황을 피할 수 있고, 선물 선택의 고민이나 운반의 번거로움이 덜하다. 매년 직장인들이, 혹은 40~50대가 선호하는 명절 선물 1순위로 상품권이 꼽히는 것은 바로 이러한 편의성 덕이다.

　꾸준한 수요와 더불어 온라인 및 휴대전화를 통한 소비가 일상화되면서 상품권 형태도 다양해지고 있다. 상품권 종류를 크게 구분하자면 백화점 상품권이나 구두 상품권 같은 '자사 발행형'과 외식상품권, 문화상품권, 기프트 카드 등 선불카드 형식의 '제3자 발행형[1]'으로 나눌 수 있다. 전통적인 상품권 시장에는 자사 발행형이 많았는데, 최근엔 선불카드 형식의 제3자 발행형 상품권도 늘어나는 추세다. 주로 신용카드 회사들이 발행하는 기프트 카드는 카드 가맹점에서 신용카드처럼 자유롭게 사용할 수 있다. 모바일을 통해 주고받는 기프티콘이나 온라인 상품권도 같은 종류다. 이런 편리성 덕분에 기프트 카드 시장은 급성장했다. 최근 국내 기프트 카드 시장의 사용액 집계는 나와 있지 않다. 미국 기프트 카드 시장의 경우 2024년에 3,245억 달러 규모로 성장할 것으로 예상했었는데, 이는 전년 내비 17.7% 증가한 수치다. 이러한 글로벌 추세를 고려할 때, 국내 기프트 카드 시장 역시 성장세를 보일 것으로 예상된다.

    상품권 시장의 확산을 환영하는 쪽이 더 있다. 상품권 발행자다. 상품권은 발행자에게 잠재적 소비자를 확보해주는 효과와 더불어 선수금을 통한 판매수익 향상 효과를 선물한다. 상품권 발행자는 상품권 구매자에게 즉시 현금을 받을 수 있지만 상품 판매는 유예된다. 발행자로서 재고 판매 없이 자금을 미리 확보할 수 있는 통로인 셈이다. 백화점 상품권의 평균 회수기간은 80일 정도로 알려졌다. 그러니까 상품이 실제로 매출을 발생하는 시점까지 선수금을 받아서 금융이익을 올리는 효과가 있는 것이다. 상품권 판매수익은 선수금활용수익 혹은 금융수익으로 반영된다.

여기에 수수료 장사까지 더해진다. 판매된 상품권이 백화점 매장에서 사용돼, 매장이 백화점에 금액을 청구하면 백화점은 수수료를 떼고 대금을 지급한다. 이때 수수료에 해당되는 금액이 백화점의 실제 매출이 된다. 상품권 발행을 통해 수수료 수익을 얻을 수 있는 것이다. 기프트 카드 같은 제3자 발행형 상품권은 상품권을 가맹점에서 사용하면 가맹점은 매출을 올리고 발행사는 수수료를 챙기는 구조다. 문화상품권이나 도서상품권의 경우 1만 원짜리를 발행하면 발행업체에서 500원 정도의 수수료 이익을 취하고 상품권이 사용되는 가맹점에서 9,500원 정도의 매출액을 올리는 효과를 가진다.

발행비용 대비 수익효과가 훨씬 큰 상품권

상품권을 상품으로 교환하지 않는 일부 고객 덕에 얻게 되는 부가수입도 있다. 상품권이 유효기간 내에 청구되지 않으면 발행처 입장에선 그야말로 '공돈'이 생기는 셈이다. 10만 원짜리 상품권을 받은 소비자가 유효기간에 상품권을 쓰지 않을 경우, 10만 원이 그대로 백화점 이익으로 잡히기 때문이다. 회계장부상의 미회수퇴장수익으로 이른바 '낙전수입[2]'이다. 금융감독원에 따르면, 백화점 상품권의 미회수율은 약 0.4~0.8% 수준으로 알려졌다. 기프트 카드의 경우 정확한 미회수율이 집계되지 않고 있지만 백화점 상품권보다 높을 것이라는 게 업계의 분석이다.

상품권은 발행비용 대비 수익효과가 훨씬 크다. 상품권 시장의 강자인 백화점에서 명절 등 '대목'을 앞두고 상품권 발행에 열을 올리는 데엔 그만한 이유가 있는 것이다. 상품권을 발행하는 백화점은 1만 원을 초과하는 상품권의 인지세를 내면 된다. 인지세는 상품권이 1만~10만 원 이하면 200원, 10만 원을 초과하면 400원이다. 한국조폐공사에 따르면, 종이형 상품권의 경우 제작단가가 장당 80~200원 수준이다. 발행 물량, 홀로그램 같은 보안요소를 얼마나 강도 높게 적용했는지가 가격을 결정하는 중요 변수다. 발행 물량이 많은 백화점 상품권의 제작단가는 낮은 편이다. 신세계, 롯데, 현대 등 대형 백화점 3사의 상품권 발행액은 연간 3~4조 원 규모로 알려졌는데, 상품권 매출에 따라 백화점에서 안정적으로 확보할 수 있는 자금의 크기가 달라진다고 볼 수 있다.

상품권은 주는 사람과 받는 사람 모두에게 만족스러운 옵션이다. 여기에 발행처까지 '이득'을 취할 수 있으니, 상품권은 그야말로 모두가 좋아하는 선물이 아닐까.

---

1 제3자 발행형 상품권 상품 공급자와 상품권 발행자가 다른 상품권이다. 한국도서보급 주식회사가 발행하고 가맹 서점에서 책을 살 수 있는 도서상품권이 대표적인 경우다. 제3자 발행형 상품권을 발행하려면 경제부처 장관의 인가를 받아 시·도 등 지방자치단체

에 등록해야 한다.

2 낙전수입 정액 상품에서 구매자가 제공량을 다 쓰지 않아 떨어지는 부가수입을 말한다. 통신회사가 서비스를 제공하지 않고도 챙기는 수입, 상품권이나 기프티 카드의 소멸시효가 지나 카드사가 챙기는 수입 등이 대표적이다. 상품권 판매 기업의 이익을 올리는 수단으로 악용된다는 목소리도 있다.

51.
슈링크플레이션

가격은 그대로인데 크기가 줄었네?

'가격은 똑같은데 양이 좀 준 것 같은데…?'

다들 한 번쯤 평소 사던 물건에서 이런 느낌을 받은 적이 있을 것이다. 실제로 기업들이 제품 가격을 유지하는 대신 용량을 줄이거나 품질을 낮춰 간접적인 가격 인상 효과를 얻으려는 경우가 있다. 이런 행위를 경제용어로 '슈링크플레이션'이라고 한다.

슈링크플레이션Shrinkflation은 '줄어들다'라는 의미의 '슈링크shrink'와 '전반적·지속적으로 물가가 상승하는 현상'을 나타내는 '인플레이션inflation'의 합성어다. 영국의 경제학자 피파 맘그렌Pippa Malmgren이 고안한 용어로, 다른 말로 '패키지 다운사이징package downsizing'이라고 부르기도 한다.

'양'보다 '가격'에 민감한 소비자를 노린 '꼼수'

기업들은 왜 슈링크플레이션이라는 선택을 하는 걸까? 소비 행태 연구 결과에 따르면 소비자는 '제품의 양'이 달라지는 것보다 '가격'이 변하는 데 더 민감하다고 한다. 이런 소비 경향을 두고 미국의 경제학자 어빙 피셔Irving Fisher는 '화폐 환상(화폐 착각money illusion)'이라는 개념을 들어 설명했다. 화폐 환상이란 사람들이 화폐의 실질가치가 아닌 액면상의 명목가치에 집착하는 성향을 말한다.

인플레이션으로 인해 임금이 올랐다고 가정하자. 임금의 명목상 가치는 올랐겠지만 실질소득이 증가한 것은 아니다. 물가도 함께 올랐기 때문이다. 하지만 사람들은 단순하게 '돈을 더 많이 벌었다'라고 잘못 생각하는 경우가 많다. 이러한 소비자 성향에 착안해 기업들도 '제품 가격 인상'보다는 '용량과 품질 저하'라는 선택을 하는 것이다. 가격 인상에 대한 소비자 저항을 낮추는 슈링크플레이션 전략인 셈이다.

대표적인 슈링크플레이션 사례를 보면, 몇 년 전 온라인에서 화제였던 '질소 과자' 논란이 있다. 과자를 포장할 때 내용물이 부서지거나 변질되는 것을 막기 위해 과자 봉지에 질소를 채워 넣는다. 이 질소의 양이 실제로 들어있는 과자의 양보다 더 많아 논란이 됐었다. 유제품의 경우 원유의 가격이 오르자 제품의 원유 함량을 줄이다 적발되기도 했다. 요즘은 이렇게 원재료 함량을 줄이는 경우를 따로 떼어내 '스킴플레이션Skimpflation'[1]이라고 부르기도 한다.

슈링크플레이션은 '꼼수 인상'이라는 점에서 사회적 비난의 대상이 되곤 한다. 물론 기업 역시 할 말은 있다. 인플레이션으로 원자재 가격과 운송비, 인건비가 꾸준히 상승하는데 소비자 가격을 인상하지 않고서는 물건을 팔아도 남는 게 없다는 것이다. 이런 경우 기업은 제품의 가격을 인상하기보다는 내용물을 축소해 생산 비용을 줄임으로써 수익을 유지하는 전략을 쓴다.

심지어 과거 슈링크플레이션으로 적발된 몇몇 제조사는 용량 변경을 인정하면서도 포장재, 레시피 등을 변경했을 뿐이라며 "꼼수가 아니라 리뉴얼이다"라고 주장하기도 했다. 하지만 소비자 입장에서는 가격이 같더라도 양이나 중량이 줄어 단위 크기나 단위 중량당 가격이 상승했으니, 결과적으로 제품 가격이 인상된 것과 다름없다.

이런 행태가 소비자의 알 권리를 침해한다는 지적이 꾸준히 제기되자 관련 내용을 담은 소비자기본법이 개정되었고, 2024년 8월 3일부터 시행되고 있다. 개정된 소비자기본법에 따라 공정거래위원회는 생필품 191가지 품목의 제조사를 지정했다. 소비자 고시 의무가 있는 191가지 품목은 햄, 우유, 설탕, 식용유, 라면, 분유 등 생활 밀접형 가공식품과 샴푸, 세탁비누, 생리대, 마스크 등 생활용품이 있다. 이들 제조사는 앞으로 제품의 용량을 줄일 때 3개월 동안 제품 포장지나 제조사 홈페이지, 제품 판매장소 중 한 곳에 그 내용을 게시해 알려야 한다. 이를 위반하면 해당 기업은 최대 3,000만 원의 과태료를 내야 한다. 기업 입장에선 아무래도 '슈링크플레이션 기업'이라는 낙인이 찍힐 것을 경계해 주의할 수밖에 없을 것이다.

슈링크플레이션으로부터 소비자를 보호하기 위한 정부 대책에 환영과 우려의 목소리가 동시에 나왔다. 일단은 소비자를 기만하는 슈링크플레이션을 제재하기로 한 게 옳다며 환영하는 분위기가 대부분이었다. 하지만 인건비와 재료비 상승을 간과하고 무조건 기업을 압박하는 건 또 다른 부작용을 일으킬 수 있다는 우려도 있었다. 소비자가 용량 축소를 가격 인상으로 인식할 수 있는 만큼, 기업들이 실질적인 가격 인상으로 대응할 가능성이 높다는 것이다. 바로 '스트레치플레이션'이다.

스트레치플레이션Stretchflation은 '쭉 늘이다(스트레치stretch)'라는 단어와 '인플레이션'의 합성어다. 가격은 두고 용량을 줄이는 슈링크플레이션과 달리 용량은 조금 올리면서 가격은 더 큰 폭으로 올리는 행위를 말한다. 공정위 제재 대상인 슈링크플레이션과 달리 가격을 대폭 인상하는 스트레치플레이션은 규제 대상이 아니라는 게 문제다.

기업 입장에서는 제품 용량을 줄여 가격을 몰래 올렸다고 손가락질받느니, 대놓고 확 가격을 올리는 게 낫다는 계산이 나올 수 있다. 제품을 생산하는 데 들어가는 비용이 전반적으로 상승하는 상황에서, 가격 자체를 올리는 방법으로 기업이 수익을 창출할 돌파구를 찾는다면 말이다. 기업들의 이런 선택이 이어진다면 줄줄이 제품 가격이 오르는 '풍선효과'[2]를 초래할 수도 있을 것이다.

어쨌든 슈링크플레이션에 대한 사회적 압박은 이어질 전망이다. 공정위에 이어 산업통상자원부 역시 슈링크플레이션에 대한 대책으로 '가격표시제 실시요령 개정안'을 마련했다. 이에 따라 2025년 11월부터는 더 많은 즉석식품·생활용품 등 소비자와 가까운 제품군들에도 단위가격을 표시해야 한다. 개정된 가격표시제에 따르면 연간 거래금액이 10조 원 이상인 대규모 온라인쇼핑몰에선 의무적으로 단위가격을 표시해야 한다. 단위가격 표시 품목도 기존의 84개에서 114개로 늘었다.

시민사회에서도 자신의 권리를 보호하기 위한 노력을 이어가고 있다. 한국소비자원 등 소비자단체들은 '소비자 24(www.consumer.go.kr)'나 '참 가격(www.price.go.kr)' 같은 홈페이지를 통해 슈링크플레이션처럼 부당한 기업행위를 신고할 수 있는 장을 마련했다. 또 매 분기 '슈링크플레이션 모니터링'을 실시해 그 결과를 발표하기도 한다. 각종 제품 할인 정보와 고시 사항 등도 이곳에 있으니, 똑똑한 소비자라면 그냥 지나치지 말자.

슈링크플레이션은 사람들이 알아채지 못하는 사이에 가격 상승을 유발한 것이므로, 숨겨진 인플레이션이라 할 수 있다. 소비자들의 권리를 보호하기 위해 이런 기업 행위는 되도록 지양하는 것이 좋다. 정부가 대책을 마련해 관리·감독하는 것도 중요하지만, 이에 앞서 기업 스스로가 사회구성원의 일원으로서 책임감을 가지려는 노력이 필요하다. 기업이 소비자 선택에 영향을 미치는 정보를 투명하게 공개하고 소비자 권익을 보호하려는 책임 의식을 가진다면, 소비자들의 불신을 해소하고 공정한 시장 분위기를 조성할 수 있을 것이다.

---

1 스킴플레이션 Skimflation '과도하게 절약하다'라는 의미의 '스킴프skimp'와 '인플레이션'의 합성어. 가격과 용량을 그대로 두고 값싼 원료를 사용해 이득을 취하는 마케팅 행위를 말한다.

2 풍선효과 풍선의 한 곳을 누르면 다른 곳이 불거져 나오는 것처럼, 문제 하나가 해결되면 또 다른 문제가 생기는 현상을 말한다.

52.
백화점 상품권

신용카드로 백화점 상품권을 살 수 없는 이유

추석을 앞두고 백화점에 간 A씨. 부모님께 명절 선물로 상품권을 드리기 위해 고객센터를 찾았다. A씨가 결제하기 위해 신용카드를 내밀자 직원은 "고객님, 죄송하지만 상품권은 신용카드 구입이 안 됩니다. 현금으로 계산해주셔야 합니다."라고 말했다. 백화점 상품권을 사러 갔다가 현금이 없어 부랴부랴 현금인출기로 갔던 경험이 다들 한 번쯤은 있을 것이다. 대부분의 백화점 및 대형마트에서는 신용카드가 아닌 현금으로 상품권을 구입하도록 하고 있다. 왜 그럴까?

금융감독원에 따르면, 상품권 등의 유가증권[1]에 한해서는 개인 신용카드일 경우 월 100만 원 한도에서 카드결제가 가능하다. 카드결제는 상품권 발행업자가 허용한 경우에 한하고 있다. 결국 상품권의 카드결제 여부는 업체의 자율에 맡긴다는 것이다. 소비자 보호단체 컨슈머리서치가 국내 백화점, 대형마트를 중심으로 상품권 결제수단을 조사한 결과를 보면 업체마다 기준이 조금씩 다르다. 대부분의 백화점 및 대형마트에서 기본으로 현금과 법인카드 결제를 허용하고 있고, 체크카드·개인 신용카드 사용이 가능한 곳도 있었다.

백화점 상품권 구입 시 개인 신용카드를 제한하는 가장 큰 이유는 신용카드로 현금을 마련하는 것을 방지하기 위해서다. 소위 '상품권 깡'이다. 거리 혹은 인터넷에서 '상품권 싸게 팝니다'란 광고 문구를 본 적이 있을 것이다. 상품권은 액면에 적힌 금액만큼의 재화를 구입할 수 있는 권리다. '상품을 사기 위한 권리'인 상품권 그 자체가 상품처럼 거래되기도 한다. 신용카드로 상품권을 구입해서 상품권 할인업체에 저가로 팔면 할인업체는 저렴하게 구입한 상품권을 할인가격으로 되팔아 차익을 남긴다. 일종의 상품권 중고시장인 셈이다.

문제는 이렇게 시중에서 상품권 가치가 낮게 형성되면 백화점 브랜드 가치에 문제가 생길 수 있다는 것이다. 정상가 상품권에 대한 수요도 적어질 수 있음은 물론이다. 개인 신용카드로 상품권을 구매할 수 있게 되면 백화점 상품권이 '깡'의 주요 타깃이 될 가능성이 커진다. 이런 이유로 정부도 2002년 백화점 상품권을 개인 신용카드로 구매할 수 있게 하는 방안을 추진했다가 백화점들의 강한 저항에 부딪혀 결국 백지화한 바 있다. 이런 이유로 중고 상품권 시장에 풀리는 상품권은 대부분 법인카드로 구입한 경우가 많은 것으로 알려졌다. 법인이 구입하여 선물로 제공한 상품권이 중고 시장에 나오는 것이다.

명절 전후로 중고 상품권 시장이 활성화되는 이유

중고 상품권 시장은 명절 전후가 대목이다. 보통 명절 일주일 전부터 상품권 매도 물량이 매수 수요를 웃돌며 거래가격이 하락(할인율 상승)하기 시작한다. 상품권 온라인 매매업체 관계자는 "명절을 기점으로 보통 한 날 선부터 법인들의 매수 수요가 꿈틀대며 거래가격이 올라가기 시작한다"고 말한다.

상품권 중고시장은 상품권으로 물건을 사는 대신 현금화하려는 수요가 만들어낸 '2부 시장'[2]이라 할 수 있다. 명동이나 강남역 일대 등 주로 번화한 상권에 상품권 깡을 취급하는 업소들이 많다. 상품권 시장에서 거래되는 상품권 가격은 철저하게 발행 규모와 수요·공급에 의해 결정된다. 상품권의 발행 규모가 클수록 값이 떨어지고 선호도가 높을수록 값이 올라간다. 가장 인기가 많은 상품권은 대형마트를 끼고 있는 백화점 상품권이다. 국내 3대 백화점(신세계·현대·롯데) 10만 원권 상품권이 9만 원대에 거래된다. 가장 싼 상품권, 다시 말해 할인율이 높은 상품권은 '제화 상품권'이다. 제화업체가 법인에 영업·판매를 할 때부터 20~30% 할인율을 적용해 대량 판매한 것이 높은 할인율의 원인이 됐다. 10만 원권 제화 상품권이 최소 7만 원선에 거래된다.

'카드 깡' 방지를 명목으로 백화점들은 개인 신용카드로 상품권을 구입하는 것을 제한하고 있지만, 이에 대한 시장의 비판도 적지 않다. 백화점들이 손쉽게 현금을 확보하면서 카드 수수료를 피하려는 목적으로 이를 악용한다는 주장이다. 상품권은 상품권에 적힌 금액과 동등한 현금 가치를 인정해줘야 한다. 예를 들어, 10만 원권 상품권을 팔았을 경우 그 상품권을 소지한 사람이 해당 상품권으로 구매할 때 10만 원을 현금처럼 인정해줘야 한다. 만약 10만 원권 상품권을 팔 때 신용카드로 결제하게 되면 발행자 입장에선 카드 수수료만큼 손해가 발생하게 되는 셈이다. 백화점이 수수료 발생으로 인한 손해를 보지 않고 현금 이익만 취하려는 것 아니냐는 비판을 받는 이유다.

---

1 유가증권 재산권 또는 재산적 이익을 받을 자격을 나타내는 증권을 말한다. 실물이 발행되는 경우도 있고, 명부에 등록만 되어 있을 수도 있다. 보통 증권시장에서 사용되는 유가증권은 상장되어 있는 주식 및 채권을 가리킨다.

2 2부 시장 증권시장에서 1부 종목에 지정 요건이 미달된 주권을 거래하는 시장을 말한다. 보통은 암암리에 거래되는 물건을 다루는 시장을 뜻하는 말로 활용되고 있다.

53.
쿠폰

쿠폰 사용은 정말 똑똑한 소비일까

소비자 입장에서 쿠폰은 매력적인 상품이다. 쿠폰을 잘만 사용하면 사고 싶었던 제품을 할인가격에, 더 운이 좋으면 '덤'으로 얻을 수 있기 때문이다. 짜장면을 10번 시켜먹으며 모아둔 쿠폰으로 공짜 탕수육을 먹거나 '비오는 날 할인' 커피 쿠폰으로 반값에 커피를 사 마실 수도 있다. 쿠폰의 종류도 다양하다. 중국집 쿠폰처럼 간단한 종이 쿠폰, 피자와 치킨 등의 포장지에 부착된 쿠폰, 재방문 유도를 위한 도장 찍기 방식의 쿠폰, 인터넷 출력 쿠폰 등을 넘어 이제 모바일 코드로 이뤄진 쿠폰들도 등장했다.

소비자에게 이토록 이득이라면, 판매자는 그만큼 손해를 보는 것 아닐까? 왜 쿠폰 마케팅은 점차 다양하고 광범위해지는 걸까? 정답은 간단하다. 판매자도 결코 손해 보는 장사가 아니기 때문이다. 쿠폰은 광고와 더불어 판매자가 손쉽게 선택할 수 있는 대표적인 마케팅 전략이다. 판매자에게 쿠폰은 광고만큼의 매출 창출 효과를 일으키면서 제작비용은 저렴한, 제법 괜찮은 마케팅 방식이다. 전통적인 간판, 지면, TV 광고보다 더 직접적이고 개인적이며 쌍방향의 특성을 가진 데다, 한 번 방문한 소비자들에게 인센티브 효과를 제공해 재방문과 추가적 홍보효과 등 시너지를 낸다. 소비자 구매를 자극함으로써 재고 정리에 도움이 되며, 자연스럽게 단기적 수요 조절, 판매자의 현금통화 증대 등의 효과를 기대할 수 있다. 때문에 점점 더 많은 판매자들이 다양한 형식의 쿠폰을 만드는 것이다. 즉각적인 할인과는 달리, 쿠폰은 가격할인을 유보하는 효과가 있다. 할인을 위한 일정한 조건을 내걸어 당장의 소비는 촉진하지만, 추후에 그만큼의 할인 효과를 담보해주는 것이다. 커피가게에서 쿠폰 10장을 모으면 커피 1잔을 무료로 제공하는 것이 대표적이다. 이는 한계고객[1]을 타깃으로 한 것으로 사실상 가격을 할인해주는 셈이다. 통상적으로 이런 유보적 가격할인은 단골고객을 확보하고 지속적인 거래를 유지하는 데 도움이 된다. 유보적 가격할인 제도가 여러 번의 방문을 유도하는 셈이다.

쿠폰 발행과 가격 의심의 상관관계

쿠폰은 특히 상품이 팔리지 않는 불황기에 효과가 큰 것으로 알려졌다. 단기적인 소비 심리를 자극해 재고품을 정리하는 데 효과가 뛰어나기 때문이다. 다만, 재고 소비를 주목적으로 쿠폰을 발행할 때엔 제품의 높은 가격 탄력성이 담보돼야 한다. 가격을 약간만 낮춰도 판매량이 급격히 늘어날 수 있는 상품이어야 한다는 말이다. 가격할인에 대한 가격 탄력성이 낮은 상품을 팔기 위해 무턱대고 쿠폰을 남발하면 오히려 적자 폭만 키울 수 있다. 물론 개업 초기에 인지도 확장을 위해 약간의 손실을 감수하고 대대적으로 쿠폰을 발행하는 경우도 있을 수 있다.

때문에 판매자 입장에서 쿠폰을 마구잡이로 발행하는 것이 능사는 아니다. 쿠폰의 마구잡이식 발행은 '원래 가격은 이렇게 싼데, 지금까지 기격을 바가지 씌운 것 아냐?'는 의구심으로 이어질 위험이 크기 때문이다. 불필요한 소비를 조장하고 여기에 대한 소비자 불신이 쌓이게 할 수 있다는 것이다. 쿠폰을 너무 자주 발행하면 소비자들이 정상적인 소비활동 대신 할인 시기만을 기다려 소비하는 행태를 보일 수도 있다. 로드 숍들의 지나친 할인 경쟁이 로드 숍 전체의 매출 부진으로 이어진 것과 같은 원리다.

최근에는 쿠폰과 할인 혜택을 잘 활용하여 크게 만족하는 소비자도 있고 홍보효과를 톡톡히 보는 판매자들이 많아지고 있다. 반면 소셜커머스와 쿠폰의 확대로 소규모 자영업자들이 파산하고, 과장광고와 질이 떨어지는 서비스로 인한 소비자의 불만으로 많은 문제가 발생하기도 한다. 소비 유치 경쟁으로 인한 무분별한 쿠폰 발행은 단기적으로는 소비자에게, 장기적으로는 판매자에게 부정적 영향을 미치게 될 수 있다.

쿠폰이 현대사회의 고전적인 마케팅으로 자리 잡은 만큼 그 소비와 관련한 무수한 연구가 이뤄졌다. 성공적인 쿠폰 활용 마케팅을 위해선 판매제품의 소비층에 대한 분명한 식별이 선행돼야 한다. 일반적으로 쿠폰 사용에 민감한 소비자는 가격에 민감한 저가품 탐색자인 경우가 많은 것으로 알려졌다. 이들은 식료품 쿠폰을 이용하기 위해 신문이나 잡지, 또는 인터넷을 자주 검색하며 더 싼 상품을 찾아 쉽게 이동한다. 쿠폰은 40~50대보다 20~30대에서 더 많이 사용하며, 남성보다 여성들이 더 많이 사용하는 것으로 알려졌다. 취업 상태도 쿠폰 사용 행태와 상관있다. 취직한 사람의 경우 가격에 대한 민감도가 줄어들어 쿠폰 사용도가 떨어지는 경향을 보였다. 얼핏 생각하기에 소득이 낮은 소비자가 쿠폰을 더 많이 사용할 것 같지만, 오히려 고소득 소비자들이 쿠폰을 이용한 구매를 가속화하는 경향이 있다는 것도 재밌는 점이다.

---

1 한계고객 할인가격이 아니면 상품을 구매하지 않는 고객. 이익 실현에 마이너스를 초래하는 고객을 뜻하기도 한다.

54.
1코노미

점점 커지는 1코노미의 위력

'혼밥'과 '혼술'에 '혼고기'도 등장했다. 불과 몇 년 전까지만 해도 혼자 밥 먹는 사람이 드물었는데 이제는 대세처럼 느껴질 정도다. 그 정도로 혼자서 하는 일상이 익숙해졌다. 인터넷 커뮤니티에서는 혼자서 할 수 있는 일들을 등급별로 나누어 레벨을 매기기도 한다. 혼자서 밥 먹기는 이제 기초 중에 기초다. 혼자서 고기 구워 먹기, 혼자서 뷔페 즐기기, 혼자서 영화 보기, 혼자서 여행하기까지 이른바 '혼자력' 테스트 항목은 점점 다양해지고 있다. 그러다 보니 예능 프로그램의 대세 중 하나는 '나 홀로 산다'가 됐고 그런 문화가 급물살을 타고 확산되면서 '혼밥러(혼자 밥을 먹는 사람)', '혼술러(혼자 술을 먹는 사람)'는 나름 힘 있는 소비자가 됐다.

1인 가구[1] 증가세는 새로운 가족 패러다임을 구축하고, 새로운 경제 성장 동력으로 떠오르고 있다. '1코노미' 시대가 시작된 것이다. 통계청에 따르면 2024년 우리나라 1인 가구는 약 1,002만으로, 전체 가구의 41.8%에 해당한다. 미국이나 영국과 비슷한 수준이다. 우리의 미래상과 비슷한 일본의 경우 1인 가구가 2020년 기준 38%에 달했다.

1인 가구의 등장은 단순히 가구 구성원 수의 변화에 머무르지 않는다. 소비 주체와 패턴이 핵가족 시대와 또 달라졌다. 1인 가구의 소비 금액이 급속도로 늘고 있다는 얘기다. 2024년 한국은행이 분석한 보고서에 따르면 1인 가구의 소비 지출 비중이 지난 10년간 매우 빠른 속도로 늘어나 2023년 기준 전체 소비 지출의 약 20%를 차지하고 있다고 한다.

이런 변화에는 '혼자'라는 단어가 가지는 의미의 긍정적인 변화가 있다. 과거에는 '혼자'가 결핍이나 외로움을 뜻했다면 이제는 '자유'와 만족'을 뜻한다. 특히 1인 가구는 자신이 관심 있는 분야, 좋아하는 상품이나 서비스에 아끼지 않고 투자하는 '가치 소비' 성향이 두드러진다. 광고업계도 1인 가구를 묘사할 때 이런 흐름을 반영하고 있다. 혼자서도 잘 먹는 1인, 혼자서도 카드를 잘 긁고 다니는 1인, 혼자서 여행도 즐겁게 다니는 1인이 TV 광고에 등장하는 '혼자'의 모습이다.

'인생은 한 번뿐이다You Only Live Once'라는 문장의 앞 글자를 딴 신조어 '욜로[2]'는 불확실한 미래보다 현재 원하는 것에 투자하는 소비 행태를 의미하며 여기저기서 사용되고 있다. 많은 사람들이 한 번뿐인 인생에 좀 더 집중해 자기 주도적 소비를 하며 욜로를 실천 중이다. 생활의 품격을 따지는 소비 패턴은 1인 가구를 위한 스몰 럭셔리Small Luxury 제품 판매로 이어지고 있다. 중년층에 비해 구매력이 상대적으로 낮은 청년층이 1인 가구의 대다수를 이룬다. 그들이 관심을 가지는 쪽은 작은 사치품이다. 외제차나 명품 옷 같은 고가 상품에 목돈을 지출하기 어렵기 때문에 상대적으로 저렴하면서도 기능성이 뛰어난 고급 소비재를 구매하는 추세다. 그런 곳에는 지갑을 기꺼이 연다. 밥값에 버금가는 디저트 전문점, 프리미엄 향수나 매니큐어 등의 뷰티 제품 등이 대표적이다.

가장 예민한 곳은 식품업계다. 혼자서 밥과 술을 즐기는 이들이 늘었기 때문인데, 퀄리티도 진화 중이다. 가장 익숙한 편의점을 살펴보자. 혼밥 문화의 중심인 편의점은 원래 즉석 간편식을 내세워 매출을 급속도로 올리고 있었다. 하지만 대충 때우기보다 건강을 챙기는 1인 가구가 늘어나자 혼자를 위한 건강식 출시로 라인업에 변화를 주고 있다. 1~2인분 사골곰탕이나 소고기 미역국 등을 데우면 혼자서도 그럴듯한 한 끼 밥상을 차릴 수 있다. 약 2년 전부터 등장한 '케어 푸드Care Food'는 원래 고령 환자를 위한 음식이었지만, 지금은 1인 가구를 위한 프리미엄 일상식으로 성격을 바꾸었다. 성인 영양식이 된 셈이다. 한국농수산식품유통공사에 따르면, 2018년 가정 간편식 시장이 3.2조 원에서 2023년 7조 원으로 급격히 확대되었다고 한다.

2035년엔 세 가구 중 하나가 '나 혼자 산다'

이제 혼밥족을 위한 1인 식당은 어렵지 않게 찾아볼 수 있다. 일본에서 흔하게 보던 칸막이가 설치된 일자형 테이블, 벽을 마주 보고 앉는 식탁은 국내에도 등장한 지 오래다. 흥미로운 건 메뉴의 변화다. 혼자서 먹기 힘든 삼겹살이나 보쌈, 샤부샤부 등도 이제 혼밥으로 즐길 수 있다. 배달 애플리케이션은 이미 '혼자'를 위한 공간적 편리함을 제공하고 있다. 최근에는 맛집 배달을 전문으로 하는 곳도 생겼는데 나만의 공간에서도 맛집의 음식을 그대로 재현할 수 있는 플랫폼은 입소문을 타고 있다. 호텔 식음업장에도 1인석, 1인 메뉴가 등장했다. 주류업계 역시 소용량 맥주와 위스키 등으로 혼술족을 배려하고 있다.

어디 먹는 것뿐일까? 가전제품이나 가구, 여행이나 영화관에서도 '혼자'의 등장에 대비하는 노력을 엿볼 수 있다. 대형화를 추구하던 가전제품에 소형 물건이 등장하고 직접 조립해 판매가격을 낮춘 '패스트퍼니처[3]'를 구매하는 흐름에 적응하는 가구업체도 늘고 있다. 접이식 테이블처럼 공간의 활용을 극대화하는 형태의 가구를 출시하는 업체도 적지 않다.

반드시 둘이 가야 할 곳처럼 생각되던 영화관에서도 '혼자' 오는 사람들을 신경 쓰고 있다. 서울 영등포구의 '씨네Q' 신도림점은 혼영관을 마련했다. 관객석은 서로 멀찍이 떨어져 있고 좌석마다 높은 칸막이가 쳐져 있어 옆 사람 얼굴을 볼 수 없는 구조다. 예매권과 팝콘, 콜라를 묶은 싱글 패키지 등장은 덤이다. 혼자 여행을 떠나는 '혼행족'도 늘어나는 추세다. 한 여행사는 '2030팩'이라는 여행상품을 내놨다. 홀로 즐기는 자유여행을 기본으로 하되, 일정 중 하루 이틀은 여행객들의 선호도가 높거나 일행과 함께 즐기면 만족도가 높은 현지 투어를 포함한 방식으로 구성했다.

이처럼 소비 패턴의 변화를 불러오며 전국의 유통 지도를 다시 쓸 정도로 혼족들의 영향은 점점 커지고 있다. 혼족들이 지갑을 여는 것을 망설이지 않는다는 점도 이들을 중요하게 생각해야 할 대목이다. 통계청 추산에 따르면 2035년에는 세 가구 중 한 가구가 1인 가구로 채워진다.

---

1 1인 가구 미국은 27.5%(2012년), 영국은 28.5%(2014년), 프랑스는 33.8%(2011년), 일본은 34.5%(2015년), 캐나다는 28.2%(2016년) 정도가 1인 가구다.

2 욜로 2011년 캐나다 출신의 래퍼 드레이크Drake의 〈The Motto〉라는 곡에서 후크로 나와 전 세계적으로 유명해진 말이다. '인생은 한 번뿐이니 내 맘대로 할 거야'라는 뜻으로 사용됐다.

3 패스트퍼니처 패스트푸드, 패스트패션처럼 싸게 사서 편리하게 사용하고 부담 없이 버릴 수 있는 가구다. 이케아IKEA가 대표적이다.

55.
체감 물가와
공식 물가

정부가 느끼는 물가
vs 내가 느끼는 물가

"2일 통계청에 따르면 지난해 소득 하위 20% 가구(1분위)의 식비 부담은 월평균 43만 4,000원으로 5년 전보다 38.6% 증가했다. 같은 기간 국내 전체 가구의 식비 증가율(26.3%)보다 크다. 거침없는 먹거리 가격 상승세에 식탁 발(發) 인플레이션 우려도 나오고 있다. 지난해 국내 식료품·비주류 음료 물가 지수는 122.9로 5년 전보다 28.3% 오르며 전체 소비자물가지수 상승률(14.8%)을 웃돌았다." (중앙일보, 2025. 3. 2.)

경제 기사의 한 대목처럼 마트에 가면 장바구니 채우기가 무서울 정도로 비싸다는 게 느껴지고 치킨 한 마리가 2만 원에 육박한다. 장바구니도, 외식도 이전보다 비싸진 듯하다. 그런데 2019년 연간 소비자물가 상승률은 0.4%로 2018년(1.5%)에 비해 크게 낮아졌다. 정부 공식 통계에서는 물가가 크게 오르지 않았다는데 사람들은 크게 올랐다고 느낀다.

결론적으로는 정부 말도 맞고 사람들 말도 맞다. 물가는 말 그대로 물건의 값이다. 소비자들은 자기 범위에 있는 물건의 값에서 물가를 느낀다. 먹거리가 대표적이다. 그런데 정부가 따지는 물가는 단순히 물건 값만 뜻하지 않는다. 사회에서 값을 매기는 물건과 서비스가 매우 많기 때문이다.

정부도 모든 물건과 서비스의 값을 조사하진 않는다. 물가를 조사하기 위해 표본 집단을 추려내는 작업을 한다. 이걸 하나로 묶은 뒤에 평균적으로 얼마나 올랐고 내렸는지를 조사해 발표한다. 이걸 보통 물가지수[1]라고 부른다. 우리가 기사에서 보는 소비자 물가지수가 대표적이다.

소비자 물가지수를 산출하기 위해 정부가 조사하는 품목은 460개다. 농산물부터 각종 공공서비스(전기요금이 대표적이다)도 지수에 포함된다. 460개 품목을 전국 38개 지역에서 조사해 계산하고 통계청은 이를 1개월마다 발표하고 있다. 연말에는 지난 1년 동안 얼마나 물가가 올랐는지 모아서 알려준다. 2018년의 0.4%는 이런 과정을 통해 나온 결과다.

물가가 많이 올랐다는 '체감'도 맞는 말이다. 체감 물가는 소비자물가 공식 발표보다 상대적으로 높을 수밖에 없다. 예를 들어 2018년, 장바구니 물가에 영향을 미치는 채소류 등 신선식품을 비롯한 농축수산물과 음식, 숙박 등 개인 서비스 물가가 큰 폭으로 올랐다. 특히 신선채소는 1년간 4.1%가 올랐다. 여기에 경기 부진으로 가계의 가처분소득[2]이 정체하자 상대적으로 오른 먹거리와 개인 서비스 물가가 더 비싸게 느껴진 점도 있다. 물가 체감도는 소득의 증가 정도에 따라 상대적이다.

주거비용 하락하면 물가는 게임 끝

여기서 궁금증이 생긴다. 왜 체감 물가가 올랐는데 정부의 공식 물가는 크게 오르지 않았다고 할까? 둘 중 하나가 잘못된 걸까? 아니면 정부의 발표가 의도적으로 조작된 걸까? 물론 둘 다 아니다. 물가를 조사할 때 사용하는 '가중치'가 달라서다.

통계청은 물가지수를 계산할 때 품목별로 가중치를 다르게 적용한다. 460개 품목별로 가중치를 매기는데 물가에 영향력을 크게 발휘하는 상품은 가중치를 높게, 영향력이 작은 상품은 가중치를 낮게 적용한다. 가중치는 소비자가 어디에 지출을 많이 하는지를 고려해 결정하고, 전체 합은 1,000이다. 예를 들어 고등학생 학원비의 가중치는 2017년 기준 14.0이다. 전체 가중치 1,000에서 14.0이란 말은 1,000만 원을 썼을 때 고등학생 학원비로 나가는 돈이 14만 원이란 의미다.

2017년 기준 460개 품목[3] 중 가중치가 가장 높은 건 집에 들어가는 비용이다. 전세가 48.9, 월세가 44.8로 1~2위를 차지했다.

둘을 더하면 약 100에 근접하니 집세로 들어가는 비용이 소비자 물가지수에서 약 10%나 차지할 정도로 높다. 3위는 휴대전화료(36.1), 4위는 휘발유(23.4), 5위는 공동주택관리비(19.0), 6위는 전기료(17.0)다. 1~6위 구성을 보면 우리가 거주하고 이동하는 데 드는 비용이다. 여기에 상당 부분 가중치가 적용되고 있다.

반면 우리가 장바구니로 접하기 쉬운 식품의 가중치는 상대적으로 미미하다. 쌀 4.3, 우유 4.3, 무 0.8, 달걀 2.6, 양파 1.0 정도 수준이다. 그나마 가장 많이 찾는 돼지고기가 9.2로 상대적으로 높다. 가중치 영향은 통계에 그대로 적용된다. 2018년 가장 가중치가 높은 전세 상승률은 1.8% 하락했고 유류세 인하로 휘발유 가격도 크게 떨어졌다. 이런 상황에서 농축산물이 올라도 정부 공식 통계에서 변동 폭은 미미하다.

소비 트렌드는 시시각각 바뀐다. 정부도 그런 현실을 반영하기 위해 정기적으로 소비자 물가지수에 포함되는 상품과 가중치를 조정한다. 2018년 당시 가중치가 가장 많이 커진 품목은 해외단체여행비로 10.0에서 13.8로, 커피(외식)가 4.8에서 6.9로, 휴대전화가 8.2에서 9.9로 올랐다. 반면 농축수산물은 77.9에서 77.1로 떨어졌다. 앞으로 정부 물가와 장바구니 물가의 온도차는 더 커질지도 모르겠다.

1 물가지수 물가지수의 종류는 다양하다. 소비자 물가지수, 생산자 물가지수가 대표적이다. 이 외에도 수출입 물가지수, 가공단계별 물가지수, 생활 물가지수, 종합 물가지수, 핵심 물가지수 등이 있다.

2 가처분소득 일정 기간에 개인이 획득하는 소득과 자유롭게 소비 또는 저축으로 처분할 수 있는 소득은 차이가 있다. 후자의 경우를 '가처분소득'이라고 한다. 보통 개인 소득에서 일체의 세금과 세외 부담을 뺀 나머지를 말한다.

3 물가지수 품목 2017년 조사 품목은 481개였지만 2018년부터 460개로 감소했다. 종이사전, 피망, 예방접종비, 잡지 등이 품목에서 빠졌다.

56.
스타트업

**벤처기업과 스타트업은
뭐가 다를까**

"스타트업이 뭔가요?" 이 질문에 답하기란 생각보다 쉽지 않다. 위키백과는 스타트업을 어떻게 규정하고 있을까? '설립한 지 오래되지 않은 신생 벤처기업.' 하지만 이것은 스타트업을 오롯이 규정하기에 충분치 않다. 골목상권에 새로 생긴 떡볶이 가게를 스타트업이라고 하진 않지만, 배달되지 않는 동네 맛집의 배달을 전문으로 해주는 배달업체는 스타트업 범주로 묶는다. 택시 회사를 새로 차린다고 스타트업이라 하진 않지만 우버Uber와 같은 공유 드라이브 업체는 스타트업이라고 한다. 스타트업이란 뭘까?

    스타트업에 대한 정의는 다양하다. 그것을 정의하는 사람이 스타트업의 핵심 가치를 무엇으로 삼느냐에 따라 다르게 정의 내려지곤 하지만, 일반적으로 '혁신적 기술과 아이디어' 그리고 '초기 창업'을 기본 요소로 꼽는다. 기업이 무엇을 '킬러 콘텐츠'로 갖고 있느냐, 즉 내용적인 측면에 따라 스타트업을 정의하거나, 창업시기와 자금 조달력을, 즉 시간·규모의 측면으로 정의하거나 하는 것이다. 앞서 위키백과는 신생 벤처기업을 스타트업이라 정의했는데 이는 후자에 의한 분류법에 가깝다.

벤처기업과 스타트업의 가장 큰 차이는 바로 자금 조달력에 있다. 혁신적인 아이디어나 기술을 가지고 이제 막 사업체를 운영하려는 단계가 스타트업이라면, 여기에서 대규모 자금을 조달해 사업체 규모를 갖추면 벤처기업으로 분류된다. 다시 말하면 창업한 이후부터 본격적인 시장 개척을 위해 막대한 자금이 필요한 단계, 이른바 '데스밸리[1]' 단계까지의 모든 기업을 스타트업이라 보는 셈이다. 코스닥 상장이나 대규모 인수·합병 M&A 같은 것을 통해 대규모 자금을 조달하기 이전 단계다. 그 이후가 벤처기업이다.

스타트업과 벤처기업은 모두 꾸준한 성장세를 보이고 있다. 특히 스타트업은 정부 지원과 청년 창업 열풍이 맞아 들어가며 창업 시장에서 주목받고 있다. 기술보증기금이 운영하는 벤처 종합 통계서비스 벤처인이 공개한 자료에 따르면, 최근 몇 년간 벤처기업 수는 늘어나는 추세다. 2024년 12월 기준 벤처기업 수는 전년 대비 14.1% 증가한 4만 81개 사로 집계되었다.

스타트업계의 성장은 벤처캐피탈 투자액의 증가로 가늠할 수 있다. 벤처기업에 투자하는 기업이나 자본을 '벤처캐피탈 Venture Capital(VC)'이라 한다. 국내 VC 투자액은 3조 원을 훌쩍 넘었다.

2024년 기준, 우리나라의 연간 벤처캐피털 누적 투자액은 약 7조 5,000억 원이다. 이는 전년 대비 약 8% 증가한 수치로, 불경기에도 불구하고 국내 스타트업과 중소기업에 대한 투자 열기가 지속되고 있음을 보여준다. 특히, 인공지능(AI), 바이오테크, 친환경 기술 등 첨단 기술 분야에 대한 투자가 두드러지고 있다. 기술보증기금이 조사한 벤처기업 대부분이 스타트업 형태라고 하니, 그야말로 스타트업 열풍이라 할 수 있다.

정부가 쏟아 부은 모태 펀드로 만들어진 스타트업 생태계

스타트업 열풍에서 찾아볼 수 있는 몇 가지 특징이 있다. 일단 업종별 쏠림 현상이 심한 편이다. 스타트업 가운데 업종별로 가장 많은 성장세를 보이는 분야는 바이오·의료 분야와 정보통신기술 서비스 분야다. 2018년 기준으로 각각 7,572억 원, 6,896억 원의 투자금을 모았다. 2018년부터 '스타' 스타트업이 대거 등장한 것도 특징이다. 소프트뱅크 비전펀드로부터 2조 2,600억 원 투자를 받은 쿠팡, K팝스타 방탄소년단을 탄생시킨 빅히트 엔터테인먼트, 간편 송금 서비스 '토스'를 운영하는 비바리퍼블리카, 배달 앱 '배달의 민족'을 운영하는 우아한형제들 등이 유니콘[2] 대열에 합류했다. 2017년까지 유니콘으로 분류됐던 스타트업은 쿠팡과 옐로모바일뿐이었다.

이렇게 스타트업 확장세가 거세진 데엔 VC에 자금을 나눠주는 모태 펀드의 공이 컸다는 게 전문가들의 분석이다. 2017년 중소벤처기업부가 추가경정 예산 편성 등을 통해 8,600억 원을 마련해 모태 펀드에 투입했다. 이 자금을 받은 48개 VC는 자기 투자금을 보태 2018년에 1조 8,000억 원 이상을 시장에 쏟아 부었다. VC의 시장 진입이 용이해진 것도 시장이 탄탄해진 원인 중 하나다. 2017년 10월부터 창업투자회사 자본금 요건이 기존 50억 원에서 20억 원으로 완화되면서 VC조합을 새로 설립하는 사례가 늘었다. 2017년 신설된 VC조합은 164개(4조 5,887억 원)이고 2018년에는 124개 VC조합(3조 4,137억 원)이 탄생했다. 시장을 관망하던 금융기관과 정책기관이 VC조합으로 대거 합류한 게 눈에 띄는 변화다. 2018년 결성된 VC조합 중 금융기관 비중이 30.8%로 가장 컸으며 정책기

알아두면 좋은 스타트업 용어

엔젤angel **투자자:** 스타트업의 가장 초기 단계에 투자하는 사람.

액셀러레이션acceleration**:** 성공할 가능성이 있는 스타트업을 선발해 초기 자금, 인프라, 멘토링 등을 종합적으로 지원하는 프로그램. 보통 3개월, 최대 1년으로 지원기간이 제한된다.

인큐베이터incubator**:** 공간이나 설비, 업무 보조 등 하드웨어 중심의 지원에 중심을 두고 보다 집중적이고 체계적으로 지원하는 프로그램. 지원기간이 일반적으로 1~5년이다.

관이 28.6%로 뒤를 이었다. VC들의 투자 열기는 당분간 이어질 전망이다. 신설 VC조합의 보유 자금 중 상당액이 투자 대기자금 형태로 남아 있는 만큼 '실탄'이 넉넉하다는 분석이다.

---

1 데스밸리 Death Valley '죽음의 계곡'을 뜻하는 데스밸리는 스타트업계에서 소득은 없고 지출만 있는 시기로, 신생 기업이 부딪히는 자금난을 뜻한다.

2 유니콘 기업 가치가 10억 달러(1조 원)를 넘는 비상장 스타트업 기업을 전설 속의 동물인 유니콘에 비유하여 일컫는 말이다. 애초에는 1억 달러가 기준이었지만 시장이 커지면서 기준도 올라갔다. 유니콘으로 성장했다가 망한 기업은 유니콥스unicorpse(죽은 유니콘), 유니콘의 100배hecto 가치를 가진 기업은 헥토콘hectocorn이라고 부른다.

57.
6G

실시간 데이터가 오가는 세상이 온다

우리가 쓰고 있는 5세대(5G) 통신의 이론상 최대 속도는 20Gbps(초당 기가비트)다. 실제로는 어떨까? 1Gbps도 안 된다는 게 중론이다. 0.2~1Gbps에 불과해 5G에 대한 사용자들의 불만이 많다. 높은 대역의 주파수는 범위가 좁아서 기지국을 촘촘하게 올려 밀도를 높여야 한다. 그런데 5G의 경우 충분한 기지국을 짓지 못했다. 5G가 되면 많은 것들이 변할 줄 알았지만, 실망의 목소리만 가득한 이유가 이것이다. 실질적인 통신의 변화는 6G 시대가 열린 후 이루어질 것이라는 게 전문가들의 평가다. 지구 어디에서도 끊어지지 않는 빠른 통신 서비스가 구현되는 건 6G가 상용화된 이후일 것이다.

3G, 4G, 5G처럼 통신의 세대를 나눌 때 가장 중요한 기준은 데이터의 업로드와 다운로드 속도다. 기존에는 통신 네트워크에

스마트폰이나 노트북 같은 디바이스만 연결하면 됐다. 하지만 앞으로는 여러 사물, 심지어는 사람까지 연결하는 '만물 인터넷'으로의 진화가 필요하다. 5G보다 속도가 빨라야 하고, 지연되지 않아야 하며, 닿지 않는 곳이 없을 정도로 커버 범위도 넓어야 한다.

6G의 핵심, 저궤도 위성

6G는 초고속·초저지연·초연결성을 특징으로 한다. 초고주파인 테라헤르츠(THz) 대역을 활용하고, 데이터 전송속도가 최대 초당 1테라비트(Tbps)급에 달할 것으로 예측한다. 5G랑 비교하면 최대 50배, 4G인 LTE보다는 최대 1,000배 빠른 속도다. 20GB의 영화 한 편을 다운로드할 때 0.002초가 채 걸리지 않는다. 이론적으로는 초연결 사회를 이룰 수 있는 통신망이다.

문제는 속도의 구현법이다. 5G만 해도 원래의 속도를 내지 못했기에 6G에도 물음표가 붙을 수 있다. 5G보다 높은 고주파 대역을 커버하려면 기지국을 매우 촘촘하게 지어 밀도를 높여야 하는데, 이것은 막대한 투자가 이뤄져야 한다는 걸 의미한다.

게다가 건물벽, 창문 등 장애물에 약한 것도 문제다. 음영 지역이 발생할 가능성이 높아진다. 이를 위해 대안 기술도 제시되고 있다. 전파의 방향을 조절해 신호를 증폭하고 전달할 수 있는 RIS 기술이 대표적이다. RIS 기술은 별도의 전원 없이 전파를 정교하게 반사·투과하며, 도심 빌딩이나 지하 공간 등 음영 지역에서도 원활한 신호 전달을 가능하게 한다.

그렇다면 장애물이 없는 하늘을 활용하면 어떨까? 지상과 가까운 궤도에서 움직이는 저궤도 위성[1]은 6G로 가기 위한 핵심 채널이다. 우주를 통해 서비스를 제공하면 시공간 제약을 받지 않는다. 지상 인프라의 한계를 지원하려면 저궤도 위성군이 꼭 필요하다.

6G가 구현된다면 많은 산업이 변화의 기점을 맞게 된다. 몇몇 산업을 예시로 들면 이해가 쉬울 것이다. 자율주행차는 6G의 역할이 절대적이다. 무인으로 다니는 데 문제없는 것으로 평가받는 자율주행 5단계는 운전자 없이도 안전한 주행이 가능해야 한다. 자동차 기업들이 최종적으로 도달해야 할 기술이다. 완전 자동화를 위해서는 방대한 양의 데이터를 지연 없이 주고받아야 한다. 자동차가 즉각적인 피드백을 받으려면 6G 기술이 필요하다. 자율주행이 필요한 산업은 이외에도 많다. 군사용 드론이나 무인 선박, 에어택시, 드론 택배 등 무인 이동체에는 6G를 통한 정보의 즉각적 처리가 필수다.

전쟁의 양상도 달라진다

우리가 영화 속에서 보던 홀로그램도 6G 시대가 오면 만날 수 있다. 현재 통신 환경에서는 2차원 평면 영상만 전송할 수 있다.

하지만 6G가 도입되면 실물처럼 부피감 있는 영상을 보내고 받을 수 있게 된다. 방대한 데이터를 전송하는 시간이 획기적으로 감소하기 때문에 3차원 홀로그램을 이용한 확장현실XR^2 멀티미디어 서비스가 이루어질 수 있다. 끊김이 없는 데이터 전송을 이용한다면 실시간으로 정밀한 작업도 가능해진다. 원격 로봇 수술을 통한 정밀한 수술 등도 가능할 것이다.

전쟁의 양상도 바뀐다. 6G를 통해 전장에서 수집된 대규모 데이터는 초고속으로 전송돼 실시간으로 상황을 분석하고 공유할 수 있게 된다. 전장 인식 능력이 엄청나게 향상될 수 있다. 특히 군사 IoT는 비약적으로 발전할 것이다. 모든 군사자산을 지휘부에서 실시간으로 제어하고 명령을 내릴 수 있다. 군집 드론의 실시간 제어, 자율탱크나 자율장갑차 등 자율 무기 시스템이 등장해 전장에서 인간의 위험을 줄일 수 있게 된다.

다가올 6G 시대의 주도권을 잡기 위한 글로벌 경쟁은 이미 진행 중이다. 심지어 패권 다툼의 소재가 되는 중이다. 전 세계적으로 5G 구축과 업그레이드가 완료되지 않은 상황이지만, 각국 정부와 기업들을 중심으로 6G에 대한 논의와 투자는 이미 시작됐다. 미국은 5G에서 중국 기업이 점유율을 확대하자 국가 안보와 기술 경쟁력을 이유로 중국을 견제한 바 있다. 6G에서도 이런 견제는 더욱 심해질 것으로 보인다.

중국은 이미 6G 기술 개발에 막대한 투자를 진행하고 있고, 글로벌 시장에서 주도권을 유지하려는 의지가 강하다. 특히 첨단 기술에 대한 배제를 이미 경험한 탓에 자체 기술로 6G를 개발하려는 경향이 있다. 화웨이, ZTE 등을 중심으로 막대한 투자를 진행하고 있는데, 6G 특허 출원 건수도 전 세계에서 가장 많다.

---

1 저궤도 위성 보통 저궤도 위성이 떠 있는 고도는 300~1,500km 상공이다. 정지궤도 위성(3만 6,000km)보다 지구에 가깝고 그만큼 지연 시간이 줄어들기 때문에 고속 통신이 가능하다. 다만 저궤도 위성통신시스템을 구축하기 위해서는 고궤도 정지 위성과 달리 여러 개의 인공위성이 필요하다. 정지궤도 위성과 달리, 지구를 계속해서 선회하기 때문에 수십 개에서 수백 개에 이르는 위성을 쏘아 올려야 한다.

2 확장현실XR 확장현실eXtended Realit은 가상현실Virtual Reality, VR부터 혼합현실Mixed Reality, MR, 증강현실Augmented Reality, AR에 이르기까지 가상현실 기술 전체를 포함한다. 이미 XR의 비즈니스적 사용이 효과를 보이기 시작한 분야만 해도 교육, 운영, 마케팅, 디자인, 건축, 언론, 의료, 법의학 등으로 다양하다.

58.
4차 산업혁명

3차 산업혁명의 연장 혹은 변혁의 물결

"4차 산업혁명을 대비해서…"

지난 대통령 선거기간 동안 가장 많이 등장한 단어 중 하나가 4차 산업혁명이란 건 흥미롭다. 새로운 공약이 무수하게 쏟아지는 가운데 유독 주목받은 공약이 4차 산업혁명 관련 내용이었다. 대통령 직속위원회를 만들겠다, 10만 명의 IT 전문가를 양성하겠다는 공약이 대선후보의 입에서 쏟아져 나왔다.

사실 그들의 공약도 구체적인 건 아니었다. 단지 이런 방향으로 갈 것이라는 선언적 의미에 가깝다. 다만 지명도 높은 인물들이 말한 덕에 '4차 산업혁명'은 우리나라에서 꽤 힘을 갖는 단어가 됐다. 다만 그 큰 그림에 대해서는 저마다 해석이 다르다. 인공지능이나 블록체인, 사물인터넷 등 파편적인 기술은 등장하는데 산업혁명이라는 변혁의 큰 그림은 보이지 않는다.

'4차'라고 부르는 이유는 무엇일까? '4차'라고 부른다면 이전에 1~3차 산업혁명이 있었다는 얘기다. 우리가 흔히 산업혁명이라고 부르는 것이 1차로, 18세기 영국에서 발명된 기계와 기술의 혁신이 가져다준 변화를 말한다. 당시 핵심은 면직물이었다. 석탄이라는 에너지원이 새로 등장했고, 이를 사용한 증기기관은 훌륭한 동력이 됐다. 공장을 운영할 수 있게 됐고 덕분에 농경 사회에서 제조업 사회로 전환이 가능했다. 농업에서 남은 노동력은 곧장 제조업으로 이동하게 되었다.

2차 산업혁명은 전기가 시발점이었다. 전기가 등장하면서 중화학 공업이 시작됐다는 점은 큰 변화였다. 컨베이어벨트의 도입과 분업화, 작업 자동화 등이 이 시기부터 가능했다. 1차에서 가장 중요한 산업 분야는 면직물이었고 2차의 경우는 자동차였다. 1920년대부터 자동차 대중화 시대가 열렸고 이때 포디즘[1], 테일러리즘[2]과 같은 과학적 생산관리 방식이 등장했다.

3차 산업혁명으로 넘어가보자. 우리가 지금 누리고 있는 문명의 이기는 대부분 3차 산업혁명에서 비롯됐다. 인터넷의 탄생은 새로운 세상을 열었다. 여기에 '혁명'이 붙는 건 시스템이 끼친 변화 때문이다. 제조업 중심의 2차 산업혁명은 중앙집권적이고 피라미드 형태였는데 3차는 달랐다. 네트워크로 연결된 세상에서는 각 개체가 중요해졌고 분산이 이뤄졌다. 위에서 틀어쥐던 정보도 인터넷을 통해 퍼져나가니 가치가 떨어졌다. 정보 독점보다는 오히려 정보 과잉의 시대가 되었다. 컴퓨터와 로봇 기술로 분업화와 자동화가 실현됐고 네트워크로 연결된 통신은 공간의 한계를 극복하며 국제무역과 유통, 금융에 획기적인 변화를 이끌었다.

일부에선 '3차 산업혁명의 연장에 불과' 주장

그럼 4차 산업혁명은 무엇일까? 피부로 느껴지는 게 아직 없으니 정의를 내리는 것도 쉽지 않다. 산업통상자원부가 내린 정의는 이렇다. '인공지능 기술을 중심으로 하는 파괴적 기술들의 등장으로 상품이나 서비스의 생산, 유통, 소비 전 과정이 서로 연결되고 지능화되면서 업무의 생산성이 비약적으로 향상되고 삶의 편리성이 극대화되는 사회·경제적 현상.'

그래도 그림이 그려지지 않는다. 지나고 보면 이전 산업혁명은 일정한 규칙이 있었다. 1~3차 산업혁명에서는 각 단계로 넘어갈 때마다 생산을 이끄는 혁명적 도구가 있었다. 1차에는 증기기관, 2차에는 전기, 3차에는 컴퓨터와 인터넷 등이 생산을 이끌었다. 그런데 4차 산업혁명은? 4차 산업혁명에 등장하는 인공지능이나 블록체인·사물인터

넷·빅데이터·인공지능 등은 지금도 활용하고 있는 디지털 기술의 하나로 이해되고 있다.

과거 산업혁명은 기술 발전을 통해 사회의 근본적 변화를 이끌었다. 4차 산업혁명을 언급하는 그 누구도 사회와 경제가 비약적으로 발전할 것이라고 말할 뿐 구체적 그림을 그려내진 못한다. 오히려 사람들 뇌리에 남는 것은 '4차 산업혁명으로 사라질 대표적 직업'과 같은 기사다.

일각에선 4차 산업혁명이란 용어 자체가 오류라고 지적한다. 4차 산업혁명이 새로운 개념이 아니며, 3차 산업혁명의 연장선에 있을 뿐이고, 제레미 리프킨Jeremy Rifkin[3]의 저서《3차 산업혁명》에서 언급한 내용과 크게 다르지 않다는 것이다.

그래도 4차 산업혁명이 무엇인지 이해하고 싶다면 참고할 만한 연구는 있다. 임치현 울산과학기술원 교수팀은 빅데이터와 인공지능을 활용해 4차 산업혁명의 개념과 범위를 밝힌 연구 결과를 내놨다. 4차 산업혁명에 관한 논의는 2016년 다보스포럼에서 등장한 뒤 널리 퍼졌는데, 교수팀 역시 명확한 개념 정의가 이뤄지지 않았다는 점에 주목했다. 그래서 연구팀은 '4차 산업혁명'이 언급된 논문 660편과 영문 기사 3,907건을 수집하여 이를 인공지능이 알고리즘으로 해석하게 했다. 그 결과 논문에서는 4차 산업혁명의 개념에 대한 정의와 범위가, 기사에서는 4차 산업혁명에 관한 기술과 산업, 기업, 사회적 이슈 등이 파악됐다. 이렇게 인공지능의 힘을 빌려 정리한 4차 산업혁명은 무엇일까? 연결 인프라 구축−데이터 활용 인공지능 개발-시스템 및 프로세스 최적화-최적화를 활용한 산업 혁신이 이뤄진 뒤 이를 통해 사회 발전에 이르는 사례들을 집약한 총체가 바로 4차 산업혁명이다.

~~~~~~~~~~~~~~~~~~~~~~~~~~~~~~~~~~~~~~~

1 포디즘 Fordism 포디즘(포드주의)은 일관된 작업과정으로 노동과정을 개편하여 노동 생산성을 증대시키는 체제다. 하나 혹은 여러 개의 컨베이어를 각각의 노동자 앞에 배치하여 제품에 들어가는 부품들을 조립하게 만드는 시스템이 대표적이다.

2 테일러리즘 Taylorism 한마디로 '과학을 생산에 적용하려는 움직임'이다. 테일러는 모든 노동자의 동작을 잘게 쪼개어 가장 기본이 되는 23개의 동작으로 구분한 뒤 각 동작에 소요되는 시간과 에너지를 면밀하게 계산하여 가장 빠른 시간에 가장 많은 일을 수행할 수 있는 방법을 찾아내려고 했다.

3 제레미 리프킨 Jeremy Rifkin 국내에서는 《소유의 종말》《노동의 종말》《육식의 종말》로 유명한 미국의 경제학자다. 워싱턴 경제동향연구재단의 설립자이자 이사장으로서 미국 및 국제적 공공 정책 수립에 영향을 미쳤다.

59.
OTT

국경을 넘는 스트리밍 전쟁

코로나19가 모든 산업 기반을 무너뜨리고 있을 때 오히려 수혜를 본 곳이 있다. 위험한 이불 밖 대신 집 안에서 영화나 드라마를 무한정 보며 코로나19를 피해가는 사람들 덕분에 OTT 서비스가 주목받았다. OTT는 'Over The Top'의 약자로 TV 셋톱박스Top를 넘어선Over 서비스라는 뜻이다. 처음엔 단말기를 통해 소비자가 선택한 영상을 제공하는 서비스라는 의미였지만, 지금은 인터넷 기반의 모든 동영상 서비스를 포괄하는 의미로 쓰인다. 한마디로 인터넷 동영상 업체라는 뜻이다. 우리가 잘 아는 넷플릭스는 이 분야를 개척한 회사로, 현재 세계 최대의 유료 OTT 업체다.

넷플릭스에선 싼 가격에 많은 콘텐츠를 볼 수 있다. 약 10달러 정도의 월정액으로 즐길 수 있는 보유 콘텐츠를 무제한 풀었다. 광고도 없었다. 그러자 코드 커터Cord Cutter[1], 즉 케이블TV 회선을 끊고 넷플릭스에 가입하는 사람들이 폭발적으로 늘어났다.

넷플릭스가 심혈을 기울인 것은 빅데이터를 통한 소비자 취향 분석이었다. 과거 DVD 대여 사업을 하던 시절부터 넷플릭스는 소비자 분석 알고리즘을 개발했었는데, 스트리밍 서비스 이후 이 분석을 더욱 고도화했다. 그것을 통해 소비자가 원하는 맞춤 영상물을 권하고, 추천 영상을 소비자가 시청할 가능성을 75%까지 끌어올렸다. 개인별 분석으로 맞춤 페이지를 구성하기 때문에 넷플릭스엔 별도의 메인 화면이 없다. 1억 6,700만 명의 가입자를 보유하고 있으니 1억 6,700만 개의 메인 화면이 존재하는 것이다. '넷플릭스는 당신보다 당신 자신을 더 잘 알고 있다.' AI 알고리즘과 콘텐츠를 엮은 넷플릭스의 자신감이다.

이제 OTT는 가장 핫하고 경쟁이 치열한 곳이 됐다. 현장에서 벌어지는 경쟁은 상상할 수 없을 정도로 치열하다. 북미 시장에서만 대략 100여 개의 OTT 서비스가 경쟁하고 있는데, 이미 살아남는 이와 도태되는 이로 나눠지고 있다. OTT의 무서운 점은 방송과 달리 국경이 없다는 점이다. 글로벌 단위로 보면 이미 1만여 개가 넘는 OTT 서비스가 서로 경쟁하고 있다. 언어나 서버의 제약만 없다면 전 세계를 두고 벌이는 전면전이 당연하게 펼쳐질 것이다.

기술은 OTT를 등에 업게 된다

향후 시장은 점점 OTT에 유리해질 가능성이 높다. 사람들의 TV 시청 양태는 눈에 띄게 변하고 있다. 코드 커터는 이제 한국에서도 흔치 않게 볼 수 있다. 사람들은 방송국에서 제공하는 편성표를 체크하지 않는다. 반드시 TV 앞에 앉아 있으란 법도 없다. 자신이 보고 싶은 영상을, 원하는 시간에, 보고 싶은 디바이스로, 원하는 만큼 본다. 짧은 클립으로 즐길 수도 있고 여러 편을 몰아서 볼 수도 있다. 편성을 벗어나 시청자가 직접 콘텐츠 시간을 선택하고 지배하면서 전 세계 TV 시장도 변하고 있다. TV 리모컨 대신 마우스나 디스플레이를 터치하는 능동적 시청자들이 점점 늘어나는 건 OTT가 만들어낸 신조류다.

이러다 보니 시장 참여자의 숫자가 더 늘어날 수밖에 없다. 넷플릭스가 주름잡고 있지만 그것 역시 언제까지 갈지 장담하기 어렵다. 의외로 OTT 시장은 문턱이 낮은 편이다. AI 알고리즘, 서버, 스트리밍 기술 등은 반도체나 자동차 산업에 뛰어들기 위해 필요한 것들과 비교하면 정말 수월한 편이다. 단, 전제가 필요하다. '콘텐츠만 있다면' 말이다. 그런 콘텐츠를 이미 갖춘 디즈니나 그런 콘텐츠를 돈을 뿌려 갖출 애플 등이 OTT에 진입하는 건 이 시장 자체가 꽤나 매력적이라서다.

기술의 진보는 OTT를 더욱 매력적이게 만든다. 점점 대중화돼가는 5G는 OTT를 각광받게 할 수 있다. 속도에 어울리는 다량의 고품질 콘텐츠가 필요해지면 자연스레 콘텐츠 제작과정과 환경의 변화도 필요해진다. 대표적인 분야가 실감형 콘텐츠[2]다. 콘텐츠 제작 스튜디오 환경에도 기술적 변화가 따르고 있다. 인텔Intel이 발표한 볼류메트릭 콘텐츠 스튜디오volumetric content studio도 그중 하나다. 볼류메트릭 기법이란 비디오 게임에서 사용하는 그래픽 표현 방법 중 하나로, 이 스튜디오에서는 다수 카메라에서 동영상을 캡처해 360도 모든 방향에서 스토리텔링이 가능하다. 안정적인 5G 환경이라면 OTT에 VR(가상현실)과 AR(증강현실), 그리고 인공지능 기술이 결합한 인터랙티브 실감 콘텐츠가 결합되는 것도 멀지 않은 일이다.

OTT 시장이 흥미로운 점 중 하나는 치열하게 싸우고 있지만 승자독식 시장이 아니라는 데 있다. 글로벌에서 혹은 국내에서 누가 생존하고 누가 도태될지 정확히 예측할 수 없지만, 누구 하나만이 살아남을 거라 비관하는 플레이어는 아마도 없을 듯하다. OTT 시장이 먼저 자리 잡은 북미 시장을 보면 2019년 가구 하나당 평균 4.5개의 서비스를 구독하고 있는 것을 알 수 있다. 각자 취향에 맞춰 부족한 부분을 채워가며 여러 개의 OTT 서비스를 선택할 가능성이 높다는 얘기다.

1 코드 커터 유료 방송 케이블 시청자가 가입을 해지하고 새로운 플랫폼, 즉 넷플릭스나 아마존 프라임 등 OTT로 옮겨가는 것을 뜻하는 말이다. 새로운 디지털 미디어가 전통적인 케이블TV를 무너뜨리는 현상을 말하며 한국에서는 TV가 없다는 뜻인 '제로TV(Zero-TV)'라는 용어를 쓰기도 한다.

2 실감형 콘텐츠 인간의 오감을 극대화하여 실제와 유사한 경험을 제공하는 차세대 콘텐츠다. 가상현실, 증강현실, 홀로그램 등이 대표적이며 대용량 트래픽을 감당할 수 있도록 정보통신기술이 받쳐줘야 가능하다.

구독경제

소유의 종말을 구독이 대신할까

'구좋알.' '구독' '좋아요' '알람'을 의미하는 이 말은 세계 최대의 동영상 사이트인 유튜브 콘텐츠에서 가장 많이 들을 수 있는 멘트다. 여기에서 말하는 '구독'은 '정기적으로 제품 혹은 서비스를 받아보는 것'이란 의미로, 이미 우리에게 익숙한 개념이다.

얼마 전까지는 신문, 잡지, 우유 등을 정기적으로 받아볼 때나 쓰는 말이었던 구독은 '구독경제'란 단어의 등장으로 그 의미를 확장해가고 있는 중이다. 구독경제란 일정 기간 구독료를 지불하고 상품, 서비스 등을 받을 수 있는 경제활동을 일컫는다. 영화, 소프트웨어 게임, 의류, 식료품, 자동차, 비행기까지 영역이 지속적으로 넓어지더니 최근에는 주택 및 주거 등까지 분야가 확장되었다. 바야흐로 모든 제품과 서비스를 사용자가 '소유'하던 시대를 넘어

'구독'하는 시대로 접어들고 있다는 장밋빛 분석도 나온다.

구독경제가 경제의 메인 스트림으로 진출하게 된 이유는 뭘까. 소비자 입장에선 일단 편리하다. 필요한 물건 혹은 서비스를 지정된 날짜에 배달해주기 때문에 매번 구입해야 하는 번거로움에서 벗어날 수 있다. 월정액만 내면 필요할 때 언제든 서비스를 이용할 수 있는 것도 좋다. 선택권은 넓어지고, 비용은 줄어들고, 삶은 가벼워진다.

기업 입장에서도 이점이 있다. 일정 규모의 정기구독 소비자를 확보함으로써 안정적 수익을 올릴 수 있기 때문이다. 공급과잉 시장에서 소비자에게 자사 제품을 쓰도록 자연스럽게 유도할 수 있다. 이런 이유로 MS, 애플, 아마존, 구글 등 글로벌 기업들은 기본적으로 구독 서비스를 제공하고 있다. 앱이나 소프트웨어를 제공하는 많은 회사들이 한 번 구매로 영구 소장하던 판매 전략을 구독 방식으로 선회하고 있으며, 신생 기업들도 초기 단계부터 구독 모델을 설정하는 추세다. IT 기반 기업 외에도 백화점, 마트 등 전통적 오프라인 강자들 역시 하나둘 구독경제로 진출하고 있다.

구독경제의 규모는 날로 커지고 있다. 장기 렌탈, 월정액 납부로 무제한 이용형 구독경제 시장과 더불어 소프트웨어 이용, 정기 배송 같은 새로운 시장이 창출되면서 시장이 커지는 것이다. 크레디트 스위스 보고서에 따르면, 2015년 구독경제 시장 규모는 약 470조 원이었으나, 2020년에는 약 600조 원에 달하는 시장이 될 것이라고 전망했다.

지금까지 구독 서비스를 제공하는 업체들은 콘텐츠를 생산하는 업체가 아니라 유통업체인 경우가 많았다(넷플릭스, 스포티파이, 애플스토어 등이 대표적인 구독 서비스 업체들이다). 이들 업체들은 디지털 기술을 기반으로 전 세계에 거의 제약 없이 서비스를 제공할 수 있지만 업체끼리의 차별화가 어렵다는 약점이 있었다. 구독경제가 확장되고 업체 간 경쟁이 심화되면서 다른 구독 서비스에서 찾을 수 없는 독점 콘텐츠를 확보하기 위해 업체들의 투자 금액은 매년 증가하고 있다. 넷플릭스는 2023년 오리지널 콘텐츠 개발에 약 22조 원을 투자했으며, 향후 4년간 한국 콘텐츠에 약 3조 3,000억 원을 투자할 계획이라고 한다.

우리나라에서도 본격적인 구독경제의 시대가 열리고 있다. 2010년대를 전후해 등장한 구독경제는 초반에는 화장품이 주를 이루었으나 점점 생활용품, 홈쇼핑, 식음료, 명품의류 등으로 서비스 품목이 다양해지고 있다. 대형마트에서 정기배송 서비스가 등장했고, 매달 일정 금액을 지불하면 정해진 몇몇 차량 중 원하는 차량을 바꿔가면서 이용할 수 있는 차량 구독 서비스까지 생겨났다.

2019년 12월, 국내 3대 게임업체인 넷마블이 국내 렌탈 시장 1위 업체인 웅진코웨이 인수를 확정했을 때 많은 사람들이 놀랐다. 인수가액은 1조 7,400억 원. 게임회사가 생활가전 회사를 인수하자 구독경제 시대를 염두에 둔 것 아니냐는 분석이 나왔다. 실제로 당시 넷마블 관계자는 언론과의 인터뷰에서 "웅진코웨이 인수로 성장 중인 플랫폼형 구독경제 사업을 통한 안정성을 기대한다"고 밝히기도 했다.

구독경제는 산업계의 '넥스트빅씽Next Big Thing'이 될 수 있을까. 2019년까지의 기세라면 '소유의 종말'을 불러올 것이라던 구독경제. 하지만 뜻밖의 암초를 만났다. 바이러스다. 코로나19의 여파로 안정적 수입이 사라진 사람들이 늘어나면서 생활에서 불필요한 구독을 줄여 구독경제의 성장세가 주춤하고 있다는 분석들이 곳곳에서 나온 바 있다. 하지만 반전이 일어났다. 코로나19로 집에 있는 시간이 늘어나면서 구독경제는 우리 삶 곳곳을 파고들었다.

61.
양자컴퓨터

양자컴퓨터가 왜 난리일까

구글에서 만든 양자칩 월로우willow[1]는 양자컴퓨터를 현실과 가깝게 만들었다. 구글이 공개한 자료에 따르면, 월로우로 만든 양자컴퓨터는 현존하는 가장 빠른 슈퍼컴퓨터가 푸는 데 10자 년이 걸릴 문제를 5분 만에 풀 수 있었다. 우리에게 생소한 '자'라는 단위는 10의 24제곱을 뜻한다. 10자 년은 우주의 나이보다도 긴 시간이다.

우리가 보는 일상 세계와 달리 미시 세계는 전혀 다른 원리로 작동한다. 마블의 영화 〈앤트맨〉에서 보듯 미시 세계는 전자, 중성자, 쿼크라는 에너지 덩어리로 이루어져 있고, 양자역학은 이를 바탕으로 탄생한 이론이다. '중첩'과 '얽힘'은 양자역학의 핵심 개념으로 고전역학과 뚜렷이 구별되는 특징이다. 동시에 여러 상태가 존재할 수 있다는 것을 뜻하는 게 '중첩'이다. 하나의 상태로 고정되는 게 아니라 동전의 앞면이기도 하고 뒷면이기도 한, 그런 확률적 상태를 말한다.

'얽힘'은 2개 이상인 양자 사이의 상호작용을 설명한다. 만약 멀리 떨어진 A 입자와 B 입자가 얽혀 있다면, 이들은 서로 멀리 떨어져 있어도 상태가 연결된다. 그래서 A 입자의 상태가 변하면 B 입자의 상태는 A 입자의 변화를 측정해 그 상태가 결정된다. 양자컴퓨터는 이런 양자역학 원리로 정보를 처리한다.

큐비트를 활용해 다르게 연산하는 컴퓨터

양자컴퓨터라고 특별하진 않다. 연산하는 기계, 즉 컴퓨터다. 우리가 흔히 쓰는 컴퓨터는 이진법으로 작동한다. 0과 1, 두 가지로 구성된 '비트(Bit)' 단위다. 그래서 고전 컴퓨터는 0-0, 0-1, 1-0, 1-1, 이 네 가지 경우를 모두 계산하고 답을 산출한다. 양자역학은 중첩이 있어서 연산 원리가 다르다. '0일 수도 1일 수도 있다'는 점을 활용해 이 네 가지 경우의 수를 한꺼번에 연산한다. '0일 수도 1일 수도 있는' 이 단위가 바로 '큐비트Qubit'다.

큐비트[2]는 양자컴퓨터의 성능을 가늠하는 중요한 지표다. 큐비트가 중첩돼 많아질수록 계산할 수 있는 정보의 수를 늘릴 수 있다. 보통 큐비트 1개가 추가되면 계산 용량은 2배 정도 늘릴 수 있다. 구글의 윌로우는 105큐비트를 탑재했다. 이전 세대보다 많은 숫자다.

큐비트를 확 늘릴 수 없는 건 큐비트의 안정성에 대한 우려 때문이다. 큐비트는 온도나 전파, 자기장과 같은 외부 환경에 매우 민감하고, 이는 연산의 오류로 이어진다. 과학계에서는 "먼지 한 톨만으로도 오류가 난다"라고 표현한다. 윌로우가 높이 평가받는 이유는 이 '오류'라는 결점에 해법을 찾은 것으로 알려졌기 때문이다.

큐비트를 활용한 연산은 어떤 식으로 이루어질까? 내비게이션을 떠올리면 이해가 쉽다. 서울에서 대전까지 최적의 길을 검색했을 때, 고전 컴퓨터는 여러 갈래의 길을 보여준다. '추천 경로는 2시간 20분, 최소 시간은 2시간 30분, 무료도로는 3시간 30분'이라는 식이다. 만약 양자컴퓨터에 같은 검색을 한다면 어떤 결과가 나올까? 여러 갈래의 길이 아닌 최적의 길, 단 하나만 빠르게 보여준다.

윌로우 같은 양자컴퓨터가 슈퍼컴퓨터보다 반드시 빠를까? 그렇지 않다. 양자컴퓨터가 슈퍼컴퓨터보다 빠른 걸 '양자우위'라고 말하는데, 항상 우위를 점하는 건 아니다. '특정한 상황에서 빠르다'가 정확한 표현이다. 확률을 고려해 다양한 경우의 수를 따져보거나 최적화가 필요한 경우 양자컴퓨터는 강하다. 내비게이션처럼 말이다. 다른 길로 가면 시간이 얼마나 걸리는지 양자컴퓨터는 보여주지 않는다. 최적의 결과가 관측되는 순간, 그 하나의 결과를 도출한다. 연산이 빨라서라기보다는 중첩 현상을 통해 계산의 횟수를 줄여서 가능한 일이다.

슈퍼컴퓨터는 연산력이 좋은 컴퓨터를 병렬해서 만든다. 한 대의 컴퓨터가 해결하는 데 1분 걸리는 문제가 1,000개 있다면 1,000대의 컴퓨터를 병렬해서 연산하는 방법으로 1분 만에 끝내는 식이다. 반면 양자컴퓨터는 한 대의 컴퓨터가 중첩을 활용해 1,000문제를 동시에 푸는 게 가능하다. 이 1,000문제를 동시에 푸는 데 걸리는 시간이 1분보다 더 걸린다면, 슈퍼컴퓨터보다 성능이 좋다고 말할 수는 없을 것이다.

시뮬레이션이 필요한 산업, 혁신적인 변화가 온다

양자컴퓨터도 결국 규모의 싸움이다. 빅테크들이 가장 앞장서서 도전 중이다. 이들은 주로 초전도체[3]를 이용해 큐비트를 제어한다. 초전도체는 극저온 상태에서 전기 저항이 0이 되는 특성이 있다. 이런 특성을 이용해 양자컴퓨터의 기본 단위인 큐비트를 만들면 상태를 안정적으로 유지하는 게 가능하다. 많은 수의 큐비트를 연결하는 것도, 복잡한 양자 회로를 구성하는 것도 현재로서는 초전도체를 이용하는 게 가장 앞선 방법으로 알려져 있다.

문제는 초전도체를 제어하기 위한 까다로운 조건이다. 섭씨 영하 273도의 극저온 진공 상태가 필요하다. 양자칩 자체는 스마트폰에 들어가는 칩보다도 작다. 하지만 양자컴퓨터 하면 떠오르는, 샹들리에를 닮은 거대한 냉각기가 이 까다로운 조건을 만드는 데 필요하다.

양자컴퓨터가 상용화된다면 어떤 변화가 생길까? 일단 현존하는 암호의 방식이 모두 바뀌어야 한다. 현재 대부분의 암호 시스템은 RSA 시스템이다. RSA 암호는 매우 큰 수를 소인수분해 하기 어렵다는 점에 착안했다.

예를 들어 20장의 소수(素數)가 적힌 카드가 있고, 이 중 두 장을 뽑아 곱해 30을 만들어야 한다고 가정하자. 이 두 장의 카드가 암호라면 고전적인 컴퓨터는 20장의 카드를 하나씩 뒤집어 곱했을 때 30이 가능한 조합을 모두 찾는다. 만약 30이 아니라 그 숫자가 훨씬 크다면 더 많은 시간과 노력이 든다. 연구에 따르면 129자리 숫자(RSA-129)를 소인수분해 할 경우, 고전 컴퓨터로는 1,600여 대의 컴퓨터를 연결했을 때 8개월가량 걸린다고 한다.

반면 양자컴퓨터는 중첩을 활용한다. 카드를 하나씩 뒤집는 게 아니라, 큐비트의 성능만 좋다면 모든 카드를 동시에 뒤집을 수도 있다. 암호를 훨씬 빠르게 풀 수 있다는 말이다. 무기 시스템 암호가 풀린다거나 금융 시장의 대혼란이 당장 머릿속에 떠오를 법한 일이다.

양자컴퓨터 시장을 선점했을 때 얻을 수 있는 산업적 이익도 매력적이다. 이 분야는 정교한 시뮬레이션을 반복하는 분야에서 더 큰 능력을 발휘할 수 있다. 예를 들면 신약 제조 분야다. 신약 후보 물질의 효능과 안전성을 더욱 정확하게 예측할 수 있다는 점에서 시간과 노력을 대폭 줄여줄 것으로 기대한다. 시장의 변동성을 예측하고, 포트폴리오를 최적화해야 하는 금융 분야, 새로운 소재 개발을 위해 시뮬레이션을 수없이 돌려왔던 신소재 개발 분야, 배송시간 단축과 비용 절감이 필수적인 물류 산업, 복잡한 기후 시스템을 예측해 대응 방안을 마련해야 하는 기후 산업 등도 양자컴퓨터 등장이 혁신으로 이어질 가능성이 높은 산업들이다.

1 윌로우 구글의 최신 양자칩이다. 세계 최고 성능의 슈퍼컴퓨터 중 하나인 프런티어 Frontier를 월등히 능가하는 것으로 나타났는데, 이 비교 평가는 보수적인 가정 아래 진행됐다. 프런티어가 보조 저장 장치에 아무런 제약 없이 접근할 수 있다고 전제했는데, 실제로는 불가능한 일이다. 구글은 윌로우 세대의 칩이 실제 문제에 적용할 수 있는 계산, 기존 컴퓨터를 뛰어넘는 계산을 처음으로 구현하는 것을 목표로 삼고 있다. 양자 우위 달성에 중요한 이정표로 평가받는다.

2 큐비트 큐비트는 반도체처럼 물리적인 실체를 가지고 있지만, 반도체와 동일하다고 보기는 어렵다. 큐비트의 물리적 실체는 다양한 형태로 구현할 수 있다. 초전도 회로 외에 이온이나 광자로도 만들 수 있다. 다만 그 속에 담긴 정보의 형태와 처리 방식이 지금의 반도체와 완전히 다르다. 일반적으로 큐비트의 크기는 사용된 물질과 구조에 따라 달라진다. 크기도 나노미터(nm, 10억분의 1미터) 단위로 매우 작다.

3 초전도체 초전도체는 특정 온도 이하에서 전기 저항이 완전히 사라지는 물질이다. 초전도체가 양자컴퓨터에 활용되는 건 여러 이유가 있다. 일단 전기 저항이 없어서 외부에서 발생하는 전자기파 등의 잡음에 영향을 덜 받는다. 큐비트의 상태를 오랫동안 안정적

으로 유지하는 데 유리하다. 전기 저항이 없다는 건 전류가 흐를 때 에너지 손실이 거의 없다는 뜻이기도 하다. 마이크로파 신호를 흘려보내 큐비트에 정보를 입력하고 읽어내는 작업을 수행할 수도 있다. 게다가 초전도 회로는 다양한 형태로 구성될 수 있다는 것이 장점이다. 복잡한 양자 회로를 만들거나 많은 수의 큐비트를 연결하는 게 가능하다.

62.
AI 에이전트

인공지능 비서들이 몰려온다

AI 에이전트AI Agent는 생성형 AI 진화의 최신 단계다. 인간 행동을 모방하고 자율적으로 작업을 수행할 수 있는 기술을 뜻한다. 생성형 AI는 챗봇 답변의 정확성을 높이기 위해 외부의 정보를 학습하고, 이를 통합하는 방향으로 발전해왔다. 그 결과로 최근 등장한 게 자율형 에이전트autonomous agent다. 자율형 에이전트는 특정 목표를 달성하기 위해 행동을 취할 수 있는 AI 앱을 말한다.

'에이전트'라는 단어가 붙는다는 건 이 소프트웨어가 독립적으로 행동할 수 있다는 얘기다. 초기 출시된 생성형 AI는 텍스트나 이미지 등 콘텐츠 생성에 중점을 뒀다. 반면 AI 에이전트는 문제 해결과 작업 실행에 더 중점을 둔다는 점, 그리고 실질적인 작업까지 수행할 수 있다는 점이 다르다. 이는 '자동화'로 곧바로 이어질 수 있다. 그리고 자동화는 인간을 보조하는 수준을 넘어 대체할 수 있다는 것을 뜻한다.

AI 에이전트를 이해하는 좋은 방법은 이전 버전과의 비교다. 챗GPT가 처음 등장했을 때를 생각해보자. AI 챗봇의 형태였고, 사용자가 텍스트로 입력하면 대답 역시 텍스트로 이루어졌다. 학습한 데이터를 바탕으로 사용자의 질문에 대한 빠른 출력이 목적이었고, 텍스트 입력, 텍스트 출력을 고려해 설계됐다.

반면 요즘 등장하는 챗GPT 최신 버전은 능동적인 데다가 추론까지 한다. 자신이 학습한 데이터에 곧바로 뛰어들어 탐색하는 방식을 사용하지 않는다. 대신 사용자 의도나 목표를 정확하기 이해하기 위해 잠깐 로딩하는 시간을 가진 후 목표를 달성하기 위한 구성 요소를 마련하고 계획을 세운다. 그런 다음 다른 소프트웨어나 클라우드 서비스를 활용해 작업을 실행한다.

누구나 AI 비서를 가지게 된다?

이미 AI 에이전트를 활용한 자동화는 초기 단계에 진입했다. 테슬라는 AI 에이전트를 활용해 도로 상황을 실시간으로 인지하고, 최적의 주행 경로를 결정하는 기술을 개발해 활용하고 있다. 게임에서도 마찬가지다. AI 에이전트가 능동형 NPC로 등장한다. 음악을 들을 때 사용자 취향에 맞춘 콘텐츠를 추천하는 것도 AI 에이전트를 활용하는 초기 분야다.

여러 기업이 생성형 AI를 기반으로 한 에이전트를 서둘러 내놓고 있다. 전 세계에 기업 고객을 보유한 마이크로소프트는 M365 코파일럿에 자동화된 에이전트를 추가한다고 발표했다. 기업이 각 사의 업무 특성에 맞춘 자율 비서를 직접 생성할 수 있도록 한 것이 핵심이다. 코파일럿 스튜디오[1]에서 생성된 업무별 특화 AI 에이전트는 일일이 명령어를 입력하지 않아도 마이크로소프트 365, 다이내믹스 365 등 업무용 소프트웨어에서 자율적으로 작동한다. 세일즈포스는 AI 에이전트 생성 플랫폼인 '에이전트포스 2.0'을 공개했다. 이들 기업의 AI 에이전트 학습을 지원하기 위해 엔비디아는 소프트웨어 환경을 지원한다.

AI 에이전트 개발이 활기찬 건 이 분야가 비즈니스 모델에 적합하기 때문이다. AI를 활용하는 개인과 기업이 효용을 느끼기에 충분하다. 생성형 AI만으로는 매출에 한계가 있었지만, 누구나 AI로 구동되는 개인 비서를 가질 수 있다거나 AI 에이전트로 부족했던 효율성을 채울 수 있다면 지갑을 열게 만들 수 있다. 전 세계 10억 명 이상이 아이폰을 사용하고 있는데, 애플이 개발한 AI 에이전트가 일상으로 파고든다고 가정해보자. 사람들이 이를 익숙하게 사용하게 되는 순간 산업 폭발의 가능성은 자연스럽게 열릴 것이다. 마이크로소프트 창업자인 빌 게이츠는 "앞으로 5년 안에 상황은 완전히 바뀔 것"이라고 내다보기도 했다.

실리콘밸리 인공지능 스타트업 앤트로픽Anthropic이 공개한 '컴퓨터 유즈' 기능은 그 변화를 보여주는 대표적인 사례다. 앤트로픽²은 이 기능을 시연 영상으로 보여줬다. 인공지능이 키보드로 입력하고 마우스 커서를 이동하면서, 컴퓨터를 활용하는 데 필요한 모든 작업을 스스로 수행했다. AI 에이전트의 모습이 이런 것이라는 걸 보여준 사건이다.

딜로이트가 내놓은 보고서에 따르면, 2025년에 생성형 AI를 사용하는 기업의 25%가 AI 에이전트의 파일럿 프로젝트를 시작할 것이라고 했다. 2027년이 되면 이 비율은 절반까지 증가할 것이며, "2025년 후반부터는 일부 AI 에이전트 앱이 실제 현장에 도입될 가능성이 있다"라고 전망했다. 맥킨지 역시 오늘날 글로벌 산업군 업무 시간의 60~70%는 이론적으로 AI 에이전트를 통해 자동화할 수 있을 것으로 전망했다.

우리가 매일 쓰는 플랫폼 기업은 더 빠르게 변할 수밖에 없다. 그동안 사람이 직접 검색어를 입력하고 앱을 실행했다면, 앞으로는 AI 에이전트가 사용자 의도를 파악한 후 검색하고 앱을 실행해 필요한 답을 내놓는 형태로 진화하게 된다. 플랫폼 기업은 각자 개인용 AI 에이전트를 만들어 출시해야 할 처지가 될 것이다. 이에 따른 맞춤형 광고나 수수료, 구독료 등 새로운 비즈니스가 점점 중요해질 것이다. 여기에서 도태된다면? 사양길에 접어들 수밖에 없다.

1 코파일럿 스튜디오 마이크로소프트가 제공하는 플랫폼이다. 사용자가 직접 대화형 AI 에이전트를 만들 수 있도록 도와준다. 나만의 맞춤형 AI 비서를 만들 수 있는 도구라고 생각하면 쉽다. 텍스트 처리나 그래픽 출력이 가능하고 웹이나 앱, 메신저 등 다양한 채널에 에이전트를 배포할 수 있다. 에이전트의 기능을 확장하거나 수정하는 것도 수월하다.

2 앤트로픽 실리콘밸리에서 가장 주목받는 인공지능 연구 회사 중 하나다. 챗GPT를 만든 오픈AI의 공동 창업자 중 일부가 퇴사해 설립했다. 자체 개발한 대규모 언어 모델인 '클로드(Claude)'를 통해 오픈AI의 GPT 모델과 경쟁하고 있다. 아마존이 가장 크게 투자했으며, 구글 역시 아마존과 함께 앤트로픽의 성장을 지원하고 있다. SK텔레콤도 투자자 중 하나다.

63.
자율주행

**자율주행이 가져올
커다란 변혁들**

세계는 지금 <u>자율주행차</u>[1] 시장을 선점하기 위한 전쟁 중이다. 미국은 자율주행차를 신산업으로 보고 관련 기술 개발과 정책에 가장 적극적인 행보를 보인다. 미국 정부는 자율주행차를 필수 개발 산업으로 인식, 규제 완화로 신산업 개발 전략을 펼치고 있다.

  이 전쟁에 참여하는 것은 정부와 자동차 회사만이 아니다. 구글, 애플과 같은 IT기업은 물론이고, 우버나 그랩 같은 승차 공유 회사들도 참여하고 있다. 구글은 글로벌 자동차 회사들보다 이 시장에서 한 발 앞서가고 있다. 통상적으로 승차 공유 서비스의 다음 단계는 자율주행을 통한 승차 공유 서비스가 될 것으로 업계는 전망하고 있다. 이미 우버와 그랩에 투자한 손정의 소프트뱅크 회장은 2020년 자율주행차를 통한 승차 공유 서비스를 하겠다고 공언한 바 있다. 카풀 시행만으로도 택시업계 반발에 부딪히고 있는 우리나라 입장에서는 씁쓸한 현실이다.

현대기아차도 자율주행차 개발에 한창이지만 상용화되기 전 택시업계와의 갈등은 불 보듯 뻔해 보인다. 택시업계의 반발도 이해가 되지 않는 것은 아니다. 자율주행차가 상용화되면 택시는 점점 설 곳을 잃기 때문이다. 자율주행차가 가져올 변화는 단순히 운송수단과 관련해서만 일어나는 것은 아니다. 여성들의 노동시간을 대폭 줄여 다른 곳에 시간을 쓰게 한 세탁기가 인류 최고의 발명품이라는 이야기가 나왔던 것처럼, 자율주행차 도입은 그 이상의 변화를 가져올 것이다.

자율주행차가 일으킬 변화 중 가장 쉽게 생각해볼 수 있는 것이 산업구조의 재편이다. 자율주행차가 택시를 대체하는 것은 예정된 수순이다. 택시뿐만 아니라 화물차, 택배, 버스를 비롯한 운송수단들이 전부 무인화될 것이다. 30년쯤 뒤에 택시, 버스기사나 대리기사 같은 직업은 더 이상 존재하지 않을지 모른다. 전문가들은 자율주행차의 발달로 보험, 정비, 운전, 호텔, 항공, 대중교통, 주차장, 운전교습, 교통경찰 같은 분야의 수요가 감소할 것으로 보고 있다. 반면 엔터테인먼트나 사이버 보안, 도시계획 같은 분야의 수요는 증가할 가능성이 크다. 엔터테인먼트 시장의 경우 자율주행차를 타고 이동하는 시간에 탑승자가 소비하게 될 콘텐츠를 만들어내면서 더욱 팽창할 것이다.

도시 공간의 재활용까지 가져올 자율주행차

앞서 언급했듯 자율주행차는 승차 공유 서비스, 한 단계 더 나아가 주문형 교통 시스템으로 발전하게 된다. 이렇게 되면 차는 지금과 같은 자산 개념보다는 이동수단으로써의 목적이 더욱 강화된다. 그렇게 되면 사람들이 차를 소유하기보단 필요한 시간에 맞춰 차량을 모바일 등으로 부르는 일이 흔해질 것이다. 당연히 차량 수는 감소하게 된다. 현재 자율주행차 관련 보고서들은 도시에서 10~20% 정도의 차량으로 충분히 서비스를 제공할 수 있을 것으로 예상하고 있다. 우버는 10%의 차량으로 충분히 서비스를 제공할 수 있다고 발표한 바 있다. 컬럼비아 대학이 2013년 발표한 보고서에서는 미시간 주 앤아버 시의 경우 약 7분의 1 정도의 차량으로 개인 이동성 서비스를 제공할 수 있을 것으로 분석했다.

도시에서는 주차장이 감소하고, 소형차가 많아지며, 교통 흐름의 원활한 제어가 가능해지면서 공간과 교통의 여유가 생기게 된다. 에란 벤 조셉Eran Ben-Joseph MIT 교수는 미국의 경우 2012년 기준 자가용 수는 2억 5,000만 대인데 8억 대의 주차공간이 있다고 밝힌 바 있다. 또 일부 주요 도시에서는 주차장 면적이 도시 면적이 3분의 1을 차지하는 경우도 있다고 밝혔다.

만약 차량 수가 10~20%로 감소하게 되면 주차공간에 큰 여유가 생기게 되고, 도시 공간을 더 활용할 수 있게 된다. 또한 자율주행차 주행에 필요한 각종 장비들이 곳곳에 설치되고, 각종 도로 표지판은 사라진다. 영화에서 볼 수 있는 미래 도시의 형태가 점점 갖춰지는 변화가 시작되는 것이다.

자율주행차가 인간에게 유익함만 가져다주는 것은 아니다. 자율주행차는 입력된 프로그램대로 움직이고, 주어진 정보를 곧이곧대로 받아들인다. 따라서 사이버 테러에 노출되면 대형사고로 이어질 수도 있다. 공상과학 영화에서나 볼 수 있던 일들이 현실이 될 수 있다는 것이다. 만약 테러범들이 네트워크망을 장악해 자율주행차에 급발진 정보를 제공한다면, 도심을 오가는 수만 대의 차량들이 일시에 사람과 건물을 향해 돌진하는 상황이 벌어질 수도 있다.

1 자율주행차 운전자가 핸들과 가속페달, 브레이크 등을 조작하지 않아도 정밀한 지도, 위성항법시스템GPS 등 차량의 각종 센서로 상황을 파악해 스스로 목적지까지 찾아가는 자동차를 말한다. 미국자동차기술학회SAE는 자율주행자동차의 발달 수준을 레벨 0부터 5까지 5단계로 나누었고, 현재 4단계(주변 환경에 관계없이 운전자 제어 불필요)까지 실현됐다. 최종 5단계는 '사람이 타지 않고도 움직이는 무인 주행차'다.

64. 암호화폐

비트코인은 기축통화가 될 수 있을까?

코딩은 무엇이든 만들어낸다. 개발자는 꿈꾸는 이상을 수많은 코드를 조합해 만들고, 그것은 때론 혁신이 된다. 21세기는 머릿속 생각을 코드로 구현한 이들이 리더가 되고 있다. 정보의 집합체를 구현한 구글, 온라인과 현실을 넘나드는 유통 제국을 건설한 아마존, 전 지구를 소통시키는 페이스북은 자신들의 이상세계를 건설했고, 세상을 혁신시킨 주인공이 되었다.

손가락 끝을 딸깍하는 것만으로 시공간의 제약을 극복할 수 있지만, 그 안에서도 이루지 못하는 것이 있다. 바로 코드로 '돈'을 만드는 일이다. 연금술 같은 이 일이 현실이 된다면, 현실세계의 돈으로 이루어진 모든 것이 허물어질 수 있다. 코드로 이룬 세상이 아무리 그럴듯해도, 마우스로 모든 걸 결제할 수 있는 세상이 와도 돈의 영향력을 벗어날 순 없다.

온라인 제국을 건설한 기업도 현실과 영합하며 돈의 영향력에 굴복해야 했다. 인터넷이 생긴 후 달러 등 법정 화폐[1]를 대체할 전자화폐를 만들려는 노력은 과거에도 있었다. 전 세계 어디든 쉽게 송금할 수 있고, 금융기관이 추적할 수 없는 완전히 새로운 화폐는 새로운 이상이었다. 데이비드 차움David Chaum이 설립한 디지캐시 Digicash가 만든 이캐시ecash가 그랬다. 하지만 화폐를 발행하는 민간에 대한 불신과 현실 적용 가능성 등이 겹치면서 실패했다. 결국 1998년에 디지캐시가 파산하면서 역사로만 남게 됐다.

암호기술을 이용해 정치·사회적 혁신을 도모하는 해커와 개발자 집단의 노력은 이후에도 계속됐다. 하지만 위조 차단 기술을 개발하는 단계에서 번번이 실패했다. 예를 들어 내가 다른 사람과 거래하면 내 금융자산은 줄고 상대의 금융자산은 늘어난다. 암호화폐 역시 마찬가지여야 한다. 그런데 나의 암호화폐가 늘어났는데 내게 지급한 사람의 암호화폐 역시 거꾸로 증가한다면? 이건 부정한 기록 변조가 발생한 것이고, 전체 시스템에 대한 신뢰를 추락시킬 수 있다.

이걸 최초로 해결한 것이 비트코인이다. 2008년 10월, 「비트코인: 개인 간 전자화폐 시스템」이라는 논문이 '멧츠다우드'라는 온라인 암호학 커뮤니티에 공개됐다. 나카모토 사토시[2]라는 사람이 쓴 이 논문에 등장하는 비트코인은 이 문제를 해결한 최초의 전자화폐였다.

각각의 비트코인에 부여된 분산형 거래 장부인 블록체인이 위조를 방지하고, 모든 참가자의 거래 정보를 네트워크에 투명하게 공개한다. 기존 화폐는 중앙정부가 발행하고 통제하지만, 비트코인은 누구나 일대일로 거래할 수 있다는 것도 큰 특징이다. 블록체인 기술을 통해 중앙 통제가 없는 완전히 투명한 금융거래를 실현할 수 있다는 도발적 주장을 증명하기 위해, 약 5개월 후인 2009년 3월 사토시는 최초의 비트코인인 '제네시스 블록'을 채굴했다.

<u>국가라는 중앙집권적 권력에서 벗어나면서 동시에 민간의 폭주를 보호하는 이상적 장치, 국경도 규제도 없는 커뮤니티를 블록체인을 통해 가상공간 안에 만들겠다는 포부, '암호화폐'의 참신함은 여기에 있었다.</u>

내재 가치에는 의문 담긴 비트코인

화폐의 가치는 '가치 저장 기능'이라는 화폐의 속성에서 나온다. 비트코인 역시 마찬가지다. 비트코인이 처음으로 채굴된 2009년은 글로벌 금융위기 직후였다. 전 세계가 글로벌 금융기관과 정부에 대한 불신이 들끓던 시기라 선진국들의 인플레이션이 우려되었다. 인플레이션으로 통화가치가 하락하면 달러나 원화 같은 내 계좌 속 화폐 가치도 떨어진다. 이럴 때 등장한 비트코인의 가치 저장 기능은 꽤 매력적이었다.

은행을 배제하고 거래할 수 있었고, 비트코인 소유자의 신원도 숨길 수 있었으며, 세금을 징수할 수단도 없었다. 이런 장점들 탓에 비트코인 수요는 늘었고 가격도 올랐다. 급등한 가격에 관심을 가진 미디어가 반응하면서 더 많은 사람이 알게 됐고, 투자자들의 기대가 커지는 일종의 선순환이 이뤄졌다. 비트코인 시세는 꾸준히 상승세가 지속되어 어느새 원화로 개당 1억 5,000만 원대를 오르내리게 되었다. 이 책 초판이 나오던 2018년만 해도 개당 2,000만 원을 오갔었는데 말이다.

그 사이 암호화폐에 대한 부정적 인식들이 있었다. 거래소는 본인 인증을 요구했고, 정부가 조세 수단을 찾으려고 하자 장점이 사라지게 됐다는 지적도 나왔다. 사람들이 물었다. "비트코인이 화폐를 대체할 수 있을까?" 수많은 비판론자는 비트코인이 코드로 이루어진 무형의 가상물로 '내재적 가치'가 없어서 화폐로 기능할 수 없다고 말했다. 그러나 당시의 이런 질문들은 이제 모두 기우가 됐다. 2025년 비트코인을 비롯한 각종 암호화폐는 그 자체로 하나의 커다란 시장을 생성했기 때문이다.

지난 2020년부터 3년간 우리는 한 세기에 한 번 맞을까 말까 한 역병을 경험했다. 세계 각국은 셧다운된 경제를 살리기 위해 돈을 찍어냈다. 미국은 연간 예산보다 많은 수백조 달러를 찍어서 뿌렸다. 그 돈으로 인해 물가가 상승했다. 그렇게 뿌린 많은 돈은 다 어디로 갔을까? 사람들은 이 돈이 대부분 암호화폐 시장으로 흘러들어갔다고 말한다. 5년 전만 해도 영속성에 의문을 제기하던 질문은 모두 사라졌다. 심지어 도널드 트럼프 미국 대통령은 친 암호화폐 대통령으로 불리기도 한다.

비트코인을 비롯한 암호화폐에 대한 비관론이 있을 수 있지만, 이것은 유가시장에 대한 고민과 비슷하다. 과거에는 존재 자체가 사라질지도 모른다는 우려가 있었으나, 이제는 가격의 높낮이에 대한 우려만 있을 뿐이다. 이미 비트코인을 달러처럼 정부가 국고에 보유하는 것을 고민하는 나라도 있다. 체코가 그중 하나다. 체코 국립은행(CNB) 총재 알레시 미흘은 지난 2025년 새해가 밝자마자 "은행이 외환 보유 다각화 전략의 일환으로 비트코인을 고려하고 있다"라고 밝혔다. 달러화는 100년 가까이 기축통화의 자리를 유지하고 있다. 비트코인이 달러화를 대신하려는 이런 움직임을 미국이 과연 그냥 보고만 있을 것인지가 변수로 남았다.

---

1 법정화폐 통화의 원활한 유통을 위해 법률에 의해 강제 통용력을 부여한 화폐로 '법화'라고도 한다. 금액에 상관없이 무제한으로 수령을 거부할 수 없는 통화를 '무제한 법화'라고 하는데 대개 국가의 통화는 여기에 속한다.

2 나카모토 사토시 비트코인을 만든 인물. 일본인 이름이지만 일본어를 쓰지 않았고, 위치 추적이 어려운 토르 브라우저를 통해 다른 사람들과 이메일로만 교신했다. 2009년 초 비트코인 첫 채굴 이후 현재까지 사토시의 지갑에서는 비트코인이 나간 적이 없다.

기자의 Pick

베일 속에 가려진 사토시

비트코인의 창시자 '사토시 나카모토Satoshi Nakamoto'는 비트코인을 제안하고 개발하면서 사용한 가명이다. 2009년 이후 사토시를 추적하는 프로젝트가 여기저기서 진행됐지만 그는 여전히 미스터리로 남아 있다.

언론에서 사토시를 추적하며 후보로 제시한 사람도 여럿이다. 아일랜드 트리니티 대학의 암호학 전공자인 마이클 클리어Michael Klier, 수학자인 모치즈키 신이치 교토대 교수 등이 유력하게 거론됐지만 모두 "사토시가 아니다"며 부인했다. "내가 사토시다"라고 말한 인물로는 엔체인의 수석 연구자인 크레이그 라이트Craig Wright가 유일하다. 암호화폐계 인사들 중 상당수는 그를 사기꾼이라고 부르고 있다. 라이트가 사토시라는 점을 증명하는 것은 간단하다. 사토시는 초창기에 비트코인을 채굴했는데 그 양이 대략 100만 비트코인 정도다. 1비트코인의 가격을 고려해보면 조 단위의 재산을 보유한 셈이다. 실제로 그가 나타난다면 《포브스Forbes》지가 발표하는 세계 부자 순위에 새롭게 진입할 수 있을 것이다. 사토시는 아직도 자신이 채굴한 비트코인을 사용하지 않았다. 만약 사토시가 보유한 비트코인을 사용한다면 모든 비트코인 네트워크의 참여자가 그 거래를 확인할 수 있다. 만약 라이트가 진짜 사토시라면 초기 보유한 비트코인을 사용하면 되는 것이다.

65. 코인 과세

소득이 있는 곳에 세금도 있는 법, 가상자산에도 과세를!

가상자산소득 과세제도, 일명 '코인 과세'는 가상자산의 양도 및 대여로 발생하는 소득에 세금을 매기는 것을 말한다. 이 소득이 연 250만 원을 넘으면 지방세를 포함해 총 22%의 세금(기타소득)을 내는 것이 골자다. 본래 2025년 1월 1일부로 시행하기로 했던 코인 과세안은 2024년 12월 10일 국회 본회의에서 소득세법 일부개정안이 통과됨에 따라 그 시행일을 2027년 1월 1일로 2년 유예하게 되었다. 유예 대상은 가상자산을 양도하거나 대여함으로써 발생하는 소득이다. 가상자산을 상속으로 물려받거나 증여받은 경우는 지금도 세금을 납부하고 있다.

 코인시장이 활성화되고 거대해지면서, 전 세계에 걸쳐 가상자산으로 벌어들인 소득에 과세하려는 움직임은 꾸준히 있었다. 우리나라도 마찬가지다. 기획재정부는 가상자산 소득에 세금을 매기겠다며 2020년 처음 코인 과세 제도를 도입했다. 그전에는 가상자산 소득에 세금을 부과할 근거가 없었다. 그러다가 당해 세법개정안을 통해 "거주자가 가상자산을 양도하면 기타소득으로 과세한다"라는 내용이 추가되면서 과세 대상이 됐다.

　원래는 2021년 10월 1일 이후부터 가상자산에 대해 세금을 물릴 예정이었지만, 우리나라 정부가 신고 시스템을 제대로 갖추고 있지 않았다는 등의 이유로 두 차례 그 시행이 미뤄졌다. 첫 번째 도입 유예는 가상자산에 대한 과세 인프라 구축이 미흡하다는 게 주된 이유였고, 두 번째는 2022년에 발생한 테라·루나 사태로 인해 가상자산 이용자 보호체계를 마련하는 것이 급선무라는 이유였다.

　총 4년간 미뤄지긴 했지만, 가상자산소득 과세제도는 2025년 1월 1일부터 시행할 예정이었다. 하지만 결국 이번에도 유예되었다. 이번 유예는 가상자산 투자자들의 반발과 과세 시스템 미비에 따른 불안정에 대한 우려가 반영된 것으로 전문가들은 보고 있다.

　가상자산 소득에 대한 과세는 꾸준히 논쟁의 중심에 있었다. 특히 국내 가상자산 투자자의 절반을 차지하는 2030세대 젊은 층이 민감하게 반응했다. 코인 과세안에 대한 소식이 알려지자, 도입 유예를 바라는 국민청원이 등장해 12시간 만에 13만 명의 동의를 얻기도 했다.

　코인 과세를 반대하는 이들이 내세우는 주된 논리는 "형평성에 어긋난다"라는 것이다. 정부가 제안한 과세제도는 이익을 본 것에 대해서만 과세한다는 특징이 있다. 결손금(손실 금액) 이월공제는 적용되지 않는다. 한 마디로 가상자산으로 벌어들인 소득만을 과세의 기준으로 삼고, 손실된 금액은 고려하지 않는 것이다. 손실과 소득이 빈번한 코인 투자와는 맞지 않는 불합리한 기준이라는 주장이다.

코인 과세를 실행하고 있는 다른 나라의 경우는 어떨까? 미국이나 영국은 결손금 이월공제가 무기한 가능하다. 예를 들어 가상자산으로 5만 달러를 벌고, 주식으로 5만 달러를 잃으면 세금을 낼 필요가 없다. 또 지난해 가상자산으로 5만 달러를 잃고, 올해 5만 달러를 벌었다면 역시 세금을 내지 않아도 된다. 하지만 우리나라는 현 과세안대로라면 지난해 가상자산으로 5,000만 원을 손해 보고, 올해 5,000만 원으로 이득을 봐 실질 소득에 변화가 없더라도 올해 번 수익에 대해 세금을 내야 한다.

또 금융투자소득세(금투세) 폐지가 결정된 상황에서 금융투자소득과 유사한 가상자산으로 인한 소득에만 과세하는 것은 조세 형평성에 어긋난다는 비판도 있다. 가상자산 매매로 인한 소득을 기타소득으로 분류하는 게 적합한지에 대한 추가 논의가 필요하다는 주장도 있다. 가상자산은 현재 기타소득으로 분류되고 있는데, 업계에선 기타소득보다는 오히려 금융투자소득과 성격이 유사하다고 말한다.

그런데 금융투자소득세는 이번에 폐지가 결정되었다. 앞서 언급했던, 가상자산소득 과세제도의 2년 유예를 담은 소득세법 일부

개정안에는 5,000만 원이 넘는 주식·채권·펀드·파생상품 등 금융투자소득에 매기는 금투세를 폐지하는 내용이 담겨 있었다.

가상자산 소득의 공제 한도는 250만 원인데, 상대적으로 낮아 불합리하다는 얘기도 꾸준히 이어졌다. 민주당이 5,000만 원으로 대폭 상향하겠다는 '절충안'을 제시하기도 했으나 통하지 않았다. 특히 최근 3년 만에 가상자산 상승장이 도래하면서, 그동안 잃은 투자금을 복구하자마자 세금을 내야 한다는 사실에 대해 투자자들의 불만이 컸다.

가상자산 소득에 대한 과세는 우리나라에 국한된 것이 아니다. 해외 주요 국가들은 이미 가상자산에 대해 '기타소득' 혹은 '자본이득세' 등의 이름으로 세금을 부과하고 있다.

미국은 가상자산 보유기간에 따라 다르다. 1년 미만으로 보유한 경우 개인 소득에 따라 10~37% 세율로 다른 소득과 합산해 종합과세 한다. 1년 이상 보유한 경우 4만 달러 이하는 0%, 4만 달러 초과는 15~20%로 과세하고 있다. 단, 이월공제는 무기한 허용한다.

가상자산 투자가 활발한 영국은 개인 소득에 따라 다르다. 기본 세율 납세자는 10~18%, 고소득 납세자는 20~24%를 세금으로 내야 한다. 최근 영국 정부가 자본이득세를 인상할 예정이라고 알려져 세금 부담이 더 높아질 가능성이 있다고 하는데, 그래도 이월공제는 무기한 허용이다.

일본 역시 개인 소득에 따라 다르다. 개인 소득에 따라 다른 소득과 합산해 15~55%의 세금을 부과한다. 지금까지는 가상자산 소득이 20만 엔(약 200만 원) 미만이면 세금을 부과하지 않았지만, 2025년부터는 20% 단일세율로 대체될 예정이라고 한다. 우리나라 과세안처럼 이월공제는 불가능한 것으로 알려져 있다.

마지막으로 독일은 보유기간과 개인 소득에 따라 다르다. 연 1,000유로를 공제하고 소득에 따라 14~42%까지 종합과세 한다. 하지만 1년 이상 가상자산을 보유한 경우 면세 대상이고, 가상자산 수익이 600유로(약 90만 원)를 초과하지 않으면 세금이 부과되지 않는다. 1년 소급공제 혹은 이월공제도 무기한 허용하고 있다.

코인 투자가 활발하면서 과세하지 않는 국가도 있는데, 싱가포르처럼 국가 정책상 가상자산 투자의 허브가 되겠다고 선포한 곳들이다.

2년의 유예, 남은 과제는?

일단 국내 가상자산 업계에선 이번 유예 결정을 환영하는 분위기다. 다만, 남은 2년 동안 단순히 과세 시스템을 정비하는 것을 넘어 과세안 자체를 손봐야 한다는 지적이 나오고 있다. 국민의힘이 유예를 주장하고, 민주당이 이에 동의한 주요 근거 중 하나는 아직 과세 시스템이 제대로 마련되지 않았다는 것이었다. 특히 해외거래소의 거래내역을 파악하는 데도 어려움이 따른다는 점이 앞으로 해결해야 할 가장 큰 산으로 꼽힌다.

현재로선 해외 가상자산 거래내역을 파악할 방법이나 소득을 신고할 전산 시스템은 없다. 국내거래소는 과세정보 시스템이나 회계처리 등을 준비할 수 있지만, 현실적으로 해외거래소에서의 가상자산 취득 원가 등 과세에 필요한 자료 확보가 쉽지 않다. 어느 정도까지는 추적할 수 있지만, 해외거래소 협조 없이는 불가능하다고 봐도 무방한 상황이다.

다행히 한국 정부는 경제협력개발기구(OECD) 글로벌포럼 총회에서 독일 · 일본 · 프랑스 등을 포함한 48개국 대표단과 함께 '암호화자산 보고체계 다자간 정보교환협정(CARF MCAA)'에 공식 서명했다. 이것으로 해외 가상자산 거래소를 통한 거래내역 확보가 가능해졌다.

<u>소득이 있는 곳에 세금이 있는 것은 당연하다. 앞으로 코인 과세와 관련해 조세 형평성이나 과세 구분 등 기존의 논쟁뿐만 아니라 에어드롭이나 스테이킹(예치), 채굴 등으로 얻은 가상자산에 대해선 어떻게 과세할 것인지 등에 대해서도 광범위하고 현실적인 논의가 필요할 것으로 보인다. 기술의 발전과 시대의 변화에 발맞춰 합리적인 과세 기준을 제시하는 건 결국 정부의 몫이 아닐까.</u>

66. 자이낸스

Z세대가 이끌어가는 새로운 금융

1990년대 이전에는 은행의 예·적금 상품만으로도 목돈을 모을 수 있었다. 금리가 연 10~20%대로 상당히 높았기 때문이다. 열심히 일해 받은 월급의 일부를 차곡차곡 은행에 모아 집을 사고 차를 사고 노후를 준비할 수 있었다. 하지만 이제 모두 옛말이 됐다. 요즘 금리는 2~3%대로 과거보다 훨씬 낮다. 반면에 집값은 천정부지로 뛰었고, 물가도 크게 올랐다.

'Z세대'는 이런 금융환경에서 태어났다. Z세대Generation Z라는 용어는 밀레니얼과 알파 세대 사이의 세대를 의미한다. 인구통계학적으로 Z세대는 1990년대 중후반~2000년대 후반에 태어난 인구를 말한다. 이들은 전통적인 금융시장의 거품이 꺼진 대신 풍부한 디지털 자극을 받으며 태어났고 자랐다. 은행에 돈만 모아서는 충분한 자산을 모으기 어려운 시대였기에, Z세대는 그 어떤 세대보다 일찍 재테크에 관심을 보였다.

이들은 디지털 환경에서 자란 만큼 전통 금융과는 다른 접근 방식을 보여준다. 금융 이해도가 높아 자신들의 재무를 직접 관리하려는 경향이 크다. 또 어린 시절부터 인터넷과 스마트폰을 사용한 디지털 네이티브digital native 세대라서 온라인이나 SNS 등을 통해 금융 지식을 쉽게 습득한다. 정보접근성이 높아 주식 투자나 암호화폐 거래 등을 빠르게 이해하고 참여하는 모습을 보인다. 특히 유튜브나 틱톡 같은 새로운 미디어 플랫폼에서 재테크 정보를 확인하고, 이를 공유하는 등 새로운 디지털 플랫폼상에서 주체적으로 금융활동을 하는 모습을 보인다.

Z세대만이 가진 특징은 금융업계에 새로운 트렌드를 만들고 있다. 이를 두고 'Z세대Z Generation'와 '금융Finance'을 합성해 '자이낸스Zainance'라고 부른다. 자이낸스는 Z세대의 금융활동을 포괄하는 용어로, 모바일 뱅킹·가상화폐·앱을 통한 주식 거래·소셜 미디어를 통한 재테크 정보 공유 등을 포함한다.

자이낸스는 이전 세대의 금융활동과 비교해 뚜렷한 몇 가지 특징이 있는데, 앞서 언급한 Z세대 특성에서 기인한 것들이다.

첫째, 디지털 기술을 활용해 간편한 금융 서비스를 선호한다. Z세대들은 은행 방문보단 모바일 뱅킹 서비스를 통해 모든 금융활동을 한다. 모바일을 통한 간편 송금 서비스, 비대면 대출 서비스 등 다양한 금융 기술에 익숙하다. 이러한 특징 때문에 Z세대들은 디지털 서비스가 잘 구축되어 있는 핀테크Fintech[1] 인터넷 은행을 선호한다. 금융기관이 제공하는 혜택보다는 지문이나 얼굴 인식을 통한 간편한 로그인, 직관적이고 편리한 UX 등 사용자 편의성 측면에 더 중점을 두고 선택한다.

둘째, 자산관리에 대한 접근 방식이 이전 세대와는 구분된다. 이전 세대들은 투자를 결정할 때 주로 뉴스나 전문 서적, 전문가 조언 등을 바탕으로 했다면, Z세대는 소셜미디어 같은 플랫폼을 통해 사용자들끼리 다양한 정보와 의견을 교환하며 독립적으로 결정한다. 전문가 컨설팅에 비하면 신뢰성은 떨어지지만 재미있고 쉽게 정보를 제공하는 콘텐츠를 선호하는 것이다. 또 주식 투자 애플리케이션이나 암호화폐 거래 플랫폼을 통해 실시간으로 시장에 참여하며, 투자 금액이 적더라도 스스로 경험을 쌓는 것을 중요하게 생각한다.

셋째, 소득이 적더라도 진입할 수 있는 다양한 재테크 수단에 개방적이다. Z세대는 흔히 '자본주의 키즈'라고 불릴 만큼 경제관념이 뚜렷하다. 하지만 기성세대보다 자산이 적은 만큼 전통적인 투자 방식보다는 소액 위주의 투자를 선호한다. 자산관리 성향도 투자와 자산 증식을 목표로 하는 경향이 강하다. 이전 세대가 안정적인 직장을 선호하며, 저축 위주의 금융활동을 했던 것과는 확실히 다른 부분이다. 실제로 Z세대의 재테크 방식을 조사한 결과 광고 시청을 통한 리워드, 리셀을 통한 차익 실현, 금이나 미술품 조각 투자 등 새로운 유형의 재테크를 선호하는 경향을 보였다.

이 과정에서 금융활동을 놀이처럼 즐기는 '게이미피케이션 Gamification'[2] 요소도 등장한다. 게이미피케이션은 금융에 대한 진입장벽을 낮추고, 더 많은 사람이 투자에 관심을 가지도록 유도한다. Z세대의 충성도 확보와 앱 체류시간 증대를 위해 몇몇 투자 애플리케이션은 게임 요소를 접목해 사용자들이 더 재미있게 투자할 수 있도록 유도한다. 대표적인 성공 사례로 토스뱅크의 '키워봐요 적금'이 있다. 적금 앱에 '동물 키우기'라는 게임 요소를 결합한 상품으로, 사용자가 열심히 노력해서 자기 동물을 전설의 동물로 진화시키면 연 3% 금리를 보상받는다. 이 상품은 출시 3일 만에 누적 계좌개설 10만 좌를 돌파하기도 했다.

비주류였던 Z세대가 주류로 올라서면서, 그들의 금융 소비 행동은 전통적인 금융기관에 큰 변화를 불러왔다. 무엇보다 금융산업의 디지털 전환을 가속하고 있다는 점에 주목해야 한다. 빠르고 간편한 서비스를 원하는 이들 세대의 특성에 발맞춰 핀테크 기업들이 급성장하는 것은 물론 암호화폐 거래소, 온라인 주식 투자 플랫폼, 비대면 대출 서비스 등이 Z세대의 호응에 힘입어 크게 성장하고 있다.

모바일 앱 개발, 인공지능(AI) 기반의 고객 서비스 도입, 간편한 계좌개설 서비스, 더 직관적이고 사용자 친화적인 UX 개발 등 Z세대 맞춤형 금융상품 출시 등 전통적인 금융기관들은 미래의 핵심 고객인 Z세대의 마음을 사로잡기 위해 다양한 투자를 시도 중이다.

한편, Z세대는 윤리적 소비에 대한 관심도 큰 편이다. 이들 세대는 자신이 투자하는 기업의 사회적 책임을 중요하게 여긴다. 환경 보호나 사회적 가치 창출에 이바지하는 기업에 더 많은 호감을 느끼는 것이다. 이러한 경향은 기업의 ESG(환경, 사회, 지배구조) 투자 같은 지속 가능한 금융상품의 수요를 증가시키고 있다.

자이낸스는 앞으로 금융산업에 큰 변화를 불러올 잠재력이 있다. 자이낸스에 발맞추기 위해 더 많은 금융 서비스가 디지털화될 것이다. 고객이 직접 은행 창구를 찾는 전통적인 금융 서비스는 점차 사라지고, 비대면과 자동화가 중심이 되는 새로운 금융환경이 조성될 것으로 예상된다.

더불어 블록체인과 가상화폐의 사용이 더 확산할 가능성도 크다. Z세대는 가상화폐와 블록체인 기술에 익숙한 세대라서 그렇다. 새로운 개념의 자산을 사용해 거래하고 자산을 관리하는 방식을 선호한다. 많은 전문가가 비트코인, 이더리움, 리플 등 가상화폐가 Z세대의 금융활동에 중요한 요소로 자리 잡을 것으로 예측한다. 그 흐름에 맞춰 더 많은 기업과 금융기관들이 블록체인 기술을 적용한 금융상품을 개발할 것이다.

금융의 글로벌화 역시 더욱 가속화될 것으로 보인다. 자이낸스에게 국경은 큰 의미가 없기 때문이다. 국경을 넘나드는 디지털 네트워크에 익숙한 Z세대는 해외 자산 투자도 서슴지 않는다. 이를 위해 점점 더 많은 글로벌 금융상품이 쏟아질 것이다. 자연스럽게 다양한 국가의 규제 환경에 맞춘 금융 서비스가 필요할 것이고, 글로벌 핀테크 기업들은 더 활발하게 활동하게 될 것이다.

그래서 자이낸스는 단순한 금융 트렌드 이상의 의미가 있다. 앞으로 Z세대가 주도하는 금융 트렌드는 더욱 다양해지고, 그 속에서 금융의 패러다임은 급격하게 변화할 것이다. 자이낸스가 미래 금융의 핵심 축으로 자리 잡을 날이 머지않았다.

---

1 핀테크 금융financial + 기술technology의 합성어로 복잡하고 어려웠던 금융을 디지털 기술을 활용해 효율적으로 편리하게 서비스하는 것을 뜻한다.

2 게이미피케이션 게임이 아닌 분야에 대한 지식 전달, 행동 및 관심 유도 혹은 마케팅 등에 게임의 메커니즘, 사고방식 같은 게임 요소를 접목하는 것을 말한다.

67. 그린컴퓨팅

'기술'과 '친환경'은 조화를 이룰 수 있을까

'컴퓨팅'과 '지속 가능성'이라는 단어의 조합은 낯설다. 하지만 AI가 등장하면서 상황은 크게 달라졌다. 전기 사용이 급증하면서 생긴 일이다. 컴퓨팅과 여기서 파생되는 막대한 데이터는 세상에 혁신적인 변화를 불러오고 있다. <u>반면 기술 융합 사회의 중추인 데이터 센터는 막대한 에너지 소비자다. 소셜 미디어에서 금융 거래까지 모든 것에는 전력이 필요하다. 전력 사용량이 기하급수적으로 급증하면서 운영 비용이 커졌고, 이에 따라 엄청난 양의 탄소 배출도 따라왔다.</u>

인류가 생성하는 데이터의 양은 이미 수년 전에 '제타바이트zettabyte, ZB' 단위를 넘어섰다. 제타바이트는 약 1조 1,000억 기가바이트GB에 해당한다. 2025년 예상치는 180ZB 이상이다. 미국의 클라우드 소프트웨어 기업 도모Domo에 따르면, 전 세계에서 1분마다 약 2억 3,000만 건이 넘는 이메일이 발송되고 있고, 인스타그램에는 약 7만 장의 사진이 공유되고 있으며, 구글에는 약 600만 개의 검색어가 입력되고 있다고 한다.

AI가 더욱 강력해지고 똑똑해지면서 에너지 소비도 덩달아 커지고 있다. 빅테크들은 텍스트를 벗어나 이미지와 비디오 기능을 포함한 AI 서비스를 선보이고 있다. 더 많은 에너지를 사용하고, 더 많은 이산화탄소를 배출하게 된다는 뜻이기도 하다.

데이터의 양이 급격히 늘면서 데이터센터 산업의 트렌드도 완전히 바뀌었다. 구글이나 아마존, 마이크로소프트는 대형 클라우드 서비스를 제공한다. 이들은 세계 곳곳에 '하이퍼스케일 데이터센터Hyperscale Data Center, HDC'[1]를 구축했다. 저장공간을 더 많이 확보해야 급증하는 데이터를 감당할 수 있어서 생긴 변화다. 글로벌 시장조사기관 시너지 리서치 그룹은, 챗GPT 같은 생성형 AI[2] 기술 등을 고려할 때 2024년부터 2029년 사이 만들어질 하이퍼스케일 데이터센터의 평균 용량이 2배 이상 증가할 것으로 전망했다.

그린컴퓨팅을 향한 두 가지 길

그린컴퓨팅에는 두 가지 길이 있다. 하나는 친환경 전력으로 충당하는 방법이다. 데이터센터에서는 필연적으로 막대한 열이 발생한다. 서버를 시원하게 유지하려면 엄청난 양의 에너지가 필요한데, 이는 막대한 에너지 소비라는 악순환으로 이어진다. 데이터센터는 연간 글로벌 에너지 소비의 3%를 차지하는데, 이는 지난 10년간 2배나 증가한 수치다. AI와 클라우드 컴퓨팅이 성장할수록 전력 문제는 악화한다. 챗GPT가 하나를 답변할 때 필요한 전력은, 구글 검색 한 건의 10배 정도다.

이런 이유로 빅테크들이 전력 산업에 직접 뛰어들고 있다. 구글은 수력발전소 인근에 데이터센터를 짓는 것으로도 모자라 이제는 <u>소형모듈원전SMR</u>[3] 개발 업체에 직접 투자하고 있다. 원전 없이는 폭증하는 전력 수요를 충족할 수 없다는 판단이었을 것이다. 마이크로소프트도 미국 원전 1위 업체인 콘스텔레이션 에너지와 20년간 전력 구매 계약을 체결했다. 아마존도 탈렌에너지가 운영하는 원전에서 발전하는 전력 구매 계약을 체결했다. 빅테크들은 친환경을 기업 목표로 내세우고 있지만, 태양열과 풍력 발전 등 신재생에너지의 설비 가동률이 불안정해서 원전을 그 대안으로 삼았다.

또 다른 전략은 전체 에너지 소비를 줄이는 방법이다. AI 등장 이후 급증하는 전력 수요를 억제하기 위해 관련 학계 및 업계에서는 AI 모델 훈련에 필요한 컴퓨팅 파워와 탄소 배출량을 최소화하려는 '그린 AI'를 강조하는 추세다. 기존의 AI 연구가 환경을 고려하지 않은 '성능'에 초점이 있었다면, 앞으로는 환경을 고려한 효율성에도 무게를 둬야 한다는 얘기다.

이미 어느 정도의 성과는 이어지고 있다. 챗GPT 개발사인 오픈AI에 따르면 이미지넷에서 이미지 분류 훈련을 할 때 필요한 컴퓨팅 파워는 2012년 이후 16개월마다 절반씩 감소하고 있다. 구글의 AI 연구소인 구글 딥마인드는 AI 모델 훈련 속도와 에너지 효율을 크게 향상하기 위해 노력하고 있다.

다른 방법보다 13배 더 높은 성능과 10배 더 높은 전력 효율을 달성할 수 있다는 새로운 연구 결과도 발표했다. 잘 선별된 소규모 데이터 세트를 배포하면 학습을 위한 반복을 그만큼 적게 하게 되고, 적은 계산으로도 최상의 성능을 발휘할 수 있다는 걸 증명했다. 미국의 컨설팅회사 액센츄어는 재생에너지 사용률이 높은 시간대의 데이터센터들을 번갈아 사용해서 언어모델을 훈련하는 기법을 소개하기도 했다.

---

1 하이퍼스케일 데이터센터 하이퍼스케일 데이터센터는 대규모 IT 인프라를 수용하고 운영할 수 있도록 설계된 데이터센터다. 주로 클라우드 서비스 제공업체 같은 초대형 기술 기업에 의해 운영되며, 보통 5,000대 이상의 서버가 들어간다. 2023년 말 기준 전 세계에 약 1,000개 이상의 하이퍼스케일 데이터센터가 운영 중인데, 그중 절반이 미국에 있다.

2 생성형 AI 생성형 AIGenerative AI는 입력된 데이터를 기반으로 새롭고 독창적인 콘텐츠를 생성할 수 있는 인공지능의 한 분야다. 텍스트·이미지·오디오·동영상·코드 등 다양한 형태의 데이터를 생성하는 데 활용된다. 대규모 데이터를 AI 모델이 학습한 후 이를 기반으로 새로운 데이터를 만든다. 최근에는 추론형도 등장했다.

3 소형모듈원전SMR 기존 대형 원전과 달리 소형화된 원자로를 모듈화하여 제작, 운송, 설치할 수 있는 차세대 원자로다. 대형 원전의 전력 출력(1,000MW 이상)에 비해 수십~수백 MW 규모로 소형화되어 있다. 크기가 작아 제조와 설치가 용이하며, 여러 개를 조합해 출력 확장이 가능하다. 대형 원전과 비교했을 때 방사능 누출 가능성이 낮다. 다만 소형이라서 단위 전력당 건설비는 대형 원전에 비해 높을 수 있다.